［監修］吉岡眞之／藤井讓治／岩壁義光

四親王家実録 28

有栖川宮実録

第二巻

幸仁親王実録

ゆまに書房

刊行にあたって

吉岡　眞之
藤井　譲治
岩壁　義光

さきに刊行された『天皇皇族実録』に引き続いて、その続編ともいうべき『四親王家実録』が復刻刊行されることとなった。

四親王家とは、中世後期に創設された伏見宮家を始め、近世初期から中期にかけて設立された八条宮（後に常磐井宮・京極宮・桂宮と改称）、高松宮（後に有栖川宮と改称）、閑院宮を総称する名称である。四親王家は、当初必ずしも皇統維持の観点で設立されていたわけではないが、遅くとも近世中期ころから、皇位継承の危機に備えるためとする認識が次第に広まっていった。各宮家の代々当主は天皇の猶子あるいは養子となって親王宣下を受けて親王となり、皇位継承に備えつつ近世末期に及んだ。

四親王家と天皇家の関係はこのように密接であり、『四親王家実録』もまた『天皇皇族実録』の一環として編修されるべき性質のものであった。しかし四親王家代々の親王およびその妃・王子女等の事蹟を、それぞれの祖に当たる天皇の実録に組み込むことになれば、実録の様態・内容がきわめて複雑なものになることは明らかであった。このため四親王家の実録については『天皇皇族実録』とは別に『四親王家実録』として編修することとなったのである。

『四親王家実録』の体裁は『天皇皇族実録』にならい、親王家ごとに編年綱目体で編修されている。すなわち日々の大意を綱として記し、その後に綱の典拠となる史料を目として配列している。引用史料は各宮家当主の日記、宮家の家職に関する日誌を始め、公家日記、関連寺社の記録類、また京都御所東山御文庫・宮内庁書陵部図書寮文庫・国立公文書館内閣文庫・近衛家陽明文庫などに所蔵されている信頼性の高い史料を広く収集し掲載している。引用史料はこれまで知られていなかったものも多く含んでおり、『四親王家実録』がとりわけ近世を中心とする公家社会史研究に資する点は少なくない。

『四親王家実録』は宮内省図書寮において一九四四年（昭和一九）に当初の紀事本末体の体裁から編年綱目体への組み替え作業が始められたが、一九四五年の第二次世界大戦敗戦にともない、編修事業は中断を余儀なくされた。その後、一九六五年（昭和四〇）に宮内庁書陵部編修課は『四親王家実録』の編修を新事業として開始することを決定したが、翌年明治百年記念準備会議が『明治天皇紀』の公刊を決め、宮内庁編修課がこれに従事することになった。このため同課では二つの大きな事業を並行して進めることとなり、当初の編修計画は大幅に遅延したが、一九八四年（昭和五九）三月にいたり『四親王家実録』は完成を見たのである。

『四親王家実録』には四〇七名の皇族の事蹟が二九四冊に編修収載され、総目次・系図一冊が添えられた。また別に実録本編より綱文を抄出した抄出本五部（一部三三冊）が作成されている。宮家ごとの内訳は以下の通りである。

総目次・系図一冊		
伏見宮家	二四七名	一二九冊
桂宮家	三七名	三五冊
有栖川宮家	七五名	九〇冊
閑院宮家	四八名	四〇冊

凡例

一、本書は、宮内庁宮内公文書館所蔵の『四親王家実録』（本文二九四冊、総目次・系図一冊）を表紙から裏表紙に至るまで、完全な形で影印・刊行するものである。

二、『四親王家実録』は、昭和四〇年四月に編修事業が開始され、同五九年三月に終了した。『明治以後皇族実録』は、昭和五九年四月に編修事業が開始され、平成二年三月、二十五方の編修を終了して中断した。

三、『四親王家実録総目次』所載の凡例を以下に掲載する。

凡例

一　本実録ハ伏見・桂・有栖川・閑院四親王家ノ歴代当主並ニ其ノ配偶者及ビ王子女等ノ行実ヲ編修セルモノニシテ、昭和四十年四月之レガ編修ニ著手シ、同五十九年三月其ノ功ヲ終ヘタリ、

一　本実録ハ明治以前ニ四親王家ノ歴代当主ト為レル御方別ニ実録ヲ編修シ、配偶者並ニ王子女等ノ行実ヲ其ノ後ニ附載ス、但シ四親王家ヨリ出デテ皇位ニ即キ、或ハ后妃ト為リタル御方ニ就キテハ、単ニ名ヲ掲ゲルニ止メ、其ノ行実ハ当該天皇皇族実録ノ記述ニ委ネタリ、尚幕末維新ノ交ニ伏見宮ヨリ独立セル宮家ノ皇族ニ就キテハ、別ニ編修スル明治以後皇族実録ニ収載ス、

一　本実録ノ記載事項ハ概ネ誕生ニ始マリ葬送ニ終ル、其ノ間命名・元服・婚嫁・出産・任官・叙位・信仰・出家・教養其ノ他主要ナル行実ヲ努メテ収録セリ、

一　本実録ノ体例ハ編年体ニ依ル、初メニ綱文ヲ掲ゲテ事項ノ要点ヲ示シ、次ニ史料を排列シテ依拠ヲ明カニセリ、

一　本実録ニハ四親王実録総目次及ビ系図一冊ヲ加ヘ、利用ノ便宜ヲ計レリ。

昭和五十九年三月

四、『四親王家実録』の原本は、原稿用紙に手書きされた稿本が製本されたものである。法量は、縦二五八㎜、横一八二㎜。

原稿用紙は三種類あり、すべて縦20字横10行の二〇〇字詰め縦書き原稿用紙で裏はシロである。詳細は左記のとおりである。

扉用原稿用紙は、罫線の色は濃紺。右下に「実録編修用紙」と印

字されている。

目次・綱文用原稿用紙は、罫線の色は赤。左下に「編修課」と印字されている。

編年綱目体の目にあたる原稿用紙の罫線の色は青。右下に「書陵部（三号）」と印字されている。

また、同一冊子内で人物が変わるところには水色の無地の用紙が挟まれている。本書では、その部分はシロ頁とした。

五、刊行にあたっては、手書きの稿本である事を考慮し、適宜縮小して、上下二段に4頁を配した。排列は上段右、上段左、下段右、下段左の順である。使用されている原稿用紙により縮尺が異なるが、綱文の原稿用紙で約55％、史料引用部分の原稿用紙で約57％である。
原稿用紙の罫線の枠外（上下左右）に手書きされた文字を掲載するために適宜同じ頁を上下ずらして二度掲載したところもある。

六、本書の各頁の柱は、奇数頁は実録名、偶数頁は各頁上段一行目の記載事項が該当する綱文の年月を示した。南北朝期については、綱文にならい北朝、南朝を記した。親王の妃、室、王子女の場合は、『天皇皇族実録』にならい、偶数頁は妃、室、王子女名とした。

七、原文に訂正がなされた場合、原文の一部が透けて見えても、修正を加えず現状のままとした。とくに、典拠名の亀甲カッコの下の訂正が不完全なため、見苦しい箇所がある。また、原稿用紙の罫線が薄いところなどもすべて原本のままである。

八、挟み込まれた紙片があった場合は、当該頁の次に配置し、「（編集注）」をほどこした。

九、影印版『四親王家実録　第Ⅲ期　有栖川宮実録』第一回配本の構成は左記のとおりである。
第二十七巻
有栖川宮実録　一　好仁親王実録　一～有栖川宮実録　二　好仁親王実録　二
第二十八巻
有栖川宮実録　三　幸仁親王実録　一～有栖川宮実録　七　幸仁親王実録　五
第二十九巻
有栖川宮実録　八　正仁親王実録　一～有栖川宮実録　一一　正仁親王実録　四

一〇、『四親王家実録第四十七巻』（『有栖川宮実録第二十一巻』）に有栖川宮実録目次及び有栖川宮系図（『四親王家実録総目次　附　四親王

家系図」（〈識別番号75495〉）を収録する予定である。「四親王家実録」全体の解題は『四親王家実録第十九巻』（『伏見宮実録第十九巻』）に収録してあるので参照にされたい。

第二十八巻目次

幸仁親王実録　一

有栖川宮實錄 三

幸仁親王實錄 一

有栖川宮實錄 三

幸仁親王實錄

幸仁親王 一

實録編修用紙

幸仁親王實錄

目次

幸仁親王

室 某氏（眞

室 某氏（壽昌院）

王女 幸子女王 東山天皇皇后

王女 易子女王 東本願寺光性室

王子 正仁親王 有栖川宮第四代

王子 尊統親王

編修課

幸仁親王實錄

幸仁親王

二宮 忠利宿禰記 御系譜 禁裏執次詰所本

多嘉丸 近代和歌御會集

兵部卿宮 御湯殿上日記 禁裏番衆所日記

式部卿宮 御湯殿上日記 院中番衆所日記

高松宮 洞裏日記 中院通茂日記

有栖川宮 御湯殿上日記 基量卿記

本空院 有栖川宮系譜

編修課

後西天皇ノ第二皇子、母ハ權大納言清閑寺共綱ノ女、典侍藤原共子ナリ、明暦二年三月十五日誕生ス、二宮ト稱ス、

〔宣順卿記〕

明暦二年三月十五日晴、今日中納言典侍局共綱卿女若宮降誕、

〔忠利宿禰記〕

明暦二年三月十五日、今朝清閑寺大納言共綱卿御女禁中之女中也、中納言典侍殿若宮誕生、珎重

寅剋程ニ御產也、予御太刀持參、

〔御系譜〕○禁裏執次詰所本

第百十二代

後西院

誠子内親王

長仁親王 京極宮家系ニ記、

幸仁親王 有栖川宮家系ニ記、

有栖川殿

良仁親王

幸仁親王 号有栖川 後西院皇子、

母新大納言局、後称東三條、清閑寺一位

（有栖川宮系譜）

後西院天皇第二皇子

幸仁親王

御母東三條局藤原共子清閑寺従一位共綱卿女、

初称中納言典侍御譲位後称新大納言局後号東三條局

元禄八年五月廿五日卒号高嶽院

明暦二年三月十五日御誕生号多賀宮

○多賀宮ノ號他ニ史料ナク疑ハシ、

共綱卿女、

明暦二年三月十五日生号二宮、

（忠利宿禰記）

萬治二年八月三日二宮新御殿へ御移徙ニ付、錫壹對為御祝儀進上、御満足之由也、清閑寺大納言共綱卿女中納言典侍御局之御腹也、

萬治二年八月三日

新御殿ニ移徙ス、

萬治三年十一月十八日
深曽木ノ儀ヲ行フ、

編修課

〔忠利宿禰記〕
萬治三年十一月十八日庚午、今日二宮御フカソキノ由承故、中御言典侍御局へ為御祝儀生鯛式ツ進上、御満足之御返事、清閑寺大納言共綱卿息女也、二宮五才成給、珎重〻〻

書陵部（三号）

寛文七年四月八日
高松宮ヲ相續ス、
〔按〕相續ノ月日、史料ニ依リ異同アルモ、姑ク有栖川宮系譜等ニ據リテ掲グ、

編修課

〔有栖川宮系譜〕
幸《ユキ》仁親王 後西院天皇第二皇子
（中略）
寛文七年四月八日高松殿御相続、十二歳、

書陵部（三号）

〔有栖川御系〕

幸仁親王 号高松殿、后改有栖川殿、多嘉宮 明暦二丙申三十五誕生、

後西院第二皇子、

母中納言典侍共子、清閑寺贈一位共綱卿女、

寛文七四八高松殿相續十二歳、

〔本朝皇胤紹運録〕

後西院 ─ 有栖川宮幸仁親王

明暦二年三月十五日誕生、稱二宮、寛文七年

四月六日相續高松宮、

〔御系譜〕○禁裏執次詰所本

幸仁親王 号有栖川、後西院皇子、

（中略）

寛文七年七月六日花町家相續、

〔御日記〕

寛文七年五月朔日、巳后刻白書院出御、赤御装束

御太刀本多土佐守、御刀大久保出羽守、上段着御

（中略）太刀目録二宮御使者松尾甲斐守御目見、若

狭守披露、是高松殿御家督相續被仰付御礼、

寛文九年七月二十二日

新院御所後西ノ當座和歌御會ニ詠進ス、八月十五日、亦同所ノ月次和歌御會ニ詠進ス、共ニ多嘉丸ト署ス、

近代和歌御會集

寛文九年七月廿二日新院御所御當座

多嘉丸、高松殿

山月

秋風の吹つくしてや山のはゝ
雲もさハらぬ月のさやけさ

寛文九年八月十五日新院御所御月次二首和歌

多嘉丸

月影も更行庭の浅茅生の
露にたれ待虫の鳴らん

立田山秋のもミちの初入や
けふ立そふる錦成るらん

寛文九年八月二十七日

親王宣下ヲ蒙リ、名ヲ幸仁ト賜ハル、五條爲庸ノ勘進ニ依ルナリ、權大納言今出川公規勅別當ニ補セラル、

（禁中番所日記）
寛文九年八月廿七日、巳一点高松宮御諱幸仁親王宣
下、奉行定縁朝臣、上卿花山院大納言定誠、弁意光、別當今
出川大納言公規

わ3

書陵部（三号）

幸仁親王宣下宣旨　○高松宮家蔵

幸仁
権右少弁藤原朝臣意光傳宣
権大納言藤原朝臣定誠宣奉
勅、宜為親王者、
寛文九年八月廿七日修理東大寺大仏長官主殿頭兼左大史小槻宿祢重房奉

書陵部（三号）

わ11の1

幸仁親王御名字勘文　○高松宮家蔵

勘申
御名字事
幸仁
玉篇曰、幸何耿切、幸甚也、
増韻曰、寵也、御也、愛也、又福喜之事皆稱為幸
廣韻曰、仁如隣切、
禮記曰、上下相親謂之仁、
朱子曰、仁者心之德愛之理、
章仁
廣韻曰、明也、采也、程也、
尚書曰、天命有德五服五章哉、
中庸曰、憲章文武、
右勘申如件、
寛文九年八月廿七日従二位行権中納言菅原朝臣為庸

書陵部（三号）

書陵部（三号）

〔有栖川宮歴代親王元服関係〕

幸仁親王元服記　共綱卿日記

親王宣下并叢黒目事

寛文九年八月廿日参、二宮御方、来廿七日親王宣
下之由日出之由申入了、
廿七日辰剋許参御殿、今日二宮御方親王宣下、御
祝義御太刀折紙進上之、為御祝人々御祝義進上、
可被請宣旨御殿并猶見刷〔マヽ〕了、
（指図略）
小笠原丹後守参、二宮御方御對面、今日日出之由
申退出、為御見舞新大納言向北向、予等も被参、宮御
方宜旨御覧之時御椅子之由、如何之由予等申之、
八条宮之御時此分之由也、然間如其可然之由内
々御沙汰也、仍無申旨、是非事等、池尻中納言熈房
卿・外山権佐・平松相公・予等皆以着狩衣参内候事、
たるよし、又御殿狭少之間如此可然之由御沙汰
故也、今日宣下巳剋云々、則奉行職事定淳朝臣撤襲
着衣冠被参、次別当今出川大納言紅單衣冠着被参、次意
光衣冠参、花山院大納言今日上卿云々衣冠臘束帯被参、大史宣
旨早々可持参之處、太以遅々也、同下剋許着束
帯参、先二宮御方出御、可為御座存候處、其前ニ御
着座、次大夫史重房入参着所、窓々作法改也、一人役人衣冠
副使宗岡利行持衣持箱相従、重房取之、奥間是も廊下也、持参、成上﨟
直出逢、相互蹲取之、別当之前ニ持参、別当覧、被引
寄披懸紙取一通被披見、次如元巻之被指出、成直藤木加賀守
賜之、経北東之庇、宜勝取之、親王御方御前へ令持
参、親王則被披懸紙、乍置内、次令取一通、給、御披見了
御椅子ニ令置之給、宜勝取空箱、成直へ授了、成直取
之、窓々貫子方へ遣了、為被入禄物也、其後親王御
方入御、人々退入、次上壇之艮角障子間半開之、二枚
屛風立之、次間其方親王御方御出座、次平松宰相
為新院御使被参、御祝義御樽目録一通被持参、御
之旨被申入、次御茶有之、相公被帰入、次間次別当
大納言上卿大納言奉行職事弁等出座、今日日出
度之由被申入、宮御方御機嫌之由也、各御太刀折
紙被進上候由申入之、其後親王御方令入御了、次
各一献、雑煮、陪膳人々着袴肩衣、殊外略儀也、是又次盃酒事有
之、予出肴等遣了、次二献、吸物ヒレノ物、次又盃酒中納言
出馳走了、此間於次間二献、同前、池尻中納言、平松
宰相、宜勝等也、又此間於廊下間大夫史又其次間副
使宗岡利行二献了、次成直初之覧箱ニ銀子十両包紙

入之、大夫史へ遣了、為御祝義被下候由、目出度存候由申、次金子壹歩付折帋盛硯蓋副使へ同賜之、参候由申、次可退出存候處ニ別當へも宣旨持参候由申、人々退出之時分相従、史等も退出了、先之別當上卿以下之人々目出之由申、退出了、其後外山權佐池尻中納言等與へ被参、梅小路三品今日御見舞可申之處ニ、六条局産所同穢故、今日不参、新大納言局北向等御相伴御盃之事有之、今度御名字者菅中納言為庸被勘進之、

幸仁　章仁　各引文有之、

又宣旨令拝見之間、寛悟之分書付了、

幸仁

權右少辨藤原朝臣意光傳宣、

權大納言藤原朝臣定誠宣、奉

勅、宜為親王者、

寛文九年八月廿七日

修理東大寺大仏長官主殿頭兼左大史小槻宿禰重房

次今日被参人々へ御樽肴御太刀折紙賜之由加賀守申了、又明日禁裏法皇本院新院女院等御方へ御樽肴被進之由同申之、今日為御祝義大概御

樽肴其外御太刀目録皆以進上了、女御々方より御樽肴参了、諸家人々も到晩頭少々被参也、御祝了、新大納言局帰参、於院御所也、予参新院御所、直向男居、以女房今日宣下首尾能天気以下無残所相済目出也、親王御方御機嫌殊重存也、為其祝儀申入由、大輔局迄申處ニ、大輔局被出逢、則退出、又参御殿了、北向中納言予等御饗應、晩頭治部少輔も参、人々盃酒事了、及秉燭各相伴退出、令帰宅、

（重房宿禰記）

寛文九年八月廿七日戊子晴、巳一點、幸《ユキ》仁親王宣下、高松宮、新院第二宮也、御母清閑寺大納言共綱卿女、令参陣、其儀、上卿花山院大納言定誠卿着陣、奥職事今城頭中将定淳朝臣進上卿座下、仰々詞、其詞可有親王宣下、令奉行、次上卿着端座、次召官人、令敷軾、次職事頭中将下御名字、高檀一枚横折、定淳被書附、宸筆者不下給、近代相雑、可依宜議、雖然宸筆下給之例不可勝斗、将又御名字横折紙之事、先例為立紙、然故今度定誠卿被尋頭中将定淳朝臣、先例引勘之處、無折紙

之例皆存立紙、近例為折紙云云、其儀如何之由、庭
淳朝臣報答云、近例被染横折紙宸筆之故如斯之
由云云、然者不能左右之由答之旨、定誠卿被談仰
了、今度幸仁御名字五條中納言為庸卿勘進云云
次上卿詣申職事仰云、以幸仁令為親王、上卿稱唯
職事退入、次以官人召裏松権右少辨意光、下御名
字給、意光被詣申之、仰詞如職事、辨於床子座下給
右少史小槻利昭、仰詞同于右、次職事仰云、以権大
納言藤原朝臣公可為幸仁親王家別當、次召官人
召弁仰之、辨仰右少史利昭、別當名字片字許仰之
也、次上卿退出、
次宣旨令持参于本所、高松殿御假殿御殿也、本殿
未及御営作之故也、其儀参本所、次申次藤木加賀
賀茂成直 賀茂社人也、被任其便歟、着布衣出逢、取官渡
之 入宣旨也、次申次令持参別當、別當座被儲其所、別當
被覧之、其後被献親王歟、次親王御方参集人々被
申慶賀、次重房御對面、慶賀申上、次有一献、於便宜
所、其後被官返下、被入白寶一錠、成直持来、清閑寺
大納言被相副為御祝被下之旨被仰、令拝戴退出、
從親王御方于直令持参別當宣旨、申次出逢、以副
使利行令渡之、次官返給、不及面謁、所身之由答給、
尤不堪之故歟、又前勅別當宣持参之事、於親王御
方申入之處、不有覺悟之躰也、不便之至、絶筆注了、
高檀紙一枚横折也、

幸仁 五條中納言為庸卿勘進云云、定淳朝臣書改之云云、
親王宣 幸仁《ユキヒト》
権右少辨藤原朝臣意光傳宣、権大納言藤原朝
臣定誠宣、奉勅、宜為親王者、
寛文九年八月廿七日 修理東大寺大佛長官
主殿頭兼左大史小槻宿祢重房奉
勅別當宣 権大納言藤原朝臣公規 今出川大納言
権右少辨藤原朝臣意光傳宣、権大納言藤原朝
臣定誠宣、奉勅件人宜為幸仁親王家別當者、
寛文九年八月廿七日 修理東大寺大佛長官
主殿頭兼左大史小槻宿祢重房奉
参陣大外記中原師定朝臣、左大史小槻重房、権少
外記高橋頼春、右少史小槻利昭、陣官人源元朝召
使宗岡利行、今日宣旨副使勤之、於彼御亭、黄寳一
星被下之、其外如例、不及註了、

寛文十年正月二十三日

是ヨリ先、萬治四年花町殿燒失セルヲ以テ、高松宮相續以來、假殿ニ寓居ス、仍リテ幕府、殿邸造營ノ資トシテ金二千兩ヲ贈進ス、又是ノ日、新院御所(後西)ノ和歌御會始ニ詠進ス、

編修課

〔徳川實紀〕嚴有院殿御實紀

寛文十年正月廿三日、高松宮(後西院皇子、後有栖川幸仁親王)造宅料金二千兩贈送し給ふ、

九月廿八日、高松兵部卿幸仁親王使もて太刀獻物さゝけ、造宅料給ひしを謝せらる、

〔忠利宿禰記〕

寛文九年八月廿七日戊子、晴、巳一點、幸仁親王宣下、高松宮新院第二宮也、御母清閑寺大納言共綱卿女、

(中略)

次宣旨令持參于本所高松殿御假殿御殿也、本殿未及御營作之故也、

(參考)

〔隔蓂記〕

萬治四年正月十五日、未刻大方強風吹、自二條關白殿下火事出來、大風故以外大火事、禁中・仙洞・新院・女院・花町宮御殿・八條宮・九條殿下・鷹司殿下(中略)其外堂上衆(?)回祿也、

〔近代和歌御會集〕

寛文十年正月廿三日新院御所和歌御會始

花寿佳言媒　多嘉丸

ことの葉の種もつきせし花盤
ともなにあかぬ芝の砌に

寛文十一年正月廿三日新院御所和歌御會始

風光所々生　兵部卿幸仁親王

春の色はとり〳〵しるき若草の
もへわたる野も霞む高ねも

寛文十年八月二十九日
花町殿ノ舊地一條北、萬里小路ニ本殿竣成セルヲ以テ、
移徙ス、

〔洞裏日記〕○東山御文庫本

寛文十年八月廿九日新院二之宮御方御移徙、為
御祝義被為進、御目録之覺、

〔関東御使覚〕○高松宮家蔵

関東御使覚

一寛文十年戌九月十三日發足、
今度高松殿御相續以後御移徙以後御使、矢
嶋兵庫助、
御殿御作事御造畢候御礼使、則奉書文言如
此、
御進物
一公方様へ
御太刀銀馬代　目録ニ高松殿札ヲ付

御薫物

一御太刀銀馬代　酒井雅楽頭殿

稲葉美濃守殿

（以下略）

〔有栖川宮系譜〕

後西院天皇第二皇子

幸仁親王

（中略）

寛文十年八月廿九日渡御于高松殿花町殿御

旧地十五、

〔華頂要略〕

寛文十年九月三日新院二宮様花町殿江御移徙

（参考）

〔泰連宿禰記〕

寶永五年二月十一日戊午今日親王（端書慶仁親王）御方自御在

所萬里小路一條北令渡御新殿給、其所南門

有栖川宮御在所大路南也

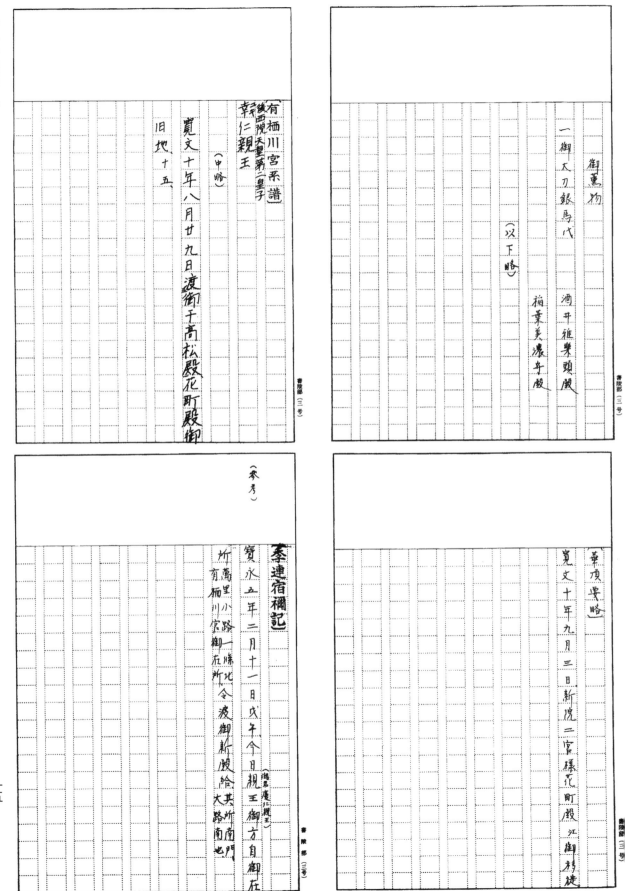

寛文十年十一月十九日

歯黒目ノ儀ヲ行ヒ、尋イデ童形トシテ新院後西・禁裏霊元・法皇後水尾御所ニ参入ス、

〔有栖川宮歴代親王御元服関係〕

幸仁親王元服記 共綱卿日記

寛文十年十一月十九日、辰刻許着狩衣、参高松宮、于時小頭高橋大隅為今日御祝義五ヶ百六合調進之、右為御祝儀引合十帖上下一具ツヽ被下之、

先於常御所御饗應事有之、次御歯黒めの事有之、

巳刻於御書院御祝之事有之、其儀奥間厚畳二帖其上ニ供御宮御方童装束二重織物之指貫、御襲トキカケラル、也、

先御盃、次五ヶ百六合、其儀先御左、次御右、又左又右、御陪膳新大納言局、御手長御乳母、御盃被上、次御盃居御銚子被持出、則御局被頂戴、次御下土器御盃御乳母被頂戴、次五ヶ百被撤之、次御盃将参、

次一献、餅、次御盃上同前、次御局被頂戴同前、次又御盃被出、次二献、豆腐、次御盃上、御局頂戴事同前、

次又御盃出、次三献、一ツ物、次御盃上、御局頂戴同前、

次御前被撤之、御陪膳手長同前、

午下刻宮御方院御所ヘ御参、其後宮御方御童形ニテ禁裏・法皇等ヘ御参之由也、為内々儀板輿ニ乗御之由云々、

寛文十年十一月二十一日
禁裏霊元ヨリ冠ヲ賜ハリ、新院御所後西ニ於テ元服
ノ儀ヲ行フ、内大臣近衛基凞加冠役ヲ奉仕ス、又
是ノ日、兵部卿ニ任ゼラル、乃チ御禮ノ爲參内シ、
常御殿ニ於テ天皇ニ御對面、懸緒ヲ拜領ス、尋イ
デ本院明正法皇後水尾及ビ東福門院ノ御所ニ參入
シ、夜半新院御所ヨリ退出ス、

編修課

有栖川宮歴代親王御元服関係
　幸仁親王元服記　共綱卿日記
寛文十年十一月
廿一日着衣冠、二宮御方へ以使者御參之事尋候
處ニ七ツ半時許ニ院參被遊候由申来、即時參新
院御所、入北御門參番衆所、出御於弘御所由云々、
仍參御所、次依召參御前、御衣冠直衣也、冠者御休所也、御元服之間之事
何角被仰、于時日野大納言被祗候、此間役送人々
被祗候、御元服畢參内之刻、御輿ニ可被入御剱事
等申入了、日野亜相へも談之處ニ被用平鞘御剱

可然由、日野同前ニ存之由申入了、次又依召參御
前、御書院南面也、北方四五ケ間之間垂簾、于時辰刻許也、今日刻
限可爲巳刻之由雖載勘文、短日之間被急可然由御
沙汰也、二宮御方御出急可爲御装束之處、藤大納
言遅參、再三令城相公被申遣、此間時刻移之間、予
等可奉仕御装束之由被仰下之間、前藤大納言被
參、則御装束被奉仕之、御前装束凞房卿、先之御冠
纓今朝於自禁裏被仰出、御纓タメ直事召凞房卿被仰付
内府御祗候、衣冠直衣、紅單薄色奴袴紐捻懸鞺、被
參御前、今日日出之由被申入、二宮御方御装束、童装

束、法皇御方御元服之時御着用之御物云々、御年齢旁以弥重之事也、御指貫二重織
物紅梅御服、八文字眉、御髪トキカケラルヽ也、裾
横目御扇令持之給、次弘御所へ御出、其儀先親王御
休所之御座ニ御着、扶持公卿今出川大納言公規衣冠紅單襪
着座、此間内府出自便所着座、東面、次五条中納言
爲庸衣冠紅單淺黄指貫鞺紐懸着座、北面、次綾小
路宰相俊景、装束同前、但薄色奴袴、北面、次親王冠者座へ着御、其儀
扶持公卿被褰簾、御出、奉行職事右中弁資茂、親王
御眼路貫子ニ候、窺冠者御氣色、起座、内府眼路貫
子ニ候、令氣色、加冠内府起座、經東簀子同北間入

着厚疊、先以左手簾ヲ北方ニ退不敷之着座、南面
次役送實富朝臣（山本中将衣冠単襲各同前）入休所御冠（居柳筥）取之、南間一間
ニ構ル路ヲ出經東簀子入冠者間置之（冠者御右方也）、退、次公
綱朝臣（橋本中将）同前泔器取之、蓋ナシ（居柳筥）冠者之御左置之退
次為直（下冷泉侍従）入同所取櫛巾入同間親王御座与円座間
ニ置之退出、次資茂加冠大臣ノ氣色ヲ請起座、召
理髪人、々々方長朝臣（下振）参進、先候簀子、依加冠之
目起参進、先円座右ニ押遣、役進寄取御冠於左手
見之、抜巾子置之、次調雑具、次親王御装束紐ヲト
キ左右御手取之、板敷ニ令冥之、解御髪以長本結

巻之、御髪末以髪掻分之、以小本結々之、先左以檀
紙包、其末以紙捻結之、御右方同前、次以箏刀切御
髪末入櫛巾内、御右同前、次取巾子入御髪（今度御髪太以多之）御左手
（間令入之）ニテ令押之、櫛髪掻等取出之、櫛巾上ニ置之、如元
円座置之、起座候簀子、次加冠起座着円座、入璣額
於巾子取櫛髪掻令掻渡之、左右各一度、役冠者以
左御手令押御冠、次加冠復座、次又理髪参進円座
傍ニ直之、調雑具、円座直之退出、次親王休所ニ令
還入、次内府起座、經本路退出、次為直参進撤櫛巾
退出、次公綱朝臣取泔器退出、次實富朝臣取柳筥

（ハ初御冠物也）退出、此間親王奥御所ニ令還入、御眉御服
等被改之、先之加冠着座等之座撤之、艮角（柳出之路）入
垂簾、南方東角一ヶ間屏風疊之、御陪膳役送等之
路ト又、内府御祝事有之、於御書院西間強飯盃酒
等事有之、予等出御祝義申了、於小御所扶持公卿
着座、公卿役送等各御祝吸物盃酒同前、御見舞人
々数大納言大炊御門大納言日野前大納言中院
大納言小倉中納言勧修寺中納言烏丸宰相梅小
路宰相藪少将右衛門権佐凞定等也、各御祝同前、
次御装束高倉前大納言永敦卿御前装束凞孝卿

（白練曳服自只今御袖小脇ツメフル、也）
御直衣紅御単御指貫紫二重織物御紋浮線綾、下
絬腹白、御襪被着之、御檜扇令持之給、新院出御、御
書院、親王同前、次頭中将隆尹朝臣為勅使被参、官
御方令任兵部卿給之由被申入、恭悦召之由、院被
仰、宮御方御同前、勅使退出、次従法皇御方為御使
（比卿一人今日着烏帽子甚以不宜也）
芝山前中納言御前ニ参、仰之趣被申入、黄金二枚（此外有之、不知之）
御返答有之退出、次本院御使高倉前大納言被参
銀子（十枚欤）、御返答事了退出、次内府御前ヘ被参、次退出
欤、次今日御見舞之人々被参、御前目出之由御祝
被申、次親王又御休所ヘ令入給、次又御座ヘ御出（御元服之御座也）

于時依仰予養御簾、令城宰相中将定淳卿持打敷南東角ヨリ参進、則展
敷之、候、次實富朝臣六本立之内一膳持参之、宰相
中将取之置中央、次公綱朝臣又一膳持参之、同取
之初御膳之左北ニ置之、次為直持参同前、同取之御南
右方ニ居、次實富朝臣同持参、同取之、第一御膳之
東中央ニ置之、次公綱朝臣持来、同取之、御左ニ置
之、次為直持参之、同取之、御右ニ居之、次實富朝臣
盃ニ居
御酒盞持参之、相公羽林取之、御左ノ御膳之北ニ
供之、次公綱朝臣御銚子持参之、宰相中将取之、参為直
持加出入ノ屏風ノ下ニアリ則退出、
親王御目之後退出、次親王令還入給、午剋許親王

書陵部（三一号）

又御出、御書院御装束如初、前藤大納言熈房卿参
令奉仕之、此間院御参内之、次而以傳奏可申入、今
朝御冠被仰出、其後御仕官之事、又従御内證銀子
世夜被進事等、右忝思召事也、親王御直ニハ被仰
聞敷之間、能々可申入之由、又御所ニても御使被
進事、院ニも仰之由可申入之由被仰下、畏入之由
申上了、親王御下輿所之事内々得叡慮了、同剋親
王従殿上御下殿、欤於四足門内御乗輿、此間ニ人
々相伴出北門御参禁裏、入御門之間頓而二宮御方
御参御門長押之外ニテ御下輿、先行列青侍二人着袴肩衣

書陵部（三一号）

二行、次白張十人ニ行、次北面布直垂帯小刀六人ニ行、召
次長二人平礼狩衣帯劔ニ行、次召次六人平礼布直垂帯劔ニ行、御輿左右ニ列
御轅、次布衣侍四人ニ行、次笠持御沓持、次藤木加
賀其外小性、其後袴着青侍等相従参了、御下輿御
簾御沓御劔等宗信役之、御太刀宗在持之、御左脇
楊津左京大夫御沓着布衣侍宗信 大膳兵庫助
ニ候、于時今出川大納言、菅中納言、烏丸宰相、持明
院三位、山本中将、橋本中将、藪少将、下冷泉侍従、予
中納言熈定等御門迄出向、此外日野前大納言、中
院前大納言、綾小路宰相、甘露寺頭弁、日野弁等御
門下迄被出迎、則従車寄御登、直ニ常御所へ御参、

書陵部（三一号）

各相従参、先剋院仰之旨心得、可被申入之由、両傳
奏へ申了、番衆所へ出候了、小時宮御方御出、両傳
奏・葉室・東園等大納言・千種中納言等相續被出了、
先剋申旨申入候由、猶後剋可参由、両傳被申之、于
時御組掛被懸於御冠、御出、御拝領之、則令經本
路給、御下殿、人々奉送出、於本所御乗輿之後、同門
之小門ヨリ右人々相伴参、本院宮御方者従四足
門可令入欤事尋候處、御参禁内違々、故此御門ヨ
リ可令入之由、人々被申之、此間宮御方御参於門
下、長押外下輿、御簾・御沓・御太刀等役如初、人々又出

書陵部（三一号）

逢了、従内々東寄御登、于時高倉前大納言出逢、輿
へ奉成、人々殿上之邊ニ候、御對面之儀了御出、各
又送参、御乗輿了、上方ヨリ東

於高松殿御門前南於、行列此間人々経本路、新院
御所北御門ヨリ入、出東御門参法皇御所也、入四
足門、小時宮御轅門下ニ立、其儀如先々、則従殿上
沓脱令登給、芝山中納言梅小路宰相奉出逢、輿へ
奉成、是又新院仰之旨先剋御使被進事能々可申
入之由申了、此間人々弘御所ニ候了、良久御出御
下殿、人々又奉送出、於本所御乗輿、此間各西方御
門ヨリ退出、参女院御所、四足門次宮御方於四足
門下御下輿、同前、次自車寄御登、人々殿上之邊ニ
候、頓而御出、無御對面云々、次於本路御乗輿、次新

院御所於四足門下御下輿、此間人々南御門ヨリ
入之、参四足門則従殿上御登也、于時院参之人々
被出参也、此間人々相伴参番衆所、申上剋歟未下
剋歟之由人々被申、次出御於御書院之由也、依召
各又参了、御礼申、今日目出之由申上、先剋仰之趣
以両傳奏申上候由申上、本院ニテハ何角令遅々
不申上事、法皇ニテハ以芝山中納言申入之由申
了、退出、次人々於小御所御饗應事有之、此間両傳
奏被参、次人々退出、申下剋直参高松宮之處、未還御以外
沈醉了、奉相待候處、戌剋許宮御方令還御、今日御

祝義申入了、退出、令帰宅、
廿五日、大外記師定二宮御任官之宣旨持来、其儀

以新大納言得叡慮之處ニ、窃々予請取之可然由
被仰下故、則對面宣旨入覧呂持来窃々故如此請
取之、追付可献之由申呂ニ入之留置之由申之、大
外記退出、

無品幸仁親王

正二位行権大納言藤原朝臣隆貞宣、奉勅、件親
王宜令任兵部卿者、

寛文十年十一月廿一日

大外記兼掃部頭造酒正中原朝臣師定奉

右檀紙懸紙ヨリ其上以杉原包了、

次参二宮御方、右宣旨内々大外記令持参賜之間
只今持参申之由申入、於御学問所被着烏帽子小
直衣被請之、入覧呂進之、則御披見了、御満足之由
也、今日も又院参被遊候由也、小時退出、晩頭大外
記入来、従宮御方為宣旨御祝義銀壹枚、副使ニ金
子一歩令拝領忝候由申之、宮御方へも只今御札
ニ参由申来了、

幸仁親王兵部卿任官宣旨　○[illegible]

無品幸仁親王

正二位行権大納言藤原朝臣隆貞宣、奉勅、件親王
宜令任兵部卿者、

寛文十年十一月廿一日大外記兼掃部頭造酒正中原朝臣師定奉

（洞裏日記）　○東山御文庫本

寛文十年十一月廿一日、今日高松宮御元服、祝使
芝山中納言、

寛文十年十二月二日

下御殿院参町御殿トモ云フ、ニ赴キ、法皇後水尾ノ御幸ヲ迎フ、

編修課

後水尾院後西両院御幸控　○高松宮家蔵

（原題）
法皇新院御幸　幸仁親王御代

一寛文十年十二月二日

後水尾院法皇御幸　院参町御殿下御殿ト云、兵部卿宮御成、

御方違　宮江被進物、

御小袖二御樽一荷鷹鶴一羽

書陵部（三号）

寛文十一年三月一日

疱瘡ニ罹ル、漸次快方ニ向フ、

編修課

関東奉書留　○高松宮家蔵

一寛文十一年三月朔日御疱瘡

十四日永井伊賀守ゟ使今度宮御疱瘡ニ付従

関東伊賀守方へ奉書来之由、

高松殿疱瘡御煩之段及上聴候、雖軽御様躰

之由候弥御快然候哉無御心元被思召候、無

御油断御療養専要之旨其方相心得可申入

之由御諚候、恐々謹言、

三月十日　板倉内膳正判

土屋但馬守判

書陵部（三号）

久世大和守判
稲葉美濃守判
酒井雅楽頭判
永井伊賀守殿

翌十五日伊賀守へ御使御念入候奉書御満足之旨、楊津左京大夫方書状相添、
兵部卿宮疱瘡御煩之由及上聴、為御見舞御奉書参候、御令披露候処、御懇志之段御満悦不浅候、弥御気色御快然之事候条、其段宜御老中迄被仰達候様ニ被為頼入候旨相心得可申入之由ニ候、恐惶謹言、

猶以御念入候御奉書之趣御喜悦之段能々可申入旨ニ候、以上、
三月十五日　楊津左京大夫
宗信
永井伊賀守殿

寛文十一年五月七日
新院御所（後西）ノ当座詩歌御会ニ列ス、

（中院通茂日記）○史料編纂所蔵
寛文十一年五月七日丁巳、今日新院詩哥廿首当座御会人数、
御製二首　兵部卿宮　妙法院宮詩　聖護院宮二首
飛鳥井前大二首　日大ニ　予ニ　中御中　勧中
烏丸宰　風早三　裏松　建仁慈長老　東福瞻長老
（以下五山衆数名略）
清書了、読上、講師意光、詩読上無別条、一句ツヽ読之、

寛文十一年五月十九日

上皇、後西高松殿ニ御幸アラセラル、七月十日・十二月五日亦此ノ事アリ、

編修課

〔中院通茂日記〕 ○史料編纂所蔵

寛文十一年二月廿日、参新院、八条殿高松殿江御幸有度事（中略）御相談、於江戸予内膳正可相談之由申入了、

五月十六日、早朝上日野、田来女、速水右京遣伊州、

口上之覚

高松殿御疱瘡已後七十五日昨日相済候、来十九日日柄宜候間、新院御幸被申請度由御沙汰候間申入候、以上、

五月十六日　　中院前大納言

書陵部（三号）

永井伊賀守殿　　日野前大納言

御返答口上之覚

高松殿御疱瘡以後七十五日昨日相済候、依之来十九日日柄も宜御座候間、新院御所御幸被仰請度由御沙汰候旨尤之御事候、寔被入御念被仰聞奉得其意候、以上、

五月十六日　　永井伊賀守

日野前大納言殿

中院前大納言殿

十七日、巳終許向日野、（中略）同道参新院、御対面、十九日御幸高松殿之事申遣伊州了之由言上了、

十二月五日、午下刻新院御幸於高松殿之由聞候了、用意候間、自高松宮有御使、早可参之由也、則参入、及戌刻退出、新院、照光院宮、聖護院宮、日野、予等也、

書陵部（三号）

書陵部（三号）

寛文十一年九月九日

禁裏靈元ノ重陽公宴御會ニ和歌ヲ詠進ス、

後水尾院後西院御幸控　○高松宮家蔵

（原題）
新院法皇御幸　幸仁親王御代」

一寛文十一年五月十九日有栖川殿新殿

新院御幸巳刻　還御幸亥下刻、

女御　姫宮　八条宮　還宮　賢宮　嘉陽宮

女中不残　太西　大典侍

清閑寺大納言　同中納言

院傳奏平松宰相　院傳奏今城宰相

一寛文十一年七月十日

新院御幸午刻　還御幸亥刻、

御相伴聖護院宮　清閑寺大納言　梅小路宰相

今城宰相　風早三位　憲長老　昨○中

實相院宮　新大納言向　出羽殿

御乃證　清閑寺中納言

一寛文十一年十二月五日

新院御幸午下刻　還御幸戌刻、

御相伴照高院宮　聖護院宮　日野大納言

中院大納言

近代和歌御會集

寛文十一年九月九日公宴御會

毎朝望菊　兵部卿宮幸仁

朝な〳〵みしハものかハ折にあふ

まかきの菊のけふの色香ハ

寛文十二年正月十九日
禁裏霊元ノ和歌御會始ニ詠進ス、尚是ノ歳水無瀬殿・聖廟御法樂及ビ月次和歌御會等ニ詠進ス、

〔葉室頼業記〕
寛文十二年正月十九日今夜御會始、題梅花薫砌、
（中略）今夜少主上御腹痛被遊候故、御祝計有之、讀上ハ先御延引也、夜半時分退出申也、

編修課

〔近代和歌御會集〕
寛文十二年正月十九日禁裏和歌御會始
梅花薫砌　兵部卿幸仁親王高松宮
咲そひて八重も一重も九重の
御園に匂ふ梅の色ゝ

〔御會和歌〕
寛文十二年二月廿二日水無瀬殿
名所藤　幸仁
梢まてよするとみへて藤浪の
松にかゝれる住吉の岸
寛文十二年二月廿四日御月次
あさかすみ　幸仁
あまの戸のあくれはやかて春の色に
たなひき初る朝霞かな
こひわひて　幸仁

手にとりてせめてみよかし恋わひて
もらし初たる一筆たに

あかつきは　幸仁
かす〳〵の我をろかさをかそへあけて
たゝ暁はみをなけくのミ

寛文十二年二月廿五日聖廟御法楽

鶴立洲　幸仁
松ふりてよゝある水のなかれ洲に
なを色そへてたてるしら鶴

寛文十二年七月七日和歌御會

牛女悦秋来　兵部卿幸仁親王
織女やいかに嬉しくかさぬらむ
あきまちはたる雲のころもを

寛文十二年四月二日
上皇、後西高松殿ニ御幸アラセラル、

編修課

（後水尾院後西院御幸控）○高松宮家蔵
「（原題）法皇新院御幸　幸仁親王御代」
一寛文十二年四月二日
新院御幸　御幸午刻　還幸初夜
照光院宮　聖護院宮　實相院宮　賢宮
新大納言局　大輔　出羽　久丸
清閑寺大納言　同中納言熈房卿

寛文十二年六月八日

高松宮ノ称號ヲ改メ、有栖川宮ノ称號ヲ賜ハル、

〔洞裏日記〕○東山御文庫本

寛文十二年六月八日兵部卿宮称号為勅許之御
礼参院、

編修課

〔中院通茂日記〕○史料編纂所蔵

寛文十一年二月廿日、参新院、八条殿高松殿江御
幸有度事、又高松殿称号被改之事御相談於江戸
于内膳正可相談之由申入了、
廿五日向日野同道参新院、高松宮御称号以花町
宮被仰之處、最前使相違、高松宮相定候事非法皇
叡慮、非武家指圖、相定候事不御快候間被改度也、
如何、此事内膳正内々御相談候處尤也、但追而御
沙汰可然之由申之、今度可沙汰之由仰也、追而御
沙汰之由於申之者、此度先御内談可然歟之由申
之了、
四月一日、向日野同伴参内、御対面、（中略）次参新院
御対面、関東之事御雑談、高松宮称号被改之事尋
内膳正之処、不可苦歟、御相談於永井伊賀守可申
越之由也、不被急事歟之由申之、
七月四日、伊州入来語之、

（系々略）

一高松殿称号被改度之由也、尤不可有子細歟、来春両人下向之節可然歟之由也、

十二年二月十九日、巳刻向日野、同道先参新院、日先同道可参之由有仰、御対面

一高松殿称号被改度之由也、日野申云、去年内勝迄有御内談歟、然者又内勝迄被仰之事可然歟、尤之由也、

（以下条々略）

可相談伊州之由也、

廿一日（中略）参新院、薫物拝領、御盃頂戴了、高松殿称号有栖川小鳴両号古称号有之、可為此内歟、予内勝可内談之由也、

六月八日藝州入来、言談、巳刻向日野、被達便於伊州

口上之覚

高松殿御称号之事、今日禁中江被申上候而被改有栖川候、以上

六月八日　中院前大納言　日野前大納言

参内、有栖川称号之事言上之、此間法皇御幸、参新院、御対面、有栖川称号之事言上候処、勅許之旨申入了、帰参於男末、以右京大夫申上之、則有栖川宮祇候、是又申入了、良久出御々学問所、主上法皇対面、宮御池歴覧了、御退出、

（重房宿祢記）

寛文十二年六月廿八日壬寅晴、令参入清閑寺黄門従殿下依有被仰之旨也、小時語申入訖、高松宮被改御称号、惟今称有栖河云々、定有故歟、

（御系譜）○禁裏執次詰所本

幸仁親王　号有栖川　後西院皇子

（中略）

同（寛文）十二年六月八日改号有栖川、

寛文十二年十二月七日

上皇後西、有栖川殿ニ御幸アラセラル、

〔後水尾院後西院御幸控〕○高松宮家蔵

〔原題〕「法皇新院　御幸」　幸仁親王御代

一寛文十二年十二月七日

新院御幸御幸午剋　還幸亥剋

照光院宮　清閑寺大納言　清閑寺中納

言　仗首座　新大納言局　大輔　出羽

寛文十三年正月一日

眉拭ヲ行フ、

〔有栖川宮家諸祝儀次第書〕

〔包紙〕「御祝儀書類」

〔外題〕「御装束着用例」

御眉之事

一幸仁親王

御眉　天井眉

御十七歳之時
寛文十二年十二月廿二日女房奉書参、正

月ゟ被為拭、

（有栖川宮歴代親王元服関係）
（女房奉書）
御まゆの御事日うゝ申上候へは今ちと御さた候てもおハしましく候まゝとハ覚召候へとも此比はいつかたもその御方そミにて御ゝゝろ次第によくおハしまし候ハんよし心え候て申せとて候かしく
〆　たかゝても御局へまいる
中納へ

寛文十二、十二、廿二

寛文十三年二月二日
邸内鎮守社ノ遷宮式ヲ行フ、

（有栖川宮家司日記）○高松宮家蔵
宝永六年十月廿六日　天晴
一頭弁殿□御尋ニ付遷宮先年月日書付進了
寛文十三年二月二日
十二月十四日　天晴
一鎮守社御遷宮御神事、

寛文十三年五月八日
洛中大火アリ、禁裏（霊元）並ニ法皇（後水尾）・新院（後西）ノ御所等火ク、有栖川殿類焼ヲ免レタルヲ以テ、翌九日、法皇ノ假御所ニ定メ、渡御セラル、尋イデ六月二十八日ニ至リ、法皇、一条内房第ヲ假御所ト定メ、移徙アラセラル、

〔禁中御日記〕

寛文十三年五月八日今夜丑剋許有火、禁裏院中一時為灰燼、鷹司殿、九條殿、坊城大納言、今出川大納言、勧修寺中納言、日野前大納言、烏丸宰相、廣橋前宰相、右中弁意光亭等燒亡、其外大略町數百廿町、家數一万三千軒許云々、彼間先行幸聖護院宮御在所、餘焰甚近間又行幸御靈社、其後行幸近衛殿亭、内侍所同渡御、事訖于時至翌日未剋、法皇有栖川宮亭、新院八條宮亭、女院女五宮亭、各為假御在所、

〔永貞卿記〕

寛文十三年五月九日晴雨、曉天自関白〔房輔〕自家鷹司出火、内裏、一院、新院、女院、諸家數家、市町西南方百餘町燒亡、主上行幸於上御靈宮、法皇新院御幸于白川照高院、本院女院御幸于二條前攝政〔光平〕家、火止、主上渡御近衛右大臣〔基煕〕家、法皇渡御于有栖川殿、本院御所八無恙、仍還幸本殿、新院渡御八條殿、女院二條家ニ御逗留、

六月廿八日晴、法皇御移徙于假殿、一條内府亭、

〔重房宿禰記〕

寛文十三年五月八日丁丑晴、今夜丑剋許、從廣橋前宰相貞光卿亭失火、其火移于鷹司殿下亭、從夫移于女院、法皇、新院、禁裏悉燒亡、于時禁裏行幸聖護院宮、餘焰甚近之故、行幸御靈社、其儀先内侍所渡御、次鳳輦、次乘御假輿、供奉卿相雲客衣冠或下姿、俗云肩衣、袴其躰言語道断之次第也、餘焰移市中、静謐之後行幸右大臣亭、〔基煕〕公（中略）法皇有栖川宮亭、新院八條宮亭、女院女五宮亭、光平公御室也、假御在所也、

炎上之方々鷹司殿下、九條左大臣殿、坊城前大納言、俊廣卿（中略）大略如斯欤、可相尋也、市中不知其數、

（无上法院殿御日記）

寛文十三年六月十八日丙辰はるゝ、五月八日の寅刻程より火事也、たかつかさくはん白より出火にて、禁中院中ゑんしやうす、公卿衆も十けんあまりも類火、其外町屋かずしらず、水井伊賀守やしきにて火とまる、すさまじき事也、何かの次第右府日々記に有、右府てい ふしぎに残りてきん中御かり殿にもちゐらるゝ、めうう（衍カ）か成事とよろこぶ、法わうはありすがはのでんへまづうつりまいらせらるゝ、本院の御所は御つゝがなくてそのまゝ御てんにならします、新院は八條殿になる、女院は女五の宮の御かたになる、法わう女院はまたやがて一條殿へかり殿さだまる、たゞいま御しつらひ有、

廿八日丙寅はるゝ、法わうけふ一條殿でんへ御わたまし也、我身もけさう〳〵よりまいる、ありの宮の御かたもおなじ、あなたこなたより御つかひ御しうぎどもまいり、御ひし〳〵の事也、

（洞裏日記）〇東山御文庫本

延寶元年六月廿八日、内々以一条殿為假殿、昨廿七日脩宮落成、仍今日卯刻御移徙、

延寶元年十月十二日

法皇（後水尾）・上皇（後西）ヲ慰メ奉ラントシ、是ノ日有栖川殿ニ御幸ヲ仰ギ、蹴鞠ヲ催ス、

〔堯恕法親王日記〕
寛文十三年十月十二日、為法皇・新院御見物、於有
栖川宮有蹴鞠、右府・有栖川宮・飛鳥井大納言・阿野
中納言・難波三位・飛鳥井侍従、其外雲客之輩也、大
覚寺宮・予・聖護院宮・智恩院宮・青蓮院宮・輪王寺宮・
同新宮・實相院宮・内大臣殿等、其外五山之僧侶戒
光寺等同公、

同色紗装束、以金銀紅等畫牡丹、紫袴、菱金摺薄紅糸組有紋露、飛鳥井前大納言
雅章、胡紬帷子、香色装束、紫糸組萠黄袴、フスベ皮露、阿野中納言季信、白帷
紫装束、同色糸組袴萠黄露紫無紋、難波三位宗量、白帷子、藤色装束、金ノカスリ紫糸
紐、朽葉袴、無紋露、（中略）先非蔵人置鞠於懸内、法皇・新院御
見物所垂御簾、門跡・内府其五山僧等依便伺候、鞠
了三献後退出、参法皇・新院賀御幸儀、次参賀兵部
卿宮、次向飛鳥井亭祝儀、三献、戌刻許帰宅、

〔淳房卿記〕
延寶元年十月十日、丙午、晴、申刻依招請向飛鳥井許、
新中納言重條朝臣来會、有鞠三献、亜相云、来十二
日於有栖川殿蹴鞠可有、法皇御覧、新中納言季保
朝臣・重條朝臣・予可令参勤由被仰出也、各不及辞
令領状、蹴鞠門弟雖数輩被撰出、儀當道之面目矣、
十二日、戊申、雨降、臨晩晴、相伴人々参兵部卿宮、暫而
賜饗膳、三献後今日依人少被加兵部大輔忠能、院参
孫長、左京大夫宗信、宮殿上人、号摂津、谷、両許刺鞠始、右府下帷
予胡紬色、以五色絲畫紅葉、白紗装束、紅糸組萠黄葛袴、紫無紋露、兵部卿宮下帷子白

〔无上法院殿御日記〕
寛文十三年神無月十二日、戊申、はれ曇、時々雨少々
くもりはるゝようすがは宮のていへ法わう
新院御幸にて御ぶるまひ有、くにまり有、右府
にも人数に御出也、あすか井父子・難波・阿野・梅園
庭田までの小路より、すがは宮にはもちろんの
事なり、門跡かた五三の衆いしやども、など常に
法わうへめさるゝものども大ぜいめしてけん
物さゝせらるゝはいかましきやうす也、坊門・青
門ゝなたより右府御同道にてならしまし、又御

かへりに同道にてなる日ざん院もまいらる亥
刻程まではなし有そがんもとよひ新中納言殿
に在らかよひにつかはしけふのうはさまで也、

延寶二年三月十三日
上皇、（後西）有栖川殿ニ御幸アラセラル、六月二十五日
亦此ノ事アリ、

後水尾院後西院御幸控　○高松宮家蔵
（原題）「法皇新院御幸　幸仁親王御代」

一延寶二年三月十三日
新院御幸御幸午上刻
賢宮　櫨宮　新大納言　清閑寺大納言
同中納言　伏西堂

一延寶二年六月廿五日
新院御幸午上刻御幸子上刻還幸
御相伴
照光院宮　聖護院宮　新大納言
清閑寺大納言　同中納言　同辨

伏西堂　恵長老

延寶三年十一月十四日
天皇（靈元）、假皇居（近衛基熈第）ニ於テ法皇（後水尾）八十御賀
ノ御宴ヲ催サセラル、仍リテ祝品ヲ獻上ス、

〔御湯殿上日記〕
延寶三年十一月十四日はるゝ、法皇の御方へ御
八十御賀祝まいらせられ、本院の御方、新院の御
方女院の御方御幸成、あけの宮御かた、女一の宮
なる、品の宮ノ御かた御まいりて、法皇の御方へ
常の御所にて御つゑ、わうごん五十両まいらせ
らるゝ、くわん幸成、御入候てから、御ひやうぶ二
色、御たる一かまいらせらるゝ、御つかい中の御門
大納言（也）へ本院の御かた新院の御かた女院の御
かたより御たる三色まいる、常の御所にてゝく御
御引なをしにて御さかつきはうさうかへのこ
んひとつ物にて三こんまいる、ことわく御臺の物
にて一こんまいる、御すい物も出ル、法皇の御方
本院の御方新院の御方女院の御かたへも御さ
かつき、常の御所にてはうさうかへのこんひと
つ物にて三こんまいる、法皇の御方より御太刀
馬代白かね百両御まなよりまいる、新中納言と
のよりおり御まなまいる、こなた女中衆よりも
御まなまきまいる、宮〱の御方伏見殿ありす
川の宮摂家方御諸方より御樽代まいる、（中略）御
楽有、くけ衆の御會あり、く御御歌あそはさるゝ
奉行からす丸中納言也、

〔堯恕法親王日記〕

延寶三年十一月十四日今日御賀、天氣晴、法皇本院新院女院御幸、姫宮方伺公云々、關白ト右府ト儀ニ召ニよりて伺候のよし也、御馬十疋御杖銀ヲモッテ造竹有葉五枚被着御製御短冊云々、等從内法皇へ被進候、今度假殿其上諸事依爲武家沙汰不被任御意之事而已歎、無念々々、殿上人舞樂等有之、悉在別記、

延寶三年十一月二十五日

一條油小路ヨリ出火、假皇居近衛基熙第及ビ新院後西假御所八條殿・本院明正御所等火ク、有栖川殿亦類焼ス、鎮守社ノミ無異ナリ。

〔有栖川宮家諸祝儀次第書〕○高松宮家蔵

（外題）「寄書上」

炎上

御殿類焼

一、延寶三年卯十一月廿五日、一條油小路ゟ出火、東江焼通、此御殿焼失、

〔有栖川宮家諸祝儀次第書〕○高松宮家蔵

（外題）「寄書上」

鎮守御社

炎上

一、延寶三年卯十一月廿五日、炎上、御社無事、御殿焼失、

〔基熙公記〕
延寳三年十一月廿五日、天晴風烈、西方有火事、程遠之由沙汰之間、猶豫、雖然依風烈、着衣冠参内之處、皇居既危、直参御前、可有出御由言上、走歸立寝殿庭、忽寝殿軒燒上之程、主上漸出御、〔御輿、被〕添御輿月卿雲客圍繞、出四足之程、車寄等炎盛也、内侍所御唐櫃二合立御輿前、鳳輦尤相添、先行幸法皇御所、猶危之間、行幸東河原、〔二條〕於此所公卿僉議、可御大佛哉、可御吉田哉、評定不一決、雖然吉田可然之由關白左府頻被申之、主上猶可御大佛〔妙門主寺〕御氣色也、但諸卿一同之間、幸吉田、月卿雲客供奉、到吉田、於途中今度新造内裏奉行松平伊豫守内々依關東命、從兼日上京之間、以多人數消火、仍新造御所無恙之由、以永井伊賀守〔諸司代〕言上、諸人喜悦不少、（中略）後直参法皇御所、新院御座法皇御所、是又新院御假殿〔八條殿〕炎上之間、暫御座法皇御所、但於新造御所者無異之間、近日可遷御也云々

一今日燒亡家數千軒許歟、先皇居・本院御所・内府亭・有栖川亭・伏見亭・八條亭・二條亭、此外不遑記

〔堯恕法親王日記〕
延寳三年十一月廿五日午刻斗、一條通油小路之民家ヨリ出火、今日以外風也、西風最甚、予一乗院宮同道、先参禁中、假殿暫時之間、黒烟既通假殿之間、先法皇へ可有御幸由也、則出御輿、〔剱璽等入御輿、〕内侍所又御出門也、予一門、右府・内府添御輿、下階之時既清涼殿代之軒に燒出ほどの事也、以外急々之躰也、法皇へ行幸之時、猛焔大風甚之間、大佛予房へ可有行幸之由、右府・内府言談之間、予直ニ歸新日吉房、漸儲御座等畢、于時又從右府使者青侍吉田へ行幸云々、予又参吉田、諸卿雲客數十人、武士少々、院門外等、女中も女御・姫宮之外悉歩行也、假殿〔近衛殿也〕并本院御殿・一條殿・二條殿・有栖川殿・八條殿〔新院假殿〕伏見殿燒失、此外諸家之亭六十余家、民屋・寺院不可勝計、然共禁中新院新殿無恙、尤珍重々々、仍于新殿中女御向可被用假殿之議定也、申刻斗行幸、予参、法皇・新院ハ法皇へ御幸、本院ハ女院へ御幸也、

（平田職正日記）
延宝三年十一月廿五日、巳ノ下刻ヨリ火事出来、火本洛陽油小路西江入町タイウスノ圖子生駒壹岐守屋敷留守ノ家ヨリ出火、
類火公卿殿上人并役人
近衛右大臣殿　一條前右大臣殿　同姫君御方
二條前摂政殿　女五宮御方　大炊御門前左府殿
一條内府殿　徳大寺入道殿　同前内府殿
伏見殿　好君御方　勧修寺入道殿
八條殿　飛鳥井前大納言殿　高倉前大納言殿
有栖川殿　（以下諸所略）

延宝四年二月八日
幕府、殿邸造営ノ資トシテ金二千両ヲ贈進ス、

（平田職正日記）
延宝四年二月八日、類火公卿殿上人江金銀拝領
金子貳千両　近衛右大臣殿　御使進藤修理亮
同　二條前摂政殿　中川左京亮
同　一條内府殿　入江三河守
同　伏見殿　安藤右兵衛
同　八條殿　生嶋大学
同　有栖川殿　山本木工助
（以下略）

（関東御使覚）○高松宮家蔵

関東御使覚

一延寶四年辰二月廿八日発足、

今度御殿類火ニ付、御普請料金子弐千両被

進候、為御礼御使山本主税助、

御進上物

公方様へ

御太刀銀馬代

御匂袋十箱入

一御薫物一香合薄様包、

酒井雅楽頭殿

稲葉美濃守殿

（以下略）

（有栖川宮家司日記）○高松宮家蔵

元禄十年正月七日、

一、先年御普請料請取

請取申金子之事

金子合弐千両也、

右者今度従公方様有栖川殿就類火為御

普請料被進之、請取申所如件、

延寶四年丙辰三月十六日、

有栖川殿御内

山本木工助印

彦坂壱岐守殿

石丸石見守殿

覓五郎大夫殿

八木庄兵ヘ殿

佐橋儀兵衛殿

末倉加左衛門殿

表書之金弐千両證文見合可被相渡候断者

本文ニ有之候、以上、

辰三月十六日　伊賀印

〔有栖川宮日記〕○高松宮家蔵
正徳六年正月三日乙未天晴曇
一徳大寺殿諸大夫ゟ手紙来
以手紙得御意候
一延宝三年十一月廿五日有栖川様御殿御類
焼ニ付而従関東御普請料被進候員数右従
武家衆被聞合候間早速御書付被遣候様ニ
と両傳被申候、為其如此御座候以上、
正月三日
進而今日七時迄ニ御書付被成徳大寺亭へ

被遣候様ニと被申候以上
矢嶋備前守様　堀川播磨守
藤木下野守様　小川飛驒守
一先刻徳大寺殿ゟ尋来ニ付、書付遣ス留
覚
一延宝三年ニ有栖川殿御殿御類焼ニ付、従関
東為御普請料金弐千両被進候事ニ御座候
以上、
正月三日
藤木下野守
矢嶋備前守
堀川播磨守殿
小川飛驒守殿

右之通書付遣ス御使黒瀬重左衛門

〔徳川實紀〕厳有院殿御實紀
延寶四年二月廿一日、去年火災に逢し公卿等に
経営の費用をたまふ、近衛二條一條伏見八條有
栖川女五宮好君一條の息女は金二千両づゝ、
三月十五日、伏見八條有栖川より使して太刀目
録包袋さゝげ、造宅料たまひしを謝せらる、

延寶四年三月二十七日

上皇、後西有栖川宮下御殿ニ御幸アラセラル、九月十六日亦此ノ事アリ、

後水尾院後西院御幸控　○高松宮家蔵

（原題）法皇・新院御幸　幸仁親王御代

一延寶四年三月廿七日下御殿

新院御幸　御幸未上刻　還幸亥上刻

新大納言　出羽　大輔　山小路

伏西堂

一延宝四年九月十六日

新院御幸　御幸午刻　還幸申刻

新大納言　讃岐　伏西堂

延寶四年十月十八日

是ヨリ先、殿邸ノ造營ニ著手シ、是ノ日、上棟式ヲ行フ、

表日記抜萃　○高松宮家蔵

延寶四年十月十八日丁卯晴

一今日依吉日御棟上也、吉刻辰刻

一巳刻上ノ御座敷江御成、酉刻還御之事、

延寶四年十二月十三日
是ヨリ先、殿邸竣成シ、是ノ日、新殿ニ上皇後西ノ御幸ヲ迎フ、

編修課

後水尾院後西院御幸控　○高松宮家蔵
(原題)
法皇
新院御幸　幸仁親王御代
一延宝四年十二月十三日新殿江於御幸、
新院御幸　御幸午刻　還幸亥刻
還宮　堅宮　櫃宮
六條局　新大納言局　大輔　出羽

書陵部（三号）

延寶五年十二月十日
上皇後西有栖川殿ニ御幸アラセラル、

編修課

後水尾院後西院御幸控　○高松宮家蔵
(原題)
法皇
新院御幸　幸仁親王御代
一延寶五年十二月十日
新院御幸　御幸午上刻　還幸戌刻
實相院宮　新大納言局　清閑寺大納言
伏西堂

書陵部（三号）

延寶六年四月五日
二品ニ敍セラル、尋イデ十一日、御禮ノ爲參内シ、
常御殿ニ於テ天皇靈元ニ御對面、天盃ヲ賜ハル、

（日次記）○高松宮家藏
延寶六年四月五日、晴、有栖川宮二品被申上、
九日、晴、内大臣參入、於御学(問脫)所御對面、兵部卿宮敍
品先日五日分ニ勅許之由、今日依御德日明日被
為下知樣ニ、清閑寺大納言江申渡ス、奉行凞定江
被仰出也、消息宣下之由被仰出、
十一日、陰晴、兵部卿宮敍品為御礼參入、於常御所
御對面、申次凞定、献挙如例、天盃御陪膳今出川大
納言、御手長凞定、六位藏人清原宣通、兵部卿宮陪
膳雅永朝臣、

（幸仁親王二品宣下位記）○高松宮家藏
○紙面ニ天皇御璽三顆ヲ捺ス
無品幸仁親王
右可二品
中務地居磐石望重淮城敷序茂親有深恒典宜中
朝奬同照親光可依前件主者施行
延寶六年四月五日
中務卿闕
正四位下行中務大輔臣源朝臣資冬宣
正四位下行中務少輔臣藤原朝臣祐宜行奉
正二位行權大納言臣　凞房

正二位行權大納言兼陸奥出羽按察使臣　雅房
正二位行權大納言臣　資凞
（○十五名略）
權中納言從三位臣資茂等言
制書如右請奉
制附外施行謹言
延寶六年四月五日
制可
月日辰時從五位下行大外記兼掃部頭造酒正中原朝臣師庸
左中辨嘉光

関白従一位朝臣
太政大臣　闕
左大臣正二位朝臣
右大臣正二位朝臣
内大臣正二位兼行右近衛大将朝臣
二品行式部卿貞致親王
正三位行権中納言兼式部大輔豊長
正四位下行少納言侍従兼式部権大輔大内記為致
左大辨　闕
告二品行幸仁親王奉
制書如右符致奉行
式部少輔　闕
大録
少録
少録
延宝六年四月五日

〔御湯殿上日記〕
延宝六年四月十一日、雨ふる《はるゝ》、兵部卿宮二ほんの御れいに御参内、三色一かまいる、つねの御所にて御たいめん、御さか月二こんまいる、御はいせんきくてい大納言、御手なかせいかんし辨、しんくら人也、

〔禁裏番衆所日記〕
延宝六年四月十一日、陰晴不定、兵部卿宮被叙二品、為御禮参入、於常御所御對面、申次凞定、天酌献、着如例、御陪膳今出川大納言、御手長凞定、

〔有栖川宮日記〕○高松宮家蔵
宝永六年五月十三日 癸未 雨天
一伏見様江御使、昨日被仰進候故、一品宮御叙品之
節御進物御参内等之儀御尋ニ付、則書付被進、
御使藤木右馬権頭、
書付留
幸仁親王二品勅許之節御進物等覚、
延宝六年四月十日清閑寺辨殿御参向、御対面
二品勅許之儀被申入、
翌日右之為御祝儀

昆布 一折廿把
鯣 一折廿連
白鳥 一羽
御樽 一荷
右禁裏様江
同日為御礼御参内
同月十八日清閑寺弁殿位記御持参
（中略）
右之通認之也、

延寶六年四月十二日
上皇、後西有栖川殿ニ御幸アラセラル、十一月十日亦此ノ事アリ、

〔後水尾院後西院御幸控〕○高松宮家蔵
（原題）
新院法皇御幸 幸仁親王御代
一延宝六年四月十二日
新院御幸 御幸未刻 還幸戌刻
堅宮 櫃宮 新大納言局 伏西堂
一延宝六年十一月十日
新院御幸 御幸未下刻 還幸戌刻
實相院宮 堅宮 櫃宮 新大納言局
清閑寺大納言 伏西堂

延寶七年三月三日
麻疹ニ罹ル、漸次快方ニ向ヒ、十四日酒湯ニ浴ス、

編修課

〔有栖川宮家諸祝儀次第書〕○高松宮家蔵
（外題）
寄書上」
幸仁親王御麻疹病
一、延寶七年三月三日ヨリ御麻疹、
十四日御酒湯御祝義、
女御様江強飯一蓋御銚子加、

〈以〉　書陵部（三号）

延寶八年二月八日
近ク江戸ニ下向スルヲ以テ、是ノ日、参内霊元シテ
御暇ヲ奏ス、

編修課

〔御湯殿上日記〕
延寶八年二月八日雨ふるありす河宮江戸へ御
下向のよしにて御いとまこひにまいらるゝ御
こふあわにて御さかつきまいる、
十三日はるゝゆちる雪兵部卿宮江戸へ御下向につき白
こあや五巻まいらせらる

書陵部（三号）

延寶八年二月十二日

白川雅喬前神祇伯・神祇伯雅光王ヲ招請シ、奉幣作法ノ傳授ヲ受ク。

〔雅光王記〕

延寶八年二月十二日晴、巳剋有栖川宮ニ參、神拜、奉幣等御傳受、祝着之至也、右之宮ゟ御傳一荷肴兩種被下了、

〔有栖川宮家諸祝儀次第書〕○高松宮家蔵

（外題）
「寄書上」

神事

一幸仁親王奉幣御傳授

奉幣御傳授

延寶八年申二月十二日、白川二位殿同少將殿

御出、御傳授、依之御礼、

二位殿ヘ御有一種、少將殿ヘ二種両樽

延寶八年二月十四日

首途ノ儀トシテ高倉永敦第ニ赴ク。

〔幸仁親王関東御下向記〕○高松宮家蔵
延寳八年二月十四日関東御下向之御門出、
高倉殿ヘ御成、御酒等出、早〻還御、
（行列略）

延寳八年二月二十一日
京ヲ發シ、江戸下向ノ途ニ就ク、東海道ヲ下リ、三月三日、江戸ニ着シ、高倉屋敷ニ入ル、

〔幸仁親王関東御下向記〕○高松宮家蔵
延寳八年二月廿一日天曇辰上刻御發駕、駄賃傳馬也、御輿網代
御發駕其儘所司代ヘ御届使佐藤三衛門、
御晝休大津方、ゟ之御使御對面、支度等申付也、
御宿亭主出居時、近習御宿ハ御先ヘ可参由申也、
御送衆支度三十四人分、
廿四日於桑名松平越中守御馳走也、舟出越中守御着
ゟ御宿ヘ使来、進物有、家老船奉行町掃除奉行来、
用御小直衣御對面有、御舟ニ召、サヤニ御着、水手之者ニ手樽弐ツ被下、

廿五日於岡崎水野監物城下給人町両方ヘ出、足軽四人御先ニ立、木工助挨拶仕也、
廿六日荒井渡石川又四郎番頭ゟ町中掃除馳走、御舟出、御供舟ハ手前也、御代官杉鹿長兵衛ゟ御舟出、町木戸より此方ニ御輿立、末ゝ大方乗船已後御舟ニ召、番頭之舟ニ召也、
廿七日大井川長谷川藤兵衛手代出、川越肝煎藤兵衛義御由緒有故也、川越ニ百疋被下、
廿八日藤枝酒井日向守使出所ゝ足軽同心出、使者御輿立披露之、

編修課

廿九日三嶋、御馳走人稲葉右京亮ゟ飛脚来、銀臺
枚被下殿上人ヽ壹通、諸大夫ヽ家来ゟ一通、吉良
上野介・大津右京大夫ゟ書状来、
晦日箱根番所前御輿戸明、駕籠馬不下笠頭巾不
着通也、跡先ニ通者ハ番所ニて有栖川殿御家来
之由断通也、
三月朔日戸塚、稲葉右京亮ゟ飛脚来、百疋被下、
二日品川御宿岩田庄蔵手代来ル、用於此由也、稲
葉右京亮用聞村瀬忠左衛門歩行丑人足軽四人
被召連御迎ニ来、諸大夫共逢、諸事示合也、無對面

下宿ニ着ニテ明日御供仕由也
一山本木工助今晩御馳走屋敷ヽ直ニ令着老中
月番高家衆へ御使ニ参、今日品川迄御着御差
圖次第ニ明日御着可被成由也、其段得其意候、弥
明日御入可被成之由木工助ゟ以飛札申越、
三日品川、御小直衣召御立、御供道中之躰也、御出
之節御馳走ゟ人御輿ニ下召披露申、御跡ニ御供
申、御馳走屋敷高倉屋敷也、御門迄家老御馳走人
出向居也、御輿敷臺ニ平付木工助御門前へ出向
奥ヽ御供申、
四日為上使酒井雅楽頭吉良上野介伺公、兼而有

案内也、敷臺之下薄縁之上左右ニ御馳走人右京
亮・揚津左京大夫迎ニ出、其末石上ニ木工助・相模
守兩人出向、送り申時右同前、
一廣間上段下際ニ宮御成、上使其間へ被入之時
御エシャク有テ上段へ御上り、上使對座ニて
上意之趣被申述、直ニ御返答被仰、立被申時其
次迄御送、御暇申退出也、

〔徳川實紀〕嚴有院殿御實紀
延寶八年三月四日有栖川兵部卿幸仁親王参着
により酒井雅楽頭忠清慰労の御使し、高家吉良
上野介義央そへたり、

延寶八年三月七日

江戸城ニ赴キ、將軍德川家綱ニ對面ス、

編修課

幸仁親王関東御下向記　○高松宮家蔵

延寶八年三月七日、獻上物昨夕馳走人肝煎令吟味取也、

公方様へ

御太刀金馬代　縮緬白十巻

目録眞字ニ認、大鷹也、中ニ縮緬書入也

有栖川殿ト小札ニ書テ目録ノ下かへ

ノ端ニ付、披露人覚分也、馬代金雲足臺

ニ居、縮緬中高ノ紙ニ包白紅結、ニ十巻之内ト書付、

雲足臺ニ居、

書陵部（三号）

一、辰剋傳奏屋敷へ御成、同剋勅使院使之跡ニ御

登城、御長刀ハ馳走人之者案内ニて極樂寺橋之外ニ置、其外無別條所々下リ居、番人へ

諸大夫挨拶スル也、御輿數臺前石ノ上ニ平付ニ付也、御

目見之面々ハ刀ヲ持ニテ上リ數臺ノ上御玄

関ノ廣縁ノ左ノ方へ行見合居也、御内刀持人

ハ玄関前腰掛ニ侍居所、馳走人之挨拶ニて御玄

関廣縁へ上リ居也、殘御供ハ侍居也、

一、宮御召物御小直衣、紫紗御袴御合口ハ不被指か能

由也、

一、御目見之義御書院廣縁ニ並居、諸家使御供諸

書陵部（三号）

大夫家老傳奏雜掌等也、障子脇ニ奏者差直衆

侍居テ障子明時披露、御礼申、其儘障子立、各本

之所へ令退出、此所迄行時ハ案内者有テ同道

也、

一、御對顔濟而還御之時ハ一番ニ御成被遊也、

一、老中吉良亭へ御對顔濟候ニ付御成、於老中門

内ニ御輿立、諸大夫其由ヲ取次ニ申述、還御、吉

良方ニテハ御通被遊也、雅樂頭能登守河内守備中守加賀守美濃守

上野介、

八日上使大澤右京大夫、鶴一羽御樽一荷被進、

書陵部（三号）

一、右為御礼老中若老中高家両人へ御使被遣、
一、御三人家へ御成、其前御進物被遣、御供無別条、
上下玄関前ニ御輿立、御口上申述、

〔徳川實紀〕巌有院殿御實紀
延寶八年三月七日公卿引見あり、勅使花山院前大納言定誠卿・千種大納言有能卿、法皇使梅小路〔前脱カ〕中納言定矩卿、本院使高倉前大納言永敦卿、新院使平松〔前脱カ〕中納言時量卿なり、攝家宮門跡内侍の使また同じ、有栖川兵部卿幸仁親王家つぎしを謝せられ、縮緬十巻金馬代さゝげられ、その外殿上人醫員も拝し奉る、
八日勅使院使かつ有栖川兵部卿のもとに高家大澤右京大夫基恒して鴨一隻酒一荷づゝつか

はし給ふ、

延寶八年三月九日
寛永寺並ニ増上寺ニ参詣ス、

幸仁親王関東御下向記　○高松宮家蔵

延寶八年三月九日卯下剋上野御參詣、御小直衣

御袴（○御供略）

一上野神前へ　御太刀銀馬代　目録眞

一同御室へ　銀壹枚　御香奠

一御太刀銀馬代毛氈三枚　輪御門跡へ

巳刻斗增上寺へ御參詣、

一御堂　白銀壹枚

徳川實紀　嚴有院殿御實紀

延寶八年三月九日、親王公卿兩山參詣により、上野は石川主殿頭憲之青山大膳亮幸利松平備前守正信、板倉石見守重種芝は安藤對馬守重博、久世出雲守重之、松平山城守忠勝警衛す、其外例のごとし、

延寶八年三月十日

再ビ登城シ、能ヲ觀覽シ、饗應ヲ受ク、

編修課

幸仁親王関東御下向記　○高松宮家蔵

延寶八年三月十日御能ニ（巳刻ヨリ斉明、雷鳴、）付傳奏屋敷迄御成

一御能三番過テ公家衆中入惣猿樂鳥目三百貫文被下之、舞臺積之大夫共ニ時服三宛、惣猿樂ニ同ニ宛、

御座敷

一御白書院上段　有栖川殿七五三之由也、

同下段　勅使法皇使兩院使同、

一紅葉間　楊津左京大夫日料理

（中略）

右府ニ過テ御能始、未下剋御能濟、公家衆御退出
中之御門ゟ為御礼帰参於殿上之間前謁老中退
出
一有栖川宮ニハ雨天故御玄関敷臺ゟ御立帰被
遊也、御礼被仰達還御、
十三日御暇乞上使酒井雅楽頭吉良上野介被参、
一銀五百枚綿五百把被進之、

上野介義央そひたり、殿上人揚津左京大夫へ時
服十、醫員へ四家司へ銀十枚づゝ下さる、

書陵部（三号）

〔徳川實紀〕嚴有院殿御實紀
延寶八年三月十日、親王公卿饗せられ、猿楽あり
よて兵部卿幸仁親王より打枝薫物さゝげらる、
けふも御病後により表におはさず、猿楽は翁、三
番叟、高砂、田村、井筒、殺生石、祝言、狂言二番、夷毘沙
門、墨塗、纏頭等例にかはらず、此日雷雨甚しく、終
中くらき事夜の如し、
十三日、公卿辭見あり、御返詞仰まいらせらる、中略
有栖川兵部卿幸仁親王へ、酒井雅楽頭忠清御使
し、銀五百枚綿五百把をくらせたまひ、高家吉良

書陵部（三号）

延寶八年三月十四日
隅田川ヲ舟ニテ逍遥ス、

〔幸仁親王関東御下向記〕　○高松宮家蔵

延寳八年三月十四日辰剋角田川へ御成ニ付、龍口へ御成、御舟ニ召、御舟廿コ八ベヤ丁立　奉行天野孫兵衛屋形内ニ宮御成、柴田梅安、楊津左京、細川相模守御側ニ伺公、御後方ニ為御馳走大澤右京大夫由良信濃守、畠山下総守、山口壹岐守、岡部土佐守石川彦五郎、稲葉右京亮有之、御供船十余艘ハ右京亮馳走之由也、御供山本瀬母、神坂隼人、瀧内伊織、馳走人侍同船、道筋之橋上人留也、両國橋邊ニ御船留、御菓子等出、其邊過テ御舟藏ノ邊ニ至テ□タケ丸御乗移、御覧被成也、其より角田川へ被成、塩ノ干浮ニテ御茶ヤノ前へ舟不着、五六町此方ニテ御輿ニ召、御供無之故高家御守衆打交テ前後ニ御供申、角田川御茶屋ニ御成、梅若丸影等御覧、御茶屋ニテ光ミよ之手鑑宝物等住寺被掛御目、其上住寺依所望御哥被遊、奉書紙半分ニ被書之、

角田川みやこのつとにまねふとも
ことのはたらしあかぬなかめハ

御料理等出、皆木具や塩満時御迎舟奉行向井兵庫参、塩時能由ニテ御庭ゟ御乗船還御、御船中へ御菓子杉折被進、両國橋ヲ經テ及暮、橋ノ爪両方ニ灯燈ヲ立、御舟通間橋上人留也、最前之御召舟ハ御先へ引舟ニ成也、酉半剋斗龍口ニ御舟着、高倉屋敷へ還御、

一今日之御供衆中尉斗目半袴也、宮ニハ御小直衣御袴也、

〔徳川實紀〕　嚴有院殿御實紀

延寳八年三月十四日、有栖川兵部卿幸仁親王墨田川に舟逍遥せしめたまふ、よて高家大澤右京大夫基恒、田良信濃守親繁、畠山民部大輔基玄、新院附山口壹岐守、本院附岡部土佐守久綱、禁裏附石川彦五郎成久、饗應の事命せられてまかりむかふ、

延寶八年三月十六日

江戸ヲ發シ、歸京ノ途ニ就ク、鎌倉ニ立寄リ、見物ノ上、二十八日、京都ニ著シ、直チニ新院御所〔後西〕ニ參ル、尋イデ四月一日、禁裏〔靈元〕・法皇〔後水尾〕・本院御所〔明正〕等ニ參入ス、

編修課

○高松宮家藏

軍仁親王關東下向記

延寶八年三月十六日、御發駕、〔御小直衣召也、〕村瀬忠左衞門御供申、芝口にて難留品川迄御供申、岩田庄藏ニテ御裝束被召替、於此所忠左衞門御對面、御暇被下、

一、鎌倉へ御立寄之御断於江戸被仰出、御立寄也

御供輕ニテ残ハ藤澤へすくニ通也、

廿八日御京着、

書陵部（三一号）

道中旅籠

二月廿一日　天曇、暮ニ雨

一　百足　大津御休　大坂加右衞門

一　壹枚　草津御泊　田中七左衞門

廿二日　雨天巳刻晴

一　百足　水口御休　いせや傳左衞門

一　弐百足　坂下御泊　辰刻御立　大竹や傳右衞門

一　上下一具

廿三日　天曇大風

一　百足　庄野御休　柳や兵左衞門

一　弐百足　四日市御泊　卯刻御立　清水太兵衞

廿四日　天晴

一　百足　桑名　鶴や市左衞門

一　百足　さや御休　岩間權右衞門

書陵部（三一号）

一　弐百足　宮御泊　卯刻御立　伊藤一郎右衞門

廿五日　晴陰風吹

一　弐百足　池鯉鮒御休　永田清兵衞

一　弐百足　御油御泊　卯刻御立　林五郎大夫

廿六日　晴曇暮雨

一　百足　白須賀御休　浅岡七郎左衞門

一　弐百足　濱松御泊　寅中刻御立　梅や甚三郎

廿七日　晴曇

一　百足　袋井御休　田代八郎左衞門

一　百足　金谷川越

一　弐百足　嶋田御泊　卯刻御立　置塩藤四郎

廿八日

一　百足　丸子御休　槙田知右

一　弐百足　江尻御泊　寅半刻御立　寺尾與右衞門

書陵部（三一号）

廿九日晴晩雨入夜風雨甚

一百疋　吉原御休　神尾六左衛門

一壹枚　三嶋御泊卯下刻御立　樋口傳左衛門

一百疋　御輿者八人ヘ箱根人足代被下

晦日天晴風

一百疋　箱根御休　天野平左衛門

一弐百疋　小田原御泊卯刻御立　高橋清左衛門

一上下一具

三月朔日天晴

一弐百疋　大磯御休　岩崎與四右衛門

一弐百疋　戸塚御泊寅刻御立　澤邊九郎右衛門

二日晴

一百疋　川崎御休　根本惣兵衛

一金百疋　品川御泊代官手代由也　岩田庄藏

一上下一具　御宿借手也　旅籠ハ外ニて申付仕出也

三月十六日天晴　○御登

一百疋　品川御發東石暫分也　岩田庄藏

一百疋　川崎御休　佐藤惣左衛門

一弐百疋　外ニて旅籠宿有　新宿御泊丑下刻御立　大仙寺

十七日天陰巳刻ヨリ風雨

一弐百疋　外ニて旅籠宿有　鎌倉御休　雪下正別當

一壹枚　藤沢御泊辰刻御立　堀内勘右衛門

十八日晴曇

一弐百疋　大磯御休　岩崎與四右衛門

一百疋　大磯ニて海士四人ニ被下

一壹枚　小田原御泊辰刻御立　高橋清左衛門

十九日晴陰少雨降

一百疋　箱根御休　天野平左衛門

一弐百疋　沼津御泊丑下刻御立　中村九左衛門

廿日晴

一百疋　神原御休　瀧縫殿右衛門

一御舟ニ召三穂ヘ御成

一弐百疋　江尻御泊卯刻御立　寺尾與右衛門

廿一日晴

一百疋　岡部御休　仁藤清左衛門

一弐百疋　金谷御泊卯刻御立　かしはや八郎左衛門

一上下一具

一弐百疋　嶋田ニて川越ヘ被下

一弐百疋　鍛冶助宗ヘ被下脇指上候故也

一百疋　阿部川ニて川越ニ被下

廿二日晴

一弐百疋　袋井御休　田代八郎左衛門

一壹枚　濱松御泊卯下刻御立　梅や甚三郎

廿三日曇巳刻雨風

一弐百疋　二川御休　後藤五左衛門

一壹枚　赤坂御泊卯下刻御立　豊田孫兵衛

一上下一具　御油御宿子御肴上候ニ付被下

一百疋　御輿八人者ニ被下

廿四日晴

一百疋　小道具者九人ニ被下

一弐百疋　池鯉鮒御休　永田清兵衛

一壹枚　宮御泊卯刻御立　伊藤一郎右衛門

廿五日晴
一百足　さや御休　岩間権右衛門
一百足　桑名御立寄合也　鶴や市左衛門
一弐百足　四日市御泊 卯刻御立　清水太郎兵衛
廿六日晴
一百足　亀山御休　樋口太郎兵衛
一壹枚　坂ノ下御泊 寅刻御立　大竹や傳右衛門
廿七日陰
一百足　水口御休　鵜飼傳左衛門
一壹枚　草津御泊 丑下刻御立　田中七左衛門
一上下一具
廿八日雨天 早天也
一弐百足　大津御休　播磨や市右衛門
右御風呂焼之か障入有之か何と子細有之

時ハ壹枚或弐百足被下也、先ハ弐百足、御泊
昼ハ百足、

〔徳川實紀〕　厳有院殿御実紀
延寶八年三月十六日有栖川兵部卿幸仁親王歸洛の發輿あり、

〔関東御下向先例〕　高松宮家蔵
御参内院
一延宝八年
三月廿八日御京着、即刻新院様江御参、
四月朔日御参内、本院様法皇様新院様女御様、御参、

〔御湯殿上日記〕
延宝八年四月朔日はるゝ、ありす河の宮江戸御みやまいる、

延宝八年七月八日
新院後西ノ女御明子女王（好仁親王王女）薨去ス、仍リテ其ノ菩提ノ爲ニ法華經提婆達多品ヲ書寫シ、廟所大德寺龍光院ニ納ム、

〔兼輝公記〕
延宝八年七月八日天晴、新院女御今朝依薨去、參新院伺御氣嫌、（比御腹不觸機云々、）亦於女御門外申入薨去驚旨、於姫宮退出了、
十一日陰、今晩院女御葬大德寺云々、仍遣堀川判官了、
十三日朝間小雨、已後晴、參詣大德寺燒香、是依院女御（號妙吉祥院）中陰也、即獻大乘經了、

〔淳房卿記〕
延宝八年七月十四日晩景詣大德寺、龍（院）虎（マヽ）於妙吉祥院御院女尊靈前贈經燒香、但依地穢庇邊設莚、

（龍光院所蔵文書）

幸仁親王寫經

妙法蓮華經提婆達多品第十二

（中略）

此一品者、為妙吉祥院佛果菩提令書寫之畢、

于時延寶八年七月日　　兵部卿幸仁親王

延寶八年閏八月八日

法皇後水尾去月十九日崩御、是ノ日泉涌寺ニ御葬送アリ、乃チ舊院ニ參入シ、御轜車ノ御發引ヲ奉送ス、

（兼輝公記）別記

延宝八年八月十九日

寅刻太上法皇崩御、御年齢八十五、

後八月八日　快晴

申斜参旧院、今晩依御葬送也、及酉刻被寄御車、有栖川宮殿下・予・中納言中将等降庭上伺見之、其儀先寄御車立御屏風、如尋常、次公卿以下列立庭上、各於便所着藁沓、次御車寄人左大臣離列参進、被卷車簾、次殿上人両人兼量・長時下北面六人等取松明候砌下、次御棺役人上首勝房朝臣以脂燭燃御枕上

之火、令移付殿上人下北面等所持之松明、又勝房朝臣以脂燭燃御枕上火、召脂燭殿上人季起・公寛等授之、脂燭廳官自砌下授之、次御棺役人勝房朝臣・共方朝臣・季基・忠晴等朝臣・利直・博意・國久・兼供等舁御棺奉移御車、次御香爐香合入御車、具也、此間於御前五位殿上人燒香、時香揮長等入之、次撤御屏風、次四位殿上人實業朝臣・季基朝臣取香炉、召上北面授之、自簾中被出之、次奉出御車、予引、此時請臣踞居、先是左大臣被加立本列、殿上人兼量・長時取松明歩御車左右、自南面御門出御、於御門下兼量・長時投捨於地上、退加本列、門外懸牛、後來僧泉涌寺前住長老天圭來之、先是殿下有栖

川宮予、中納言中将等退出、於忠能朝臣門下伺見行列、

有栖川宮実録　四

幸仁親王実録　二

有栖川宮實録　四

幸仁親王實録

幸仁親王　二

實録編修用紙

有栖川宮實錄　四

幸仁親王實錄　二

天和二年九月八日

新院御所後西、ニ參リ、伊勢物語ノ御講釋ヲ聽聞ス、爾後十數度此ノ事アリ、十月二十九日ニ至リテ講竟ル、

編修課

〔基煕公記〕

天和二年九月八日壬子天晴、午刻參新院、伊勢物語御講談、從今日被始、聽聞人衆兵部卿宮・前平中納言等被參、從初段到三段御講談、其後種々御雑談、及夜半退出、

十二日丙辰天雨灑、參新院、伊勢物語御講談也、從四段到十段、此後御言談、及亥刻退出、

十七日辛酉天晴、為御講談仍參新院、御講談了、御言談、及亥刻退出、

廿二日丙寅天晴陰雨時々下、有御講談、參新院、如

書陵部（三号）

例、夜半退出、
廿七日辛未天晴、有御講尺、參新院、女房今日相具
眞宮被參、及夜半退出、
十月二日丙子天晴、午下許參新院、依御講談也、中
斜御講談了、種々有御言談、
七日辛巳天晴陰、先日以後胸痛平臥、雖然依御講
尺參新院、御講談了早退出、
十四日戊子天晴、所勞得驗氣、仍參院、有御講談、其
以後有和歌、燭一寸、御製余及七八首、深更退出、
廿四日戊戌天晴、御講尺之間參院、御講了有御校

合、夜半退出
廿七日辛丑天晴霜如雪、依御講談參新院、御講談
之後御校合、亥刻退出了、
廿九日癸卯天有雨氣、依爲御講談、滿日巳下刻參
院、御講談滿座、珍重々々、亥刻退出、

无上法院殿御日記　一
天和二年九月八日壬子はるゝ、新院へまいる、け
ふより伊せ物語の御かうしやくはじまる、左府
大納言まいり給ふ、ありす河の宮にもならしま
す、平松中納言もちやうもんに出らるゝ、
十二日丙辰は小曇時々雨少々ふる、けふも御か
うしやくにて新院へ左府我身大納言もまいる、
ありす河の宮しやうご院宮どんげ院殿にも御
さん也、平松中納言も出座也、御かうしやく有て
何か御はなしどもにて子刻程にかへる、

十七日辛酉はるゝ、御かうしやくにて新院へ左
府大納言我身もまいる、ありす川宮にもならし
ます、平松中納言もちやうもんに出らるゝ、一門
にはふとまいり給ふ、
廿七日辛未はるゝ、御かうしやくにて新院へ左
府我身大納言もまいる、けふはやさたの宮とも同
道してなしまいらす、ありす川宮どんげ院殿も
ならします、其ほか宮がたも出給ふ、
十月二日丙子はるゝ、御かうしやくにて新院へ
左府大納言我身もまいる、ありす川殿もならし

ます、平松中納言も出らるゝ、御ひろの御ちやのこ平松中納言よりあげらる小御にぎ〳〵也、
九日癸未はるゝ、御かうしやくにて新院へ左府大納言我身もまいる、ありす川宮もならします、平松中納言も出らるゝ、
十四日戊子はるゝ、御かうしやくにて新院へ左府大納言我身もまいる、ありす川宮もおなじ、平松中納言も出らるゝ、どんげ院殿其ほか宮がたにも出給ふ、
十七日辛卯曇夜に入雨ふる、御かうしやくにて新院へ左府大納言我身もまいる、ありす川宮にもならします、平松中納言も出らるゝ、其ほか宮がたにもけさんに入、
廿四日戊戌はるゝ、御かうしやくにて新院へ左府大納言我身もまいる、ありす川宮平松中納言もおなじ、子刻程にかへる、
廿七日辛丑御かうしやくにて新院へ左府大納言我身もまいる、ありす河宮平松中納言もおなじ、宮がたにもけさんに入、御ひるの物我身よりめぐる、よく御手つきよろしくぶいづれも御さうばん也、
廿九日癸卯は小曇御かうしやくにて新院へ左府大納言我身もまいる、ありす河宮平松中納言もおなじ、宮がたにも出給ふ、伊勢物語けふみて、めでたさなり、

天和三年四月二十二日

天皇靈元去ル十六日、上皇後西ヨリ古今和歌集秘事ノ傳授ヲ受ケラレ、是ノ日、竟宴和歌御會ヲ催サセラル、乃チ參内シテ御會ニ列ス、尋イデ六月一日、御願成就ノ報賽トシテ、住吉・玉津島ノ兩社ニ五十首御和歌ヲ奉納セラルルヲ以テ、其ノ法樂和歌ヲ詠進ス、

編修課

御湯殿上日記

天和三年四月十六日はるゝ、古今御てんしゆにて新院の御かた御幸、御かくもん所にて御てんしゆあそはさ小其後つねの御所にて初こんまん、二こんかへのこん、三こん二物にて三こんまいる、

廿二日はるゝ、夜ニ入雨小さきやうゑんの御くわい有、しん院の御かた御幸なる

兼輝卿記

天和三年四月廿二日、陰晴々々、微雨灑、依古今御傳授畢、宴和歌御會、午剋着冠直衣、冠用針重紅衣紅単、笄指貫上絡、今日可勤御製讀師之旨、兼日依蒙仰所着衣也、懐ゝ紙、参内、今日依晴御會召具諸大夫、垂、布直布衣侍持笠持笄、入自車寄所候便所、兵部卿宮・左府・右府・前内府等各参集、小時被備夕饌、及未斜御會始、其儀小御所二間三間悉撤疊、一間中央敷高麗端二帖、其上設茵為主上御座、南面、御座左右東西行敷連高麗端為公卿座、端座末横敷高麗端為参木以下座、御座右方簾中敷高麗端壹帖、其上設茵為新院御座、御座前親王之、簾座北東西悉垂簾、南一方巻之、為参進路、剋限奉行日野中納言、御會奉行水正以来納言参木奉勤之、旧例職事也、今度為晴御會間可為職事欤、告出御由、予懐檜扇・懐紙等参進、到奥第一帖上方、突左膝依廻着之、安座、取出扇置前、次左府甚燃衣冠白衣紅単、冠用針依可勤匡下讀師被着衣着、予次座、奥、次右府革燃紅単、衣冠着、左府次座、奥、次兵部卿宮・幸仁親王参進、着端第一帖、（○中略）各講和歌、公卿殿上人各一通、大臣親王間自三通、下讀師授予懐紙於左府、欲起座、候天氣、左府召留之、令加講頌座、予懐紙講了、講師退下、左府取懐紙推折、置文臺下、復座、次予依天氣起座、先懐檜扇着讀師圓座、是為勤御製讀師也、次予伺天氣召講師、目之而召之、万里小路中納言起座、参進、着講師圓座、次予依天氣起座、膝行進御簾下、新院御座御簾下、院御製自簾下令出給、予以左手取之、加右手持之、如持之懐紙、自身膝退、又膝行還着円座、披之推張之、以左手置文臺下、下方為講師方、講師讀之、各講之、七返講了、予如元巻之、懐中之、次依天氣膝行進御前、主上自御懐中令取出懐紙給賜之、予以左手取之、加右手、如持院御懐紙、膝退、又膝行着円座、披之置文臺、其作法如院御懐紙、講師讀之、讀了講師退復座、各講之七返、講了講頌各退復座、予如元巻御懐紙

返置文臺上、亦自懐中取出院御懐紙、同返置之、主上御懐紙置異方、膝行復座、次公卿自下﨟起座退出、左府退出後予懐剱自左膝起座退出、次入御、次奉行取懐紙退、次本役殿上人撤文臺圓座、予以下候便所、於其所有二獻事、饅頭獻、鮨物、巡流、初獻予飲之、二獻自兵部卿宮被飲出、予有所存、依令固辞也、事了申入今日申置無異無事目出之由於近臣退朝、于時黄昏、

〔禁中日次記〕

天和三年六月一日、晴天、朝飾如例、今度古今和歌集御傳受被遂無為之節、仍而為御願成就之賽、令奉納五十首之和歌於住吉玉津嶋之兩社給、社別五十首、勅題御短冊日野大納言日野中納言筆兼日所奉行也、辰刻許於常御所令講之給、其儀予奉行、織御短冊、沙汰裏書等、即附兩社之神主、今日被発遣之也、来廿八日令奉納社頭、一七ヶ日可奉祈之由被仰出也、御短冊打曇泥畫松竹草花等包檀紙入筥、桐筥銀箕紫緒内有臺戴御短冊桐外箱付萌黄緒御撫物包檀紙、以白紅結之、戴御筥入御文匣外箱桐付緒黄金二枚包檀紙以白紅結之同被附神主也、住吉社傳奏勧修寺大納言奉仕之、玉津嶋社依有便日野中納言令沙汰之也、

住吉社御法樂

御製　新院御製　関白　左大臣　右大臣

兵部卿宮　内大臣　権大納言　（○以下四十二名略）

玉津嶋社御法樂

御製　新院御製　関白　左大臣　右大臣

兵部卿宮　内大臣　右大將　（○以下四十二名略）

天和四年二月十八日

近ク江戸ニ下向セントスルヲ以テ、首途ノ儀トシテ櫛笥隆慶第ニ赴ク、

〔幸仁親王関東御下向記〕○高松宮家蔵
貞享元年二月十八日御門出、柳営殿ヘ御成、
御肴一箱銀弐枚被遣之、
（○行列書略）

〔御湯殿上日記〕
貞享元年二月十八日ありす川宮しつそう院の
宮江戸へ御下かうにつき御はなむけにさや五
巻まいる、

貞享元年二月二十三日
京ヲ發シ、江戸下向ノ途ニ就ク、東海道ヲ下リ、三
月五日、江戸ニ著シ、高倉屋敷ニ入ル、

〔幸仁親王関東御下向記〕○高松宮家蔵
貞享元年二月廿三日天晴、辰刻斗御發駕、道筋申
年御下向之通也、
三月四日
一品川御泊、午下刻御着、
五日雨天、辰上刻止、午刻斗ゟ又降雨、
一午刻高倉屋敷ヘ御着、金森出雲守家老御門迄
出向、近習挨拶申、御輿平付奥に御成、山本木工
助御案内申、
七日

辰中刻上使堀田筑前守・吉良上野介参上、迎ニ
出、様子御對面之儀先年之通也、敷臺下薄縁左
右ニ御馳走人殿上人、諸大夫兩人ハ石之上ニ出
向居、
一御對面之儀、上段ノ下際（敷居）ニ宮御成、上使其間ヘ
入来之時御起しやく有之而上段ヘ御上リ、上
使對座ニて上意之趣被申述、直ニ御返答被仰、
立被申時次間迄御送也、
一上使為御礼筑前守・加賀守・豊後守・山城守・備後
守・上野介ヘ御使遣、細川主斗頭・大津・矢嶋伊（熨斗目半袴）

織、半袴
熨斗目

御下向御宿
二月廿三日　天晴
一弐百疋　大津御休　播磨や市右衛門
一弐百疋　守山御泊　御立寅刻　宇野忠右衛門
廿四日　天晴
一百疋　越川御休　西澤甚五左衛門
一弐百疋　醒井御泊　御立卯刻　松井新助
廿五日　天晴
一百疋　樽井御休　井上傳右衛門
一弐百疋　〔洲〕洲股御泊　寅半刻御立　沢井彦四郎
廿六日　天晴
一百疋　清〔洲〕洲御休　服部彦太郎
一弐百疋　鳴海御泊　御立卯刻　寺嶋伊右衛門
廿七日　天晴
一青銅五百文　大濱御休茶や　茶や善左衛門

一銀壹枚　御油御泊　寅中刻御立　林五郎大夫
廿八日　天晴曇
一百疋　白須賀御休　朝岡七郎左衛門
一銀壹枚　濱松御泊　寅刻御立　佐藤與左衛門
廿九日　晴曇風吹
一百疋　掛川御休　林喜多右衛門
一銀壹枚　嶋田御泊　卯上刻御立　置塩藤四郎
晦日　晴曇
一青銅五百文　阿部川御休茶や　亀や五郎左衛門
一弐百疋　江尻御泊　卯刻御立　寺尾與右衛門
一百疋　御輿者ニ被下
一青銅三百文　御本陣裏ニテ綱引繊師ニ被
下

三月朔日晴曇風吹ク間ク雨　吉原御休
一百疋　　　　　神尾六左衛門
三嶋御泊寅下剋御立
一弐百疋　　　　樋口傳左衛門
二日陰辰ヨリ雨風有及暮止　箱根御休
一百疋　　　　　天野平左衛門
小田原御泊寅下剋御立
一弐百疋　　　　高橋清左衛門
三日曇時々降雨　藤澤御休
一百疋　　　　　堀内勘右衛門
金川御泊卯中剋御立
一銀壹枚　　　　鈴木源太左衛門
四日曇辰右降雨　品川御泊
一銀壹枚上下一具　岩田庄藏

〔徳川實紀〕常憲院殿御實紀
貞享元年三月七日有栖川兵部卿幸仁親王、實相
院門跡義延法親王、曼殊院門跡良尚法親王、幷に
公卿参向ありしかば、堀田筑前守正俊慰勞の御
使し、高家吉良上野介義央そひたり、

貞享元年三月九日
江戸城ニ赴キ、将軍徳川綱吉ニ對面シ、将軍就任
ノ賀詞ヲ述ブ、翌十日、再ビ登城シ、能ヲ觀覽ス、尋
イデ十一日、輪王寺宮天眞親王ヲ訪フ、

〔幸仁親王関東御下向記〕○高松宮家藏
貞享元年三月九日
此方ノ夜前相渡置也
一御成前御進上物伊東庄左衛門へ渡、
一公方様へ
　御太刀　　目錄大鷹一枚眞字認、下かヘニ有栖川殿ト付札有、
　黄金十両ト御馬ノ下ニ書、中ニ縮緬十巻ト書入也、
　御馬代金　雲足臺ニ居、
　白縮緬十巻　中鷹ニテ包、縮緬十巻之内ト書付有、白紅ニテ結、雲足ノ臺ニ居、
一御臺様へ　かな立目錄也、

縮緬五巻　緋二　右同断
干鯛一箱　杉二重くり足
辰刻傳奏屋敷、御成、御輿上ル、数臺御同道也、先勅使
院使其跡諸家之衆二三間有テ、有栖川宮実相院
宮竹内御門跡御登城、御輿御玄関ニ平付数石之
上ニ置、
（略・中）
御對顔濟午下刻高倉屋敷へ還御、此時ハ有栖川
宮御先也、
一還御之後（午下刻）上使大澤右京大夫鶴一羽大樽一荷

被進、御對面茂前之通也、
右之為御礼老中備後守大澤（上使故）、御使被遣、藤木
右近、熨斗目半袴、
十日曇天辰下刻ゟ降雨未刻晴
一今日御能ニ付、打枝薫物三種入簾様折テのせ雲足ノ臺ニ居
被進之、伊東庄左衛門、渡、
一御能ニ付御登城、御小直衣、紫紗
卯中刻傳奏屋敷迄御成、各御同道ニて御登城
御供無別条、
一御能濟還御之節二ツ目ノ御門ゟ又御立歸、於

殿上老中迄御礼被仰入還御也、
一御能御見物御馳走為御礼、老中高家三人備後
守、御使被遣、山本木工助、細川主斗頭、熨斗目半袴
十一日天陰巳刻晴
一未刻輪門様、御成、御供（熨斗目半袴）伊織、右[illegible]、喜内、耕曹、伊東庄左衛
門、御供ニ参、戌刻還御、
十二日天晴
一辰上刻上使堀田筑前守畠山飛彈守参上、如前
ニ御對面、御返答被仰御入被遊、次ニ御目見之
面々、有拜領、

綿五百把銀五百枚被進（以下略）

〔徳川實紀〕常憲院殿御實紀

貞享元年三月九日公卿引見あり、大内、兩院、東宮、中宮より歳首の儀物例のごとし、勅使花山院右大将定誠卿、甘露寺大納言方長卿、本院使鷲尾大納言隆尹卿、新院使平松前中納言時量卿拜謁あり、獻物幷に御臺所への捧物も例にかはらず、大納言方長卿はことさら太刀目録もて傳奏を謝す、有栖川兵部卿幸仁親王縮緬十巻、實相院門跡義延法親王、曼殊院門跡良尚法親王も同じ、共に金馬代そへて御纉緒を賀し奉る、御臺所に親王より縮緬五巻、箱肴、兩門跡より同五巻、薫物捧らる、(中略)ことはて、親王幷に三使の旅館には、高家大澤右京大夫基恒して鶴、酒樽、兩門へは畠山民部少輔基玄して、昆布、酒樽をつかはさる、

十日親王はじめ公卿門跡饗應の散楽催さる、翁三番叟、高砂、田村、東北、紅葉狩、祝言、狂言、福神、清水なり、少老堀田對馬守正英能初奏者番堀田豊前守正休纏頭の役す、今朝親王門跡より薫物を捧らる、

十二日有栖川兵部卿幸仁親王、實相院門跡義延法親王、曼殊院門跡良尚法親王のもとに堀田筑前守正俊御使し、親王に銀五百枚綿五百把、兩門跡に各銀三百枚、綿二百把、つかはさる、殿上人に時服十、家司各銀十枚下さる、差添の高家は畠山飛驒守義里なり、御臺所より留守居番三浦八兵衞重良もて親王兩門に各時服十をくらせ給ふ、

貞享元年三月十三日
寛永寺竝ニ増上寺ニ參詣ス、

〔幸仁親王関東御下向記〕○高松宮家蔵

貞享元年三月十三日

一東照宮、　御太刀銀馬代

大猷院殿台徳院殿厳有院殿

目録大鷹御香奠白銀壹枚ト書

右御香奠銀壹枚宛、

一三百疋　増上寺方丈、御参詣済帰ニ主斗参、

一卯中刻上野、御成輪門様、御寄午刻還御、御小直衣着給

（○御供略）

午中刻増上寺、御参詣、未下刻還御、

〔徳川實紀〕常憲院殿御實紀

貞享元年三月十三日公卿、門跡両山参詣によて、東叡は本多中務大輔忠國、増山兵部少輔正彌、牧野因幡守富成、大久保安藝守忠増、三縁は牧野駿河守忠辰、石川美作守乗政もて警衛せしめらる、高家、寺社奉行、目付、徒頭もまかる、

貞享元年三月十六日

江戸ヲ發シ、歸京ノ途ニ就ク、尋イデ二十七日、京ニ著シ、翌二十八日參内、靈元・後西院ニ參ス、

〔幸仁親王関東御下向記〕○高松宮家蔵

貞享元年三月十六日（天晴陰）卯中刻斗御發駕、御小直衣、御供御入之時ニ同、

廿七日御着、其儘稲葉丹後守へ御使、今日関東ゟ御上京候、於江戸首尾能御對顔、御應之上意共御満悦ニ思召候、殊更御家来数多御目見被仰付、御喜悦ニ候、且又人馬之御朱印、舟川證文等被調進候故、宿々於舟川所々御馳走仕、別而御満悦ニ思召候、則御朱印證文御返弁被遊候由也、御使細川主斗頭、

編修課

廿八日御参内御参院有、

御登

三月十六日 晴曇 品川御装束被召替宿
一百疋 庄藏差合故 渡邊傳右衛門
金川御休
一百疋 鈴木源太左衛門

藤澤御泊卯刻御立
一弐百疋 堀内勘右衛門
十七日 晴曇 大礒御休
一弐百疋 岩崎由右衛門
御覧被成ニ付大礒浦
一百疋 海士ニ被下、
小田原御泊寅下刻御立
一弐百疋 高橋清左衛門
十八日終日雨於箱根風烈雨 箱根御休
一百疋 天野平左衛門
沼津御泊寅下刻御立
一銀壹枚 清水助左衛門
十九日 晴 神原御休
一百疋 多喜縫右衛門
御舟ニテ沖ニ御成、三穂ニ御成、江尻御泊寅中刻御立
一弐百疋 寺尾與右衛門
廿日 晴 岡部御休
一百疋 仁藤清左衛門
金谷御泊寅下刻御立
一銀壹枚 柏や八郎右衛門

一銀壹枚上下一具 鍛冶助宗ニ被下、
長刀上ル
一同 鍛冶吉助ニ被下、
打物上ル
廿一日 晴 袋井御休
一百疋 田代八郎左衛門
濱松御泊寅下刻御立
一銀壹枚 梅や甚三郎
廿二日 晴 白須賀御休
一銀壹枚 浅岡七郎左衛門
是ハ海辺ニテ網被仰付ニ付、
赤坂御泊寅下刻御立
一銀壹枚 豊田孫兵衛
一上下一具 御油御宿林傳五郎ニ被下、

廿三日 晴曇時々少雨 池鯉鮒御休
一弐百疋 永田清兵衛
宮御泊寅刻御立、
一弐百疋 伊藤一郎右衛門
廿四日 曇於舟風有 桑名御休
一弐百疋 鶴屋市左衛門
桑名御舟早御着故、四日市御泊石薬師ニ成、
石薬師御泊卯上刻御立
一 冨田左兵衛
廿五日 晴曇終日風有 坂下御休
一弐百疋 大竹や傳右衛門
土山御泊卯上刻御立
一銀壹枚 土山喜左衛門
廿六日 晴 石部御休
一百疋 内記八郎左衛門
草津御泊寅刻御立
一銀壹枚 田中九藏
同所
一上下二具 大事故御宿御理 田中七左衛門
廿七日 雨天辰刻頃降
一御休ハ無之直也休旅籠代ハ悉被下之、

貞享元年四月二十日
火ヲ出スモ、直チニ消火ス、

〔堯恕法親王日記〕
貞享元年四月廿一日、傳聞、昨日有栖川宮ヨリ出火の處ニ早速消滅〻〻、珎重〻〻、此中都テ方々日々出火の沙汰有り、十ニ八九ハ虚説もあり、又ハたしかなる事もあれども、火事といふほどの事ハなし、然とも多分ハ御所近邊のよし也、

貞享元年六月十五日
東福門院ノ七回御忌ニ依リ、去ル十一日ヨリ五箇日間、清涼殿ニ於テ懺法講アリ、乃チ是ノ日、結日ニ當リ、參内元靈シテ之レヲ聽聞ス、

兼輝公記
貞享元年五月廿八日、霽、頭中將語云、今日來月懺法講奉行被仰出、傳奏清閑寺前大納言、導師毘沙門堂宮、自十一日至十五日五ヶ日被行之云々、
六月十五日、陰、時々雨降、入夜烈風終夜不止、（中略）辰剋參内、未事始已前以近臣被仰出云、今日為結日以御不例御快然、分可有出御、可得其意、予奏畏承由、及巳斜事始、共行公卿僧侶等着座、次伶倫着座、地下候砌庇座、次奉行職事篤親朝臣進御座褰御簾、之半張、共行公卿已下悉跪坐前、次錫杖、其儀如每日、

次篤親朝臣下楽目六於内府、次才見下之、次吹出調子、次頭右大弁熈定朝臣持参花筥候傍、前内府起座取之置御前退、次散花殿上人賦花筥、其儀如中日、次惣礼楽、次伽陀、懺法始、導師公弁親王、作法同初日、委細注奥、仍不能具注、事終廻向伽陀間撤花筥其儀同初日、御前花筥熈定朝臣進候傍、前内大臣起座取之授之、悉撤了、篤親朝臣進褰簾、僧侶跪座前、次僧侶退座、予申置五ケ日間無異無事被遂行公私大慶不過之由、於近臣退朝、今日左府父子、前殿下父子、九条大納言、二条中納言中将、門跡衆門跡実門、聖門、兵部卿宮、其外公卿殿上人等数輩参集、

〔禁中御日記〕

貞享元年六月十一日奉為東福門院七回忌、於清涼殿自今日五ケ日被行懺法講、

公卿大炊御門前内大臣、日野大納言、久我中納言、

貞享二年二月二十二日

去ル十五日ヨリ上皇後西ノ御容態勝レサセタマハズ、乃チ屢〻御見舞ノ為参院ス、上皇是ノ日終ニ崩御アラセラル、仍リテ定式ノ喪ニ服ス、

〔禁裏番衆所日記〕
貞享二年二月十五日入夜新院有御不豫之事、御痞氣由、依之為窺御機嫌基量参院、于時丑剋、
廿二日今日午刻新院崩御

〔基熈公記〕
貞享二年二月十五日乙巳、天快晴、夜半之比従新院女中有文、御痰指上、御氣色不快之由也、乍驚馳参、御氣色以外也、仍芳安法印進良薬、少々御快歟、雖然猶以不快、御間以書状言上、禁中上下騒動、及天明、少々御快歟、仍退出了、
十六日丙午、天晴陰、巳刻参新院、御氣色少々雖快然□御不食也、未刻許御嘔、其後少々有御食氣、為御食傷氣必定歟、大覚寺宮・妙法院宮・兵部卿宮・此外僧俗男女官済々被伺候、亥刻許聊御心軽、御間

退出了、
廿二日壬子、未明従前平中納言奏、院伝有書状、院御氣色不快、御早速可参也、仍乍驚馳参、無頼御有様、頗失前後、医師等種々進良薬、雖然連々重御、午下刻終以御閉眼、妙法院宮・一乗院宮・毘沙門堂宮、其外男女官々伺候、御左右抑悲涙、妙門・一門・毘門・余等唱多羅尼真言等、御臨終如御睡眠、御成仏無疑歟、於心中比上之悦也、既御事切之後余退出、御所中之男女悲歎之声喧、抑此君十年来殊被加愛憐、於哥道別而蒙御教命、餘恩一々不遑記、以何報広

大御恩哉、悲哉々々、々々、生一拳為朝家就彼是思廻之、心神迷乱、抑涙退出、

〔无上法院殿御日記〕

貞享二年二月十四日甲辰雨ふる。ひるよりはるゝ。夜半のころ新院より御ふみ来る。御たんつよくつかへさせられ、いしやもめししゆくすよしゆへ、御心もとなくて其まゝまいる。左府もおなじ。御きそくおもく見へさせられ候きづかひにて夜あけがたまでつめて少〳〵御しづまりの時分にかへる。ありす川殿はじめ宮がたにものこらず御まいり也。御くすりはきたをはうあんせ。こよひよりあがる。

十六日丙午曇御みまひにまいる。左府もおなじ。妙門にもまいり給ふ。大門にもおなじ。宮がたにいづれも〳〵ならします。よべよりは御きそくよし。夜に入いよ〳〵よき御ことをりにてよろこぶ。子刻程にかへる。

廿二日壬子はる、御きげんわろきよし申参り、いそぎ〳〵まいる。いづれも〳〵おなじ。れん〳〵わろく成て午刻過にほうぎよ也。とかふいふにもあまるかなしみ筆にもこと葉にもつきず。ぜひなき心地にてかへる。左府もおなじ。ちうと参内、我身よりはふみにて申あぐる。妙門一門ならします。日ごん院そがんもまいらるゝ。何かたがひにいひつゞけ涙のみなり。

〔堯恕法親王日記〕

貞享二年二月廿二日午下刻新院崩御御歳四十九予一乗院宮候御左右奉勤御臨終、其後退出、

四月十四日

一伝聞、今朝有栖川宮八條宮除服宣下云々、（中略）

従今日有栖川殿以下悉内外吉服云々、

貞享二年三月七日

舊院御所後西ニ参リ、御遺書一通ヲ拝領ス、是ノ夜、御葬送ノ儀アリ、乃チ泉涌寺ニ赴キ、御轜車ヲ奉迎シ、御葬儀ニ列ス、

〔基熙公記〕

貞享二年三月七日丁卯、天氣如昨日、戌下刻雨下、辰刻参旧院御所、頭宮兵部卿宮・毘沙門堂宮・余・武家傳奏両人各列座、前平中納言持出御遺書渡之、各々懐中之、余分一通、頭宮・毘門両人之間一通、兵部卿宮一通、時量卿・保春卿両人之間一通、押悲涙退出、

今夜旧院奉葬送泉涌寺、申刻許参本所、先日之素服着之、漸供奉之月卿雲客参集、及申下刻寄御車、御棺御廣御所階蘆之下、打板寄御車、假設刻限漸到間、余近寄御車下簾、落涙之間思ひつゝく、

小車のうしや悲しや下すたれ
おもひもかけすけふハかゝけて

事済、余飛輿行泉涌寺、於或小庵及酉半刻入御之由告之間、着藁沓携杖出向御寺馬場橋邊、御車過之程磬折、立加権大納言直衣卷纓之上、到龕前堂供奉事、入御車之後、又余参進褰御簾了、着假座、龕前堂之邊設床几、供奉之月卿雲客悉着之、奉移方龕之程、既及戌刻、法事等事了、奉移山塔、余以下僧俗宮従御龕後、此間雨下、仍各擁笠、其躰殊添愁、毎事如後水尾院御事之時、細記無益、夜半事終、余行向妙門、今夜同被供奉相共語往事落涙、丑刻帰京、今夜之事、前平中納言父子定而可細記、可尋注者也、

堯恕法親王日記

貞享二年三月七日今夜御葬禮也、申刻斗一門同道ニテ泉涌寺へ行、宿房永圓寺、暫時有テ大門渡御、東燭之比已ニ五條之橋ニて御車來之よし告來之間、二人同道龜前堂ノ邊連床ニ行、鈍色五條表袴、各吉服也、藁沓杖兼テ用意之、着藁沓杖ヲつき出ル、房官二人布衣二人傘持退紅召具之、有暫時兵部卿宮實相院宮毘沙門堂宮聖護院宮御出、同ジ中連床ニ被着、各凶服也、

戌上刻斗御車龜前堂へ入御、左大臣、權大納言已

下卿上雲客都三十七人歟、各凶服也、

亥刻斗山頭ノ儀式畢、又左府一門予同道ニて自房へかへる、子刻斗左府一門歸京、

一四門領後位牌等曼殊院清書云々、

一從龜前堂到山頭之間、兵部卿宮大門、予一門實門、毘門、聖門等供奉也、此事兼テ從大門以凶事傳奏言上のよし也、尤ニ被思召旨被仰出云々、

一青蓮院宮依所勞不能出頭、仍テ爲手代尊勝院來駕、聖門ノ末ニ連床、外ニ五ノ上、着座、

一龜前堂儀式之内微雨、從是各取傘、

貞享二年三月十三日

後西天皇ノ中陰二七日御忌法事ニ依リ、般舟三昧院ニ參詣シ、法事ヲ聽聞ス、尋イデ二十日、四七日御忌法事ニ依リ、泉涌寺ニ參詣シ、法事ヲ聽聞ス、二十二日亦、御月忌及ビ五七日御忌法事行ハルルヲ以テ、般舟三昧院竝ニ泉涌寺ニ參詣ス、

兼輝公記

貞享二年三月十三日快晴、九條大納言、二條太納言入來、謁之、相伴彼兩卿參般舟三昧院、依後西院二七日也、是為燒香也、乘網代輿、召具諸大夫（布直垂）一人、布衣二人、沓持（白張）、（不及笠持）奉納花五十枚（未濃銀砂子）、裹檀紙居柳宮付札、入般舟院門内下輿、門外武家警固、構假座、數輩直入聽聞所、有（候之、玄関前諸司代僅警固）栖川宮、実相院宮、輪王寺宮、毘沙門堂宮、聖護院宮其外本所素服輩、御法事傳奏奉行、武家兩傳奏、本院執權卿、寺傳奏烏丸大納言、權大納言、右衛門督等被候、前関白右大臣被參、同被候、武家輩諸司代

上使已下候便所、御経供養小焉終、事終後予参佛
前焼香拝之、直退出、今日導師山日厳院前大僧正、
題名僧五口、無被物、着座今出川大納言、清水谷中
納言、裏松宰相、散花等不遑見、仍不記之、
廿日、雨降、巳刻参詣泉涌寺、依後西院四七日、為焼
香也、午半刻参着彼寺、先向院休息、小焉向方丈、用
網代輿、諸大夫布直垂布衣両輩、沓持白張等召具
之、献範五十枚、其躰如般舟院、直参御陵所、先於後
西院陵前焼香、次於後水尾院東福門院陵前焼香
拝之、退出、即時法事始、頓写供養、於聴聞所聴聞之、左府

以下本所素服人々、有栖川宮以下本所官等候一
所、諸司代以下武士候庇、着座左大将新源中納言
右衛門督、良久後事了、事終於御位牌前焼香拝之、
帰院休息、後帰家、
廿二日、天晴、辰斜参般舟院、今日後西院月忌日也、
依日次被行五七日法事、為奉焼香也、入門内下輿、
入聴聞所、有栖川宮以下本所素服衆中、両伝奏以
下数輩祗候、武家輩候庇、経供養半程也、導師当南
松院前大僧正、題名僧五口、着座春宮權大夫、權中
納言、左大弁宰相、事了於御位牌前焼香拝之、帰家

暫休息、到巳斜参詣泉涌寺、是為焼香也、先向悲田
院休息、聞法事始、由向方丈、入聴聞所、有栖川宮以
下本所素服衆中、両伝奏以下候般舟院輩各祗候、
武家輩候庇、法事過半終程也、法花三昧云々、事了、於御位
牌前并御陵等焼香拝之、退出、向悲田院休息、住持
備非時喫之、

貞享二年四月四日
後西天皇ノ六七日御忌ニ當リ、八條宮尚仁親王ト
倶ニ泉涌寺ニ於テ法事ヲ修ス、又、連枝ノ宮ト倶
ニ法華經十巻ヲ書寫シ、十一日、盡七日御忌ニ當
リ、之レヲ泉涌寺ニ奉納ス、又更ニ同天皇ノ御冥
福ノ爲、自ラ觀音像ヲ描キテ印刷セシメ、之レヲ
信心ノ輩ニ頒ツ、

〔基熈公記〕

貞享二年四月四日、癸巳、天雨、依為故院六七日参泉涌寺員宮、兵部卿宮被沙汰御法事、焼香之後帰依便誘、行向妙門主、終日談往事、戌刻帰華〔畢〕、

〔尭恕法親王日記〕

貞享二年四月四日、

一従兵部卿宮使来、今度連枝新写之御経、予外題ヲ可書進旨申来、則領掌、

六日、御経書外題兵部卿宮へ遣ス、

九日、

一円覚院来、輪王寺宮より使也、口上云、今度御連枝方金字御経新写被為遊候、明日於御自房御経供養導師被為遊被進候ハヽ、可御満足〳〵、

十日、朝従輪門使来、件之御経持参也、辰刻計於持

仏堂法華法一座執行、追付以使者輪門へ遣之、

使ハ式部法眼、

一件御経ハ紺紙金字玉軸十巻御紙也、無量義経筆者輪王寺宮、一巻兵部卿宮、二巻実相院宮、三巻員宮 八条殿童形也、四巻霊鑑寺宮、五巻聖護院宮、六巻毘沙門堂宮也、七巻ハ不軽・神力ハ中宮寺宮、属累品初十行宝鏡寺宮、後ハ賢宮 姫宮也、薬王・妙音二品ハ又兵部卿宮也、八巻ハ観音・陀羅尼ハ曇華院宮、陀羅尼品之中二幼少之宮方一両字つヽ被書之、慈受院宮・寿宮 姫宮・知恩

寺宮・入江殿之事也・勝宮 若宮ハ五歳等也、厳王・普賢両品ハ毘沙門堂也、此一巻始曇華院宮雖可被書之、依所労如此〳〵、結経ハ又兵部卿宮也、外題ハ予書之、

十一日、尽七日也、泉涌寺参詣、伝聞、件之御経今日泉涌寺へ被納之云〻、

【基煕公記】

貞享二年二月廿六日丙辰、御中陰事陰陽進勘文

今略書之、且又御入棺御葬禮日時勘文有両通略

書之、

初七日　　三月十一日

二七日　　同十三日

三七日　　同十六日

四七日　　同廿日

五七日　　同廿二日

六七日　　同廿三日

盡七日　　同廿五日

（入棺・葬禮・勘文略）

〔法華經奥書〕　幸仁親王行實所收

普賢經

右十巻之經、後西院昇霞已來七七日之中、各

令書之、到此結經、又予欽勝之畢、仰冀憑茲善

利尊儀永離衆苦成無上道、

貞享二年四月四日　　二品兵部卿幸仁親王

〔幸仁親王筆觀世音像題〕　幸仁親王行實所收

具一切功德　慈眼視衆生　福聚海無量

是故應頂禮

此觀世音尊像者、予自圖畫、命工鏤梓印寫、以

施與信心之輩、資嚴後西院冥福、伏冀憑茲善

利、法界衆生同證圓通、

二品兵部卿幸仁親王

貞享二年四月十四日
除服宣下ヲ蒙ル、乃チ御禮ノ爲參内靈元、ス、

〔禁裏番衆所日記〕
貞享二年四月十四日、左大臣、兵部卿宮、実相院宮、
毘沙門堂宮、聖護院宮參入、被參御前、

〔堯恕法親王日記〕
貞享二年四月十四日
一伝聞、今朝有栖川宮・八條宮除服宣下云々、（中略）
従今日有栖川殿以下悉内外吉服云々、

〔兼輝公記〕
貞享二年四月十一日、晴、中宮大夫為勅使入来、傳
勅語曰、後西院五旬後本所素服除服可被仰出、有
栖川宮・八條宮除服事、自彼宮以職事可被申上歟、
既除服被仰出一同除服後両親王除服被申上事
如何、然而除服儀被仰出者本所素服輩也、於親王
無此儀、門可被申上儀歟、此両端是非可計申、予曰、
如叡慮一同除服後又両親王除服被申上事如何、
親王如此喪除服事被申上儀、先例只今不勘得、就
一同除服儀、雖不被申上被除服不可有子細歟、又

一同除服者、為本所素服輩間、被申上不可有巨難
欲、両端間、兎角被任叡慮、不可有子細、互相謀退出、
十四日陰、自申刻雨降、入夜滂沱、今日両親王本所
素服輩除服出仕云々、
十五日雨降、自後西院之宮方以使被謝弔崩御儀、

貞享三年正月二十七日
宇都宮由的（遯庵）ヲ召シテ論語ヲ講ゼシム、爾後屢、
此ノ事アリ、

〔有栖川宮日記〕○高松宮家蔵
貞享三年正月廿七日壬午、
一人見慶安伺公、宇都宮由的伺公、論語講談有之、
二月二日丁亥、
一宇都宮由的伺公、論語講談有之、
七日壬辰、
一宇都宮由的伺公、論語講尺有之、
三月十二日丙寅、
一柴田梅安芝田権左衛門伺公、宇都宮由的伺公
論語講尺有之、

廿二日丙子、
一宇都宮由的伺公、論語講尺有之、
閏三月二日丙戌、
一宇都宮由的伺公、論語講尺有之、
十七日辛丑、
一宇都宮由的平井春益柴田梅安伺公、御講尺有
之、

貞享三年二月十九日

後西天皇ノ一周御忌二十二日正當ニ依リ、今明兩日、八條宮尚仁親王ト倶ニ泉涌寺ニ於テ法事ヲ修セシメ、參詣ス、

〔有栖川宮日記〕○高松宮家藏

貞享三年二月十七日壬寅天晴

一勧修寺殿へ御使、意趣者、後西院様一周就御忌、於泉涌寺御法事被仰付度思召候間、被仰付被進候様ニ頼思召候、日限之儀ハ如何様とも御計被成被仰付被進候様ニ頼思召旨也、八条様御使、藤木右京少進同道ニ而山本木工助参、

一勧修寺殿ゟ御使今朝被仰下候御法事之義、泉涌寺へ申付候処、則為御請役者参候間、人相添進上申候、猶委細之義被仰付候様ニ与之義也、

役者法安寺来ル、十九日・二十日ニ可相勤由也、御法事書付持参、十九日未刻逮夜光明三昧、廿日午刻遺教經、右之通可相勤由也、

十九日甲辰天陰

一午刻泉涌寺へ御成、申刻還御、夫ゟ直ニ東三條様へ御成、

一於泉涌寺御法事、八条様被仰合、今明日被仰付御逮夜御法事従八条様藤木右京進、自此方細川主計頭泉涌寺へ相詰、

廿日乙巳天晴

一実門様御成、巳刻泉涌寺へ御成、被仰付御法事之依當日也、

未刻還御、御經・御香奠御奉納也、山本木工助持参、則御法事之内相詰也、従八条様ハ生嶋主膳正相詰、

〔定基卿記〕

貞享三年二月廿二日、今日後西院忌日、於泉涌寺
般舟院御法事有十九日廿日有栖川宮八條宮々
之御法事廿一日廿二日自禁中云々、

貞享三年二月二十二日

後西天皇ノ一周御忌ニ依リ、般舟三昧院址ニ泉涌寺ニ参詣ス、又御製（霊元）ヲ始メ、諸家ニ御追善ノ和歌ヲ勧進シ、是ノ日、御霊前ニ之レヲ供フ、

〔有栖川宮日記〕○高松宮家蔵

貞享三年二月廿一日丙午

一御法事ニ付泉涌寺へ巳下刻御成、夫ゟ聖門様
へ御成、酉中刻還御、聖門様ニて論義御聴聞、

一為勅使東園中納言殿御出、御勧進之御短尺之
御製御持参也、御留主故被仰置、後刻御返事為
持被遣、

廿二日丁未

一実門様御成、御同道ニ而般舟院へ辰刻御成、同
刻還御、追付泉涌寺へ御成、申刻還御、

一早天御勘進御短尺於御霊前御読上被遊候也、

一般舟院へ今日御書写経御香奠等御献上也、尤
御成已前諸大夫着布直垂持参之、

【兼輝公記】

貞享三年二月廿一日晴、（略○中）今日明日依後西院一周御忌、於両寺有佛事、般舟院着座公卿、春宮権大夫冬基、前平中納言時量、散花殿上人、行豊朝臣、兼供、源貫仲、奉行右少弁宣定、傳奏万里小路中納言淳房、寺傳奏、法事法花懺法、□泉涌寺着座公卿、今出川大納言伊季、姉小路中納言公量、散花殿上人、康綱朝臣、公前、安倍泰貞、奉行右中弁頼重、傳奏勧修寺前大納言経慶、傳奏、寺法事理趣三昧、

廿二日晴、晴時陰、入夜雨降、（略○中）巳斜参泉涌寺、為

後西院一周御忌御法事焼香也、於今熊野観音着烏帽子小直衣、向方丈、法事未始、良久後事始、着座前内大臣経光、直衣冠、権大納言通茂、直衣冠、権中納言資茂、衣冠、散花殿上人、時方朝臣、公光、卜部兼充、法事法花懺法、導師圓岩長老、奉行職事右中弁頼重、傳奏勧修寺前大納言経慶、事了於御位牌前並御陵等焼香拝之、今日参入輩、兵部卿宮、実相院宮、毘沙門堂宮、聖護院宮、（略○中）公卿殿上人地下輩不遑毛擧、（略○中）般舟院着座、今出川前内大臣公規、前源大納言通茂、姉小路中納言公量、散花殿上人、公屋朝臣、時香

安倍泰貞、奉行職事右少弁宣定、傳奏万里小路中納言淳房、法事曼荼羅供、導師遣迎院云々、

【基熈公記】

貞享三年二月廿日乙巳、旧年兵部卿宮所被勧進之和哥清書持遣、此題後西院勅題宸翰也、

かきつはた

かひなしや暮ゆく鐘は今こそと

いはかきつはた春ふかき色　基熈

貞享三年四月十三日
幕府ヨリ家領ノ判物ヲ受領ス、因ニ知行地ハ、山城國葛野郡太秦村ノ千石ナリ。

〔有栖川宮日記〕○高松宮家蔵
貞享三年四月十二日、乙丑、天晴、
一、従両傳奏口狀書来ル
口上覚
御判物相調土屋相模守殿迄参候間、明十三日午上剋可被相渡由申来候間、相模守殿ヘ御使者被遣候、御請已後御礼之義明後十四日八過相模守殿迄御使者可被遣旨、江戸御使者御飛脚等被遣候ニ者及不申候、右之通各迄可申入旨両傳奏被申候、以上、

四月十二日、
有栖川様
御家老中
雑掌　柳原大納言家
雑掌　千種中納言家
十三日、丙寅、天曇、
一、御判物為請取土屋相模守殿ヘ山本木工助御参、傳奏衆列座ニて被渡之、
山城國葛野郡大井郷太秦村之内千石事全御知行不可有相違之状如件
貞享二年六月十一日　綱吉御判
有栖川殿

右如此、
一、両傳奏衆ヘ御使被遣、内々御願之御判物今度御取持□相調御満足思召候、依之被仰入由也、
久留嶋出雲守ヘ御使被遣、右同通也、御使岡本喜内、
十四日、丁卯、天曇、
一、土屋相模守ヘ御使被遣、御判物相調候為御礼御使被遣、細川主計頭、

〔徳川實紀〕常憲院殿御實紀

貞享三年閏三月廿六日公卿門跡等に五畿寺社領の御判物御朱印を京職におくり領布せらる、

編修課

貞享三年四月二十三日

天皇靈元ニ能書方御傳授ノ御禮トシテ、奉書三束、鮒一折ヲ進獻ス、

〔有栖川宮日記〕○高松宮家蔵

貞享三年四月廿三日丙子雨天

一禁中様ヘ御傳授事ニ付而御礼御献上物有、別記ニ書、

〔有栖川宮家諸祝儀次第書〕○高松宮家蔵

(外題)類聚宮使

雑賀

禁裏様ヘ能書御礼之

一貞享三年四月廿三日、禁裏ヘ被献奉書三束、箱入鮒一折十、右ハ能書之儀御傳授之御礼ニて、

〔御湯殿上日記〕

貞享三年四月廿三日　雨ふる　兵部卿宮よりほうしよ廿帖御まな一折まいる、

〔有栖川宮系譜〕

幸仁親王　後西院天皇第二皇子

（中略）

一、貞享三年四月廿一日能書方自主上御傳授、十三

貞享三年五月二十二日

逢春門院（後西天皇御生母藤原隆子）ノ一周御忌ニ依リ、泉涌寺ニ参詣シ、法事ヲ聴聞ス、

〔有栖川宮日記〕○高松宮家蔵

貞享三年五月廿二日、乙巳、天晴、

一、逢春門院様御一周忌泉涌寺へ御贈経、御使山本木工助、

一、泉涌寺へ御成為御理両傳へ御使被遣、長橋御局へハ兼日御理被仰入義有之由ニて御使不参、

巳刻泉涌寺へ御成、御法事御聴聞還御之節東三條様へ御成、申刻還御、

一、大門様ゟ御使逢春門院様へ御贈経之為御礼来、

貞享三年七月八日
後西天皇女御明子女王ノ七回御忌ニ依リ、大德寺龍光院ニ參詣ス、

〔有栖川宮日記〕○高松宮家藏
貞享三年七月八日、庚寅、天晴、
一、妙吉祥院就七回御忌卯剋為御燒香大德寺龍光院ヘ御成、夫ゟ常樂庵ヘ御成、巳剋還御、龍光院ヘ御贈経先達而被遣、見別記、

貞享三年八月十日
石清水八幡宮ノ神樂再興ニ依リ、金員ヲ寄附ス、

〔有栖川宮日記〕○高松宮家藏
貞享三年八月十日、壬戌、天晴、
一、石清水神樂再興ニ付、白銀御寄附、別記ニ委、花山院殿清閑寺殿御出、

貞享三年八月十七日

後水尾天皇ノ七回御忌ニ當リ、禁裏霊元ニ於テ是ノ日ヨリ五箇日間懺法講アリ、乃チ連日參内シテ之レヲ聽聞ス、又十八日、般舟三昧院竝ニ泉涌寺ニ參詣ス、

編修課

〔有栖川宮日記〕〇高松宮家蔵

貞享三年八月十六日、戊辰、天陰

一、従禁中様女房奉書参ル、就後水尾院様御七回忌、自明日五ヶ日御懺法講之間、御聴聞ニ御参内被遊候様ニとの義也、

十七日、己巳、天晴、

一、後水尾院様御七回忌ニ付、於禁裏御懺法講今日開闢、依之葩五十枚如旧例被献、御使細川主計頭、直垂着勤之、

一、巳下剋御参内、申下剋御退出、夫ゟ東三條様ヘ御成、清閑寺殿ヘ御見廻、戌中剋還御、

十八日、庚午、天陰、

一、辰剋般舟院ヘ御成、同剋還御、御成已前葩御献上、御使細川主計頭着布直垂持参之、

巳剋実門様御成、山本素軒伺公、

一、午剋御参内、未剋還御、直ニ賢宮様ヘ御成、夫ゟ泉涌寺ヘ御成、御成已前葩御献上、御使山本木工助着布直垂持参之、

一、泉涌寺ヘ御成候為御届両傳ヘ御使奥田藤左衛門、

一、御法事ニ付禁中様ヘ御菓子御献上、委細見別記、御使山本木工助、

一、自泉涌寺直ニ清閑寺殿ヘ御成、夫ゟ東三條様ヘ御成、戌剋還御、

十九日、辛未、半陰、半晴、

一、巳剋御法事為御聴聞御参内、申下剋御退出、東三條様清閑寺殿ヘ御成、子剋還御、

廿日、壬申、雨天、

一、午剋御参内、未剋清閑寺殿ヘ御成、夫ゟ東三條様ヘ御成、重而清閑寺殿ヘ御成、

廿一日、癸酉、天晴、
一御法事為御聴聞巳刻御参内、酉刻御退出、清閑
寺殿東三条様ニ御成、戌下刻還御、

〔基量卿記〕
貞享三年八月十二日、泉涌寺般舟院十八日建立（頭弁 葉室辨）
十九日、當日御法事奉行被仰出了、右昨日申渡了、

貞享三年八月二十七日
上御靈社ニ社殿修理ノ資トシテ白銀二枚ヲ寄
附ス、

〔有栖川宮家諸祝儀次第書〕〇高松宮家蔵
（外題）〔類聚宮使〕
御寄進
上御霊社
一、貞享三年八月廿七日、白銀弐枚、上御霊社御修理内々依
奉加願被遣、外々も五枚三枚寄進之御方も有
之、

〈14

貞享三年九月十八日

後光明天皇ノ三十三回御忌ニ當リ、禁裏元靈ニ於テ是ノ日ヨリ五箇日間御八講アリ、乃チ參内シテ之レヲ聽聞ス、二十日・二十一日・二十二日亦此ノ事アリ、又十九日及ビ二十一日、泉涌寺ニ參詣ス、

編修課

〔有栖川宮日記〕○高松宮家蔵

貞享三年九月十七日戊戌天晴

一従禁中様女房奉書参ル、就後光明院様三十三回御忌明日ゟ五ヶ日御八講御座候間、御参内被遊候様ニ与之義也、

一明日ゟ御八講被行候ニ付、葩五十枚禁中様へ御献上、委細見別記、

十八日己亥雨天、

一今日ゟ御八講ニ付、辰下剋御参内、酉剋御退出、夫ゟ今出川殿へ御成、子下剋還御、

十九日庚子天晴

一就後光明院様三十三回御忌、般舟院・泉涌寺へ葩被献、委細見御遣方記、

一巳剋東三條様へ御成、夫ゟ泉涌寺へ御参詣、夫ゟ新熊野竹眞坊へ御立寄、酉剋還御、

廿日辛丑天晴

一巳剋御八講為御聴聞御参内、申剋還御、

廿一日壬寅天晴

一辰下剋御八講為御聴聞御参内、未剋還御、御直ニ東三條様へ御成、夫ゟ泉涌寺へ御成、酉剋還御、

廿二日癸卯天晴

一巳下剋御八講為御聴聞御参内、申中剋還御、

貞享三年十二月二十六日

智徳院〈生母藤原共子ノ母〉ノ七十ノ賀ニ依リ、杖ヲ贈リ、宴ニ臨ム、

編修課

〔有栖川宮日記〕○高松宮家蔵

貞享三年十二月廿六日丙子天晴

一智徳院殿今日七十御賀依之御杖　　被進、戌刻東三條様へ御成、丑刻還御、

〔清閑寺家系譜〕

共綱　従一位権大納言　母正二位内大臣中院通村女、

―熙房　従一位権大納言　貞享三年十月十日薨　五十四歳　母同上、

―女　後西院女房中納言典侍、後号東三條局、

〔中院家系譜〕

通村　内大臣正二位

―通純　権大納言正二位　母溝口伯耆守秀勝女

　―通茂　内大臣従一位　母入道大納言永慶女

―女子　従一位共綱室　母同上、

（参考）

〔中院通茂日記〕　○史料編纂所蔵

貞享二年二月廿八日、夕飯後参廬山寺、智徳院殿（清閑寺熙房）清亜相母、予伯母也、同参詣、明日後十輪院前内府廿三回忌也、仍法事修行、

貞享四年正月三日

天皇、霊元、近ク皇太子朝仁親王東山ニ譲位セラレントス、是ノ時ニ當リ、幕府、將軍德川綱吉譲位以後上皇ノ御差圖御後見ハ無用タルベキ事等ヲ申入ル、天皇、叡慮ニ叶ハズ、親王並ニ前内大臣花山院定誠・權大納言醍醐冬基・兵部少輔土御門泰福ニ諮問シタマフ、乃チ親王以下四人連帯シテ事ニ當ルベキ旨ヲ誓約シ、是ノ日、勅書ヲ拜領ス、

〔泰福卿記〕

貞享四年正月三日壬午、晴、（中略）晩頭参内、御用之由、依之相待、少之有召、参御廊下、御對面、有栖河宮へ勅書一封可相達由被仰付、又花山院前内府へ御内勅之事等有之、厥子細者、舊臘従関東諸司代土屋相模守方へ奉書到来、第一華山院前内府不行跡之仁之由相聞候間、清花ノ内府なみに朝参等有之、切々伺公無用之由、且又御即位已後者御後見等無用之由申来ル、第二御譲位之後従院御所御差引御無用ニ候、當一條関白武家傳奏議奏衆土屋相州へ相談之上ニ而被明埒可然候、大切之事者攝家何も御寄合之上、相談ニ而可決之由也、第三ハ女中方御即位之後萬事かまはれぬ様ニとの義申来、

一御譲位之後院御所御差引御無用〉と申来候段、不叶叡心、如何可為御返事哉之由、花山醍醐有栖川宮泰福四人へ御相談有り、彼是与思案之上、一同ニとかく不召聞候と計可然候哉之由申上ル、此四人ハたとひ遠島へ遷幸有之候とも、御供可仕之由、以一封之連判申上ル、依之

四人ヘ勅書、是又一封ニ拜領、難有御丈言共也、則有栖川宮之御方ニ被留置候、依之宮ヘ蜜々之御用□有之、今度勅書被下候、且又内府ヘ之御内勅有之候也、

貞享四年四月十七日
参内シ、東山御代始ノ和歌御會ニ列ス、

〔基熙公記〕
貞享四年四月十七日甲子、天陰、晩景之後雨下、今日新帝御會始也、及戌刻被始御会、先出御清涼殿、御下直衣御單御袴等如例、如年首御会始、攝政被裏單直衣也、着座、次予右府、次兵部卿宮被裏單直衣、次内府、予右府内府三人不重單、狀不存嚴儀、次今出川前内府直衣重單、懐紙御製之外十八枚被取重被披講、亥半刻事終、内府同道退出、
一御製讀師攝政、講師民部卿、臣下讀師右大將、講師頭中將基勝朝臣、

一御座右方攝政・予・右府着座、御座左兵部卿宮・内府・今出川前内府也、大炊御門前内府・花山前内府儀同等持参懐紙早出云々、

〔永貞卿記〕
貞享四年四月十七日、陰、入夜雨、□午刻参内、未下刻、許仙洞御幸、従長橋車寄入御、今日立御座之先、出御于南殿、女中（供也、）御覧之、今夜和歌御会始、酉中刻出御于清涼殿、披講如例、摂政（基煕）左大臣（兼煕）右大臣、兵部卿宮（家煕）内大臣、前内大臣公規、上段御座之左右ニ分着、次読師右大将（資通）、講師基勝朝臣、発声東園中（基量）納言等着座、次講頌輩群居、和歌題禁庭春久（松）、御製読師（各経）摂政、講師民部卿（為茂）、太上皇御簾中云々、

貞享四年六月三日
好仁親王ノ五十回忌ニ當リ、法華經壽量品ヲ書寫シテ大徳寺龍光院ニ納ム、

〔龍光院所蔵文書〕
（幸仁親王寫經）
妙法蓮華經如來壽量品第十六
（中略）
此一品為永照院五十回忌追善令書寫者也
貞享四年六月三日　兵部卿幸仁親王

貞享五年六月二十七日
嗣無キヲ以テ、上皇（靈元）ノ皇子富貴宮ヲ養子ト為ス、乃チ御禮ノ為參院シ、上皇ニ御對面、御盃ヲ賜ハル、尋イデ七月二日、仙洞御所ニ於テ祝宴アリ、乃チ參院シテ上皇ニ御對面、富貴宮亦出座シテ倶ニ盃事ヲ行ヒ、祝品ノ贈答ヲ行フ、八月六日、富貴宮、初メテ有栖川宮邸ニ赴ク、

院中番衆所日記

貞享五年六月廿七日晴、今度冨貴宮兵部卿宮御
養子（昨〇中）被仰出、依之兵部卿宮為御礼更参入、於
御會間御對面、令賜御盃、
七月二日晴午剋夕立、為御養子御祝兵部卿宮参
入、於御會間御對面、冨貴宮御出座、有献等、三献、御
陪膳醍醐大納言、御手長長義、役送藤原兼仍、前内
大臣参入、被申御悦、被申置退出、

御目録
御太刀　一腰
御馬代金二枚　一疋
右従冨貴宮兵部卿宮江被進、為御使上北面
重路参向、

御目録
御太刀　一腰
御馬代白銀十両　一疋
昆布　一折十把
鮓　一折三
御樽　一荷
右仙洞江従兵部卿宮献上、

昆布　一箱
塩乙　一箱二羽
御樽　一荷
御馬代金一枚　一疋
右従仙洞兵部卿宮江被遣、従御内儀
被遣之、

御目録
御太刀　一腰
昆布　一箱
鯣　一箱
御樽　一荷

御目録
御太刀　一腰
御馬代白銀十両　一疋
紗綾　五巻
鮓　一折三
御樽　一荷
右冨貴宮江従兵部卿宮被進、
八月六日曇今日冨貴宮御方始而令渡兵部卿宮
亭給、御板輿、着布衣上北面二人、重路着直垂宗堅、清
重綱下北面四人、可致直
直忠供奉了、

兵部卿宮江従冨貴宮御方為御祝儀被進、
御目録
強飯　五荷
昆布　一箱
鯣　一箱
鶴　一羽
御樽　二荷
以上
右従御内儀被遣之、

〔基量卿記〕
貞享五年五月廿五日晴
「冨貴宮有栖川宮願之事」
一仙洞仰云、有栖川宮無御実子、内々仙洞宮可被
申請哉之旨思召候間、幸此程常修院宮御弟子
宮義関東ヘ可被仰遣、然者其刻有栖川宮例被
望候ハヽ、一所に江戸ヘ可被仰遣也、（○中略）冨貴
宮義ハ、俗親王ニ御取立被成度思召候ヘとも、
家領等自由ニ難調事候間、幸有栖川宮被望候
ハヽ、可被遣也、依之内意仰々無之了、両々大納
言平生有栖川宮心安入候間、御咄被仰処、一段

願之由也、依之両々義是迄之御内意ハ承候、此
上ハ誰にても頼可被申上由之間、基量了以御
内意被窺、其後以柳原千種表向可申上由也、若
有栖川殿ゟ召ニ参候ハヽ、可参承由也、畏入候
由言上了、
「参有栖川宮宮事御願事」
廿日陰、参
有栖川宮、依召也、東三条同被出逢、宮被仰云、近
比雖卒介、至唯今家督無之候間、仙洞宮方御一
所申出度旨也、東三条同前ニ被申上、今日為吉
日之間、御内意密々窺之、自然於御免者、明日表

何申上度旨東三条被申、此義尤自由之義、候ヘ
とも、当幸仁親王御相談之義明日被仰出、吉例
之由也、
一則参院言上処、一段御機嫌ニ思召也、成程可被
遣候間、いか程も宜敷可申由仰也、将又基量迄
被仰下、兼日俗親王御取立被成度候処、其段首
尾難調故冨貴宮御方義ハ主上御便々覚召候
て、先法中方ヘ無之候間、可被遣思召御機嫌之
由也、猶千種柳以明日可被申上由可申由仰也、
右之旨庭田ヘも可申聞哉之旨言上処、可申聞

由仰之旨申聞了、
一及暮参兵部卿宮委細仰之旨申入處、東三條〻
もに別而御機嫌之事也、則給御盃、嶋座在御前
發聲三献了退下、
「有栖川殿願御内意勅許事」
六月一日晴、
柳原千種同公、有栖川宮御願候趣則言上、内〻
可被遣旨被仰出、猶関東へ被仰遣表向可被仰
下由也、則宮へ参右之趣被申上由也、
廿七日晴、
一入夜有召参院、柳原千種同公、内〻関東へ被仰

遣条〻相済来、
一冨貴宮有栖川宮御養子事、
（○以下三条略）
右四ヶ条思召之通ニ可被仰付由申来由也、珎
重〻〻、右依仰承之、有栖川宮清宮義ハ柳原千
種も被申聞了、則今良為御使両傳参有栖川宮
申入、即刻為御礼御参、給御酒盃了、
「自冨貴宮有栖川殿御祝義事」
七月二日晴、有栖川宮へ自仙洞冨貴宮御祝義被
下、自有栖川宮同進上、巳刻自冨貴宮有栖川宮
へ被進、御使松室丹後守着布衣、

御太刀一腰　昆布一箱　鯣一箱　御樽一
荷　御馬一疋代黄金廿両
丹後守給時服三云〻、即刻自兵部卿宮進上、
仙洞へ御太刀馬一荷二種、冨貴宮へ御太刀馬
紗綾五巻、一荷鱸三進上、此外上臈へ紗綾三巻
肴、東二条へ二巻、肴、御乳人へ三百疋、〻川御〻
｜安田へ二百疋宛被下由也、
一自仙洞御太刀一腰昆布一箱塩〆一箱ニ羽御
樽一荷御馬一疋代金十両、自御内儀御文ニ而
参、使番持参之、

一東三条へ自冨貴宮さらし三疋御肴被下之、
「有栖川殿御参事」
其後兵部卿宮同公、御祝義有之、先冨貴宮兼而
下段北方ニ被候、仙洞御座ハ上段也、申次庭黄
門、兵部卿被申御礼之後、予冨貴宮御對座、次御
献出ル、初献ボウゾウ、次御盃一献也、被下兵部
卿宮、〃〃〃参候被進冨貴宮、次撤御銚子、次
二献カベノ献、次御盃参ル、此度ニ献被下冨貴
宮、｜参候被進兵部卿宮、次一物出ル、御盃
参ル、三献此度有加、一二献無加、被下兵部卿宮、次冨貴宮
次御盃以下撤之、御陪膳西園大納言、御手長長

義役、送藤原兼仍、所役殿上人兼澄通統次兵部卿宮退下、更被召御前給御吸物有御酒、柳原千種高辻等伺公、發声有之、戌刻各退下、沈醉酩酊了、

三日晴

一御云、来六日有栖川殿被召可有御祝（○略）了

六日晴時々雨下御雛辰刻始未半刻濟了、

（○御雛組略）

「冨貴宮兵部卿宮へ御渡事」

八月六日微雨辰半刻冨貴宮御方始而兵部卿宮へ御渡也、依窓儀供奉不及行粧、直而御移徙之刻

供奉等可有御沙汰由也、依之御板輿御侍六人上北面二人布衣下北面四人直垂令供奉為御祝義鮓五自仙洞被下、冨貴宮ゟ御土産強飯五荷昆布一箱するめ一箱鶴一羽御樽二荷、諸大夫ともへ二枚宛殿上人おさし同前惣中へ廿枚、紗綾三巻東三条綿五把智徳院へ被下、東三条知徳院等へ被下物大概此通於、愷不知、大方此分於、御對面後御献有之、東二条大典侍伊与按察近江等被参也、御雛能等有之、□戌刻前還御、

〔基熈公記〕

貞享五年七月二日壬申、巳刻参内、参院、是両三日以前兵部卿宮幸仁親王、當今御弟フキノ宮養子之事、從関東被申入云々、（此事先日有沙汰、御願之通被仰関東云々、）仍而御悦所参也、早々退出、

〔有栖川宮系譜〕

後西院天皇第二皇子
幸仁親王

東山天皇中宮
承秋門院幸子女王

霊元天皇第六皇子
皇子冨貴宮
貞享五年戊辰八月八日御養子、
元禄八年乙亥九月廿八日御違變被召返、御相續
常盤井宮、

易子女王

東山帝御猶子
正仁親王

御母家女房 壽昌院
元禄七年二月十一日御誕生 号多嘉宮

貞享五年八月十六日
武家傳奏柳原資廉・千種有維並ニ院傳奏庭田重條・東園基量及ビ武家衆ヲ招キ、雛ヲ催ス、蓋シ富貴宮養子ノ事治定セルヲ以テ、其ノ間ノ勞ヲ慰セントスルナリ、

〔基量卿記〕
貞享五年八月十六日晴、参有栖川宮、柳原・千種・庭田・予・武家輩来會、有御雛、難波・野宮・猩々・其外數曲、金丸入夜来、舞曲有二三曲、

元禄元年十二月十六日
上皇（靈元）ヨリ和歌天仁遠波ノ傳授ヲ受ク、向後若輩ノ和歌ヲ添削セシメントノ思召ニ出ルナリ、烏丸光雄・清水谷實業亦同時ニ天仁遠波傳授ヲ蒙ル、

〔院中番衆所日記〕　一

元禄元年十二月十六日、今日依有和歌天仁遠波御傳授、衣冠被着事、兵部卿宮、仝上日野大納言、仝上清水谷中納言等参入、出御于御書院、小烏帽子直衣、各被召于御前、一人〻〻召之〻〻、被令授之給、其儀畢於仝所賜一献之後、更兵部卿宮給御盃、錫、尋常日野大納言清水谷中納言等巡流、

有栖川宮家諸祝儀次第書〔〇高松宮蔵〕
（外題）「類聚宮使」

雑賀

和哥御傳授
一、貞享五年十二月十六日、和哥御傳授ニ付、仙洞様へ御太刀銀馬代鴨一折五羽山本木工頭直垂、箱肴壱宛烏丸殿清水谷殿へ被遣、御使貞玄長袴、

〔基量卿記〕

元禄元年十二月十四日、晴、被下御膳物之間参院、兵部卿宮以下数輩伺公、予所労之間早出了、後聞寅半刻各退下云〻、
和哥事兵部卿宮烏清水へ仰之事
一、和哥師匠無之、諸家若輩哥兵部卿宮烏丸大納言清水谷中納言向後若輩之和哥可見也、依之てにおはの義明後日可有御傳授由可申渡由仰之間、則烏清水へ庭田両人申渡、誠以冥加至難有旨被申之、則於御前御礼被申入了、
兵部卿宮以下御傳授事
十六日、晴、雪時〻下、（〇中略）今日兵部卿宮烏丸清水谷へ御傳授之由也、各為御礼又来、
十八日、晴、（〇中略）有栖川御招、先日御傳受御祝義振舞也、依所労御理申入了、

〔基熈公記〕
元禄元年十二月十六日乙卯天晴陰雪霏々、秉燭
兵部卿宮烏丸大納言清水谷中納言等同道有来
臨、今日従仙洞和歌ノテニヲハノ事有御相傳、仍
告知之由也、只能々可被思冥加之由返答了、無程
退散、不移時門人今日之儀珍重之由示送リ、此度
之事不可説、凡慮之外之事也

元禄二年八月十八日
英彦山座主相有ヲ和歌ノ門弟ト為ス、是ノ歳九
條輔實花山院持重花園公晴桑原長義等ノ和歌
ヲ添削ス、

〔有栖川宮日記〕○高松宮家蔵
元禄二年八月十八日壬午雨天時々止
一彦山僧正御出、和哥御弟子為御礼也

〔有栖川宮日記〕○高松宮家蔵
元禄二年五月廿四日己未雨天
一花山院殿桑原殿ヘ御詠草為持被遣御使
一従九條様御使御詠草御添削候ハヽ被仰請度
由被仰進、則御使ニ被進
一九條様ヘ御使先刻之御詠草今一度御覧被遊
度申之間被進候様ニと被仰進御使ニ来ル閑目
八衛門
一九條様ヘ御詠草為持被遣御使奥田藤左衛門
一花園殿ヘ御詠草為持被遣御使

一、花園殿ヨリ御詠草御添削之為御礼御使来、

元禄二年九月
水戸藩主徳川光圀去ル延宝六年和文三十巻ヲ
編纂シ、後西上皇ヨリ扶桑拾葉集ノ名ヲ賜ハル、
既ニシテ是ノ月、光圀ノ請ニ依リ、之レニ序ヲ与
フ、

扶桑拾葉集

〈序〉

やまと歌の代々にえらはれし事ハ、ならのはの
名にしおふかしこき御時よりはしまりてあま
た度になりぬ、しかハあれと撰集の序をはしめ
諸鈔の序跋家々の集のうち人にをくれる文に
いたるまてしのたの森の千枝の数おほく色ふ
かきことはひろひあつめたるをハいまたき
すこゝに参議源朝臣光圀卿、行餘力あるときハ
文をまなふといふふることをそわすれすこれを
あつめて三十巻になりぬ、明暦の帝おり居給て
後しつかなる御いとまある比、これを御らんせ
させたてまつりしかハ扶桑拾葉集と名つけ給
へりしをかしこまりにたへすその趣をしるし
て此文のはしにくハふへきよし此比頼のもと
めあれハ、さのミにいなひかたくて元禄二とせ
の秋長月のころほいおろかなることはミしか
き筆のそしりをかへりミすかの望にまかせ侍
事しかなり、

兵部卿幸仁親王

「義公行實」

延寶六年戊午正月、所編纂和文三十巻成、後西院帝賜名扶桑拾葉集、以準奉勅撰、(中略)八年庚申三月繕寫扶桑拾葉集上表、後西院帝獻之、四月獻之於幕府、十一月獻之於禁闕、

義公全集三

書陵部(三号)

元禄二年十月二十日

養生ノ為、九條家河原屋敷ノ石風呂ニ浴ス、二十三日、亦此ノ事アリ、

「有栖川宮日記」○高松宮家蔵

元禄二年十月廿日、癸未、天陰、

一巳剋、吉田智福院へ御成、九條様・賢宮様・東三條様・智徳院殿御年寄御振廻、夫ゟ九條様川原屋敷御成、石風呂ニ召、子下剋還御、

廿三日、丙戌、曇天、

一同剋九條様川原御屋敷へ御成、石風呂依有之也、

書陵部(三号)

「有栖川宮家諸祝儀次第書」○高松宮家蔵

(外題)

寄書上」

一、元禄二年十月九條様河原御屋敷之石風呂ニ本庄院宮御養生病御入被遊時、郡内嶋一端石井右衛門尉、郡内嶋一端同女房へ被下、百足西村源衛門鳥目壱貫文御用承下候弐人薪此方ゟ令持参、

八ル

書陵部(三号)

編修課

元禄二年十一月十一日
當座和歌會ヲ催ス、

〔有栖川宮日記〕○高松宮家蔵
元禄二年〉十一月十一日甲辰天晴
一武者小路殿、烏丸殿、中御門殿、桒原殿（○中略）今日和哥御當座御興行候間、御出待思召由也、
一頭中將殿、花園殿、白川殿へ今日和哥御當座御興行候間、御出可被成由以御書被仰遣、
一里村昌億依有御當座被召也、
一白川殿、花園殿御出、烏丸殿御出、
一桒原殿御出、不破道悦伺公、
一中御門殿、清水谷殿御出、

一今日有和哥御當座、

元禄三年二月
此ノ頃眼病ヲ患フ、

〔有栖川宮日記〕○高松宮家蔵
元禄三年二月十一日、癸酉、天陰、
一、仙洞様御當座御會依御眼病御断、藤谷殿迄被
仰遣、御使清水半衛門、
十三日、乙亥、天晴、
一、従実門様御眼病為御見廻御使宇田内蔵允、
廿六日、戊子、天晴雲、
一、西本願寺ゟ御眼病為御見廻御使来、
元禄三年三月二十七日
岩倉大雲寺ノ十一面観音開帳ニ依リ、参詣ス、四
月二日、亦同寺ニ参リ、夫ヨリ鞍馬寺ニ参詣ス、
〔有栖川宮日記〕○高松宮家蔵
元禄三年二月廿七日、己丑、天晴、
一、清閑寺殿へ御使来、月六日観音開帳ニ付為御
着座御出之義、実門様ゟ被頼進旨被仰遣、御心
得被成候由也、御使山本木工頭、
三月廿一日、壬子、雨天、
一、（略）中、岩倉観音開帳来ル廿七日之由被仰遣、御
使上田将監、
廿七日、戊午、天晴、
一、岩倉へ御成ニ付、長橋御局両傳奏へ御断使被

進、御使奥田藤左衛門、
一、岩倉大雲寺十一面観音開帳ニ付、諸大夫二人
御雇（ママ）、元福、貞玄、
□剋岩倉へ御成、御法事御聴聞、亥下剋還御、
四月二日、癸亥、天晴陰、
一、岩倉へ御成之序、御断長橋殿両傳へ御使新林
吉左衛門、
辰剋、岩倉へ御成、夫ゟ鞍馬寺へ御参詣、子剋還
御、

元禄三年五月二十六日

園城寺ニ圓満院宮行恵親王ヲ訪フ、

〔有栖川宮日記〕○高松宮家蔵

元禄三年五月廿六日、丙辰、天晴、

一、長橋殿両傳奏衆へ、今日三井寺へ御成之御断

被仰入、御使新林吉左衛門、

卯中剋三井寺へ御成、円満院様へ御成、南祥院

へ御成、御膳上ル、還御丑剋、

元禄三年六月五日

内侍所ニ参詣シ、尋イデ吉田・下鴨・上賀茂社ヲ巡

拝ス、

〔有栖川宮日記〕○高松宮家蔵

元禄三年六月五日、甲子、天晴、卯下剋内侍所へ御

参詣、御神楽料百疋、御参詣前侍持参、早々還御、

一、今日吉田賀茂へ御社参之為御断長橋御局両

傳奏衆へ御使被遣、荒草甚左衛門、

辰剋吉田社へ御参詣、次下鴨社へ御参詣、南下

野守宅へ御成、夫ゟ上賀茂社ニ（ママ）へ御参詣、藤木

加賀守宅へ御成、御膳上ル、堀川殿・冷泉殿・東久

世殿御同道、大林又三郎被召連、還御之節冷泉

殿へ御成、丑剋還御、

元禄三年六月十四日

東福門院ノ十三回御忌ニ依リ、泉涌寺ニ参詣ス、翌十五日同ジク般舟三昧院ニ参詣、夫ヨリ仙洞靈元ニ参入シテ懺法講ヲ聴聞ス、

編修課

〔有栖川宮日記〕○高松宮家蔵

元禄三年六月十四日、癸酉、天晴、辰剋曇華院様ヘ御成、夫ゟ泉涌寺ヘ御成、重而曇華院様ヘ御成、戌剋還御、

一、泉涌寺ニ御成ニ付、為御断両傳ヘ御使被遣、奥田藤左衛門、

泉涌寺ヘ御成以前苞矢嶋豊前守持参、着布直垂、

一、於仙洞御所今晩ゟ御法事有之ニ付、苞御献上御使山本木工頭、着布直垂持参、

一、仙洞様ヘ御菓子御献上、御使細川主計頭、

十五日、甲戌、天晴、

一、於般舟院東福門院御法事ニ付、苞御奉納、御使細川主計頭、着直垂、

辰下剋般舟院ヘ御参、夫ゟ仙洞様ヘ御参、未剋還御、

〔院中番衆所日記〕

元禄三年六月十五日晴、依東福門院十三回聖忌、有御法事、今日當日被行懺法講、衆僧同速良、權僧正盛觀、調聲法印重諄、伽陀、共行内大臣甘露寺大納言源中納言、散花殿上人隆安、隆長、公光、香朝臣、貞維基顕有慶宣顕卜部兼充清原忠量、伶倫公卿今出川前大納言、琵琶源宰相中将、笛持明院三位、笛伯三位、箏中園三位、篳篥公晴朝臣、琵琶公韶朝臣、箏定基朝臣、笙通清朝臣、篳篥（○中略）樂盤涉調調子、白柱、竹林樂、青海波、三反、残樂、越殿樂、千秋樂等也、傳奏奉

行同違息、右大臣兵部卿宮前関白参入、

元禄三年六月十八日
鷲尾隆長ヲ和歌ノ門弟ト為ス、

〔有栖川宮日記〕〇高松宮家蔵
元禄三年六月十八日、丁丑、天晴、鷲尾殿御参、和哥御門弟之義被仰入、
廿三日壬午、天晴
一鷲尾殿詠草御拝参、御酒出、御盃有、御帰、
一鷲尾殿へ御詠草為持被遣、

元禄三年十一月二十一日
神祇権大副吉田兼連、禁裏東山ニ於テ中臣祓ノ講釋ヲ行フ、乃チ参内シテ之レヲ聴聞ス、二十六日及ビ十二月二日亦此ノ事アリ、

〔院中番衆所日記〕

元禄三年十一月廿一日晴、於御會間吉田三位講談中臣祓、巳剋出御上段、聴聞輩関白、右大臣、兵部卿宮、前関白、内大臣（○中略）関白以下中段、殿上人御縁座敷、

廿六日晴陰、入夜小雨、午剋出御于御會間、吉田三位講中臣祓、聴聞祗候之輩等如先度、

十二月二日晴、午半剋出御于御會間、吉田三位講中臣祓、聴聞祗候之輩等如先度、

〔基量卿記〕

元禄三年十一月廿一日晴、参院、兼連卿講中臣祓、着齋服、紅単、紫綾奴袴、掛木綿、其儀御會間（小御所也）上段構御座、御机、（白木机也）、上皇出御、御小直衣、関白以下右大臣、兵部卿宮、内大臣、儀同一位等着座了、中段（相分）左右、次兼連卿出座、殿下目之後進被机着座、次群臣右大将以下群居、各持参被本硯等、又殿下目許兼連卿安座、取被戴之、則開講之、今日序段講了、珎重々々、

（指図略）

其後兵部卿宮、儀同一位、西園、清水、予、風早給酒饌、

子半剋退出了、

廿六日陰、為御礼参内、又有御講之間参院、時宜如先日、

十二月二日晴

一今日吉田三位中臣祓御講尺相済云々、予依風氣行水難叶之間申御理了、

元禄四年二月二十二日

後西天皇ノ七回御忌ニ當リ、仙洞御所（靈元）ニ於テ御法事アリ、乃チ参院シテ之レヲ聴聞ス、

〔院中番衆所日記〕

元禄四年二月廿一日、晴、依後西院七回聖忌、有御法事、以御會間中段設道場、南面、逮夜例時、衆僧、權僧正盛觀持明院、法印靜恵大原同坊、法印重諄同理覺坊、早例時、權大僧都恵秀同路坊、錫杖、權大僧都憲昌同實光坊、法眼良賢同北坊、伽陀、着座公卿、左大將、三条中納言、難波宰相、散華殿上人、實陰、定基、公光、兼量等朝臣、貞維、具統、公尹、藤原相尚、卜部兼充、傳奏權大納言、奉行職事輔長、大覚寺宮参入、被申置退出、一条前関白参入、儀同依召祇候、被聴聞、

廿二日、晴、依後西院七回聖忌、有御法事、今日被行懺法、衆僧、同逮夜、權僧正盛觀持明院、調聲、法印靜恵大原同坊、伽陀、共行、公卿、右大臣、新大納言、中山中納言、散華殿上人、宗尚、公前、隆長、通清等朝臣、量通、行康、有慶、藤原相尚、卜部兼充、傳奏奉行同逮夜、関白、兵部卿宮、大覚寺宮、儀同、左大將、難波宰相、右兵衛督、宮内卿、園池三位等依召参入、左大臣、前関白、二条大納言参入、各聴聞、

元禄五年九月二十六日

上皇、霊元仙洞御所ニ於テ本院明正ノ七十御賀ノ御宴ヲ催サセラレ、御杖竝ニ月次屛風・和歌懷紙等ヲ贈進セラル、乃チ上皇ノ仰ニ依リ、屛風和歌及ビ懷紙和歌ヲ詠進ス、

編修課

〔明正太上天皇七十御賀之覚〕

元禄五年九月十六日、予依當番参院之處、来廿六日本院七十御賀可有御沙汰、

御短冊　鶴契遐年

右和歌題被出、臣下可有詠進之旨可相觸之由令領状了、

懐紙詠進之御人数

関白　兵部卿宮　儀同三司　一位　權大納言　甘露寺大納言　源大納言　（〇以下二十二名略）

月次御屛風和哥御人数

正月御製　二月兵部卿宮　三月一位
四月甘露寺大納言　五月裏松中納言
六月飛鳥井三位　（○以下略）
十七日天晴辰刻着衣閲、自兵部卿宮儀同、此三
所へ令参逆対顔、御口上申入了、
口上之趣
来廿六日本院七十御賀可有御沙汰、就夫御屏
風色紙之和歌并懐紙等可有詠進之旨御気色
之趣申入、御屏風下繪詞書懐紙之題短冊并□随身ゝゝ遣了、各御請被
申上、相心得可申上候旨被申了、

廿六日本院七十御賀於仙洞有御沙汰、就夫従仙
洞月次御屏風一双・銀ノ御杖・御懐紙等被進、御小
道具奉行之輩予・博高朝臣・長義朝臣・公澄奉之、兼日令沙汰、今日
出来指上了、
廿六日卯半刻本院御幸於御会間殿御賀有御作
法、女中之沙汰也、
辰刻於弘御所前舞臺主之兼而御能被始、自簾中御見
物、
（番組略）
右御能申半刻相済、同刻本院還幸、

本院七十御賀懐紙之和哥
鶴契遐年
仙洞御製
蘆たつのよはひを君に祝ふより
なれもややすくちよはふるらん
関白基熈
ちとせへん君か齢のためしにと
ひかれつるさへけふやうれしき
兵部卿幸仁親王
仙人のよはひをちきるけふよりや

又このほらの千世の友つる
月次御屏風色紙之和哥
正月
野邊に小松原子日する所
仙洞御製
初子日まれの玉の緒野へに出て
今は千年をまつことにせよ
二月
人家并野邊に梅花咲たる所
兵部卿宮

野へにゝろもおなし色香にさきしより
　　さかりは千世の宿の梅かえ

〔基熈公記〕
元禄五年九月廿六日壬申、今日於仙洞被賀本院
七十御算可有申楽、可参旨兼日被催間、辰半刻参
仙洞、内府同参、申楽已始、申斜事終退出、今日祗候
人々左府、両前関白、儀同、左大将、二条大納言、法中
妙法院宮、同新宮、一乗院宮、仁和寺宮、勧修寺宮、此
外月卿雲客数輩不遑記、
後聞、御屛風建久元年女御入内屛風和哥題被抜
出、被新図云々、色紙形清書持明院前中納言　基時
卿云々、本院還幸之後、庭田前中納言御屛風御杖

懐紙等持参本院云々、今度之儀一向被省略、只内
々有御祝着之儀云々、
懐紙人数注之、和歌題鶴契遐年、為綱朝臣所出也、
和哥奉行左衛門督雅豊也、
仙洞御製　余　兵部卿宮　儀同　一位　中御
門大納言　資　甘露寺大納言　源大納言　二条
大納言　葉室前大納言　万里小路前大納言
権中納言　正親町中納言　高松中納言　河鰭
前中納言　右衛門督　左宰相中将　通　風早前
宰相　石井三位　伯三位　左衛門督　堀川三
位　綾小路三位　頭中将定経朝臣　左中将為
綱朝臣　民部大輔長義朝臣　左中将通清朝臣
　左少将実松　同通統　蔵人式部丞藤原相尚
屛風和哥人数
正月仙洞御製　二月兵部卿宮　三月一位　四
月甘露寺大納言　五月裏松中納言　六月左衛
門督　七月余　八月儀同　九月権大納言　十
月正親町中納言（十一月）源宰相中将（十二月）左中将為綱朝
臣
以上如此、抑此人数諸人為恠云々、　尤可然々々

元禄六年十一月二十四日
豫テ天満宮ニ祈願アリシガ、成就セルヲ以テ、是ノ日、法楽ノ和歌會ヲ催シ、翌二十五日、北野天満宮ニ使者ヲ遣シテ代拜セシム、

〔有栖川宮日記〕○高松宮家蔵
元禄六年十一月廿四日癸亥天晴陰
一天満宮御願御満御法楽之和哥御會、
清水谷殿竹内殿冷泉殿武者小路殿
右之御人数也、
廿五日甲子天晴陰
一天満宮御法楽之御短尺於神尊前御讀上、
天満宮御代参辻本采女、

元禄六年十一月二十六日
内侍所ニ参詣シ、尋イデ吉田・下鴨・上賀茂社ヲ巡拜ス、

〔有栖川宮日記〕○高松宮家蔵
元禄六年十一月廿六日乙丑天陰
一内侍所へ御参詣ニ付、御神楽料百疋被献、御使
新林吉左衛門、
一長橋御局両傳奏へ吉田賀茂御参詣之御断使被遣、御使右同人、
一辰半剋計内侍所吉田下鴨上賀茂御参詣、御衣冠藤木加賀守於宅御休息、申下剋還御、

元禄七年六月十五日
東福門院ノ十七回御忌ニ當リ、泉涌寺ニ參詣ス、

〔有栖川宮日記〕○高松宮家蔵
元禄七年六月十五日、辛亥、天晴、
一、両傳奏衆へ御使、今日泉涌寺御参詣之御断使
一、東福門院様御十七回忌御法事ニ付泉涌寺花
五十枚　柳筥被献之、御使矢嶋豊前守、着布直垂、
御参之御先へ令持参、御供仕也、
一、辰剋泉涌寺へ御参詣、巳下剋還御、

元禄七年十月三十日
伊勢物語天福本ヲ書寫シ、是ノ日校ヲ竟フ、

〔伊勢物語〕幸仁親王筆
（本文略）○
天福二年正月廿日、己未、申剋、凌桑門之盲目連
日風雪之中遂此書寫、為授鍾愛之孫女也、
同廿二日校了、
元禄七年十月卅日一校了、
兵部卿幸仁親王

元禄七年十二月二十一日

堺ノ海乘坊ヲ召シ、眼病ヲ診療セシム、

〔有栖川宮日記〕○高松宮家蔵

元禄七年十二月廿一日、甲寅、天晴、

一御眼病ニ付、堺海乘坊召シテ被為䏻、末田尹篤

令同道、

元禄八年五月二十九日

生母藤原〈清閑寺〉共子〈東三條局〉死去セルヲ以テ、定式ノ

喪ニ服ス、

〔基量卿記〕

元禄八年五月廿九日晴、東三條局死去、此間帯下

症云々、有栖川宮其外宮方御母義也、以使弔義了、

〔兼輝公記〕

元禄八年六月二日壬辰晴、東三條（有栖川宮、賢宮等母儀、）一
昨日逝去、仍遣使於有栖川宮、賢宮、清閑寺中納言、
池尻宰相、梅小路三位而弔之、

〔椒庭譜料〕清閑寺家上中

中納言典侍、後稱新大納言、後稱東三條局、
薨元禄八乙亥年五月廿九日、葬于報恩寺中
光珠院、

〔有栖川宮日記〕○高松宮家蔵

元禄八年七月廿六日丙戌
一日野辨殿ゟ御文来、除服御出仕兵部卿御復任
勅許之由申来、則御直御請也、

書陵部（三号）

（編集注、左記は、右の前頁の裏に貼られた紙片）

〔資廉卿記〕

元禄八年六月二日　自有栖川宮幸仁親王東三條局
明夜葬送報恩寺、従望日中陰法事一七日之
内被申付了、

元禄八年七月十一日
生母藤原清閑寺共子ノ六七日忌法事ニ依リ、報恩寺ニ参詣ス、尋イデ十八日、盡七日忌法事ニ當リ、又此ノ事アリ、

編修課

〔有栖川宮日記〕○高松宮家蔵
元禄八年七月九日、己巳、天晴、
一、報恩寺へ六七日之御法事料為持遣、従英宮様被仰付、御使新林吉左衛門、
十日、庚午、天晴陰、
一、報恩寺へ山本木工頭新林吉左衛門浅田三右衛門相詰、六七日御法事英宮様ゟ被仰付、御逮夜也、
十一日、辛未、天晴、
一、六七日御法事ニ付、矢嶋豊前守藤木右近将監

相詰、浅田三右衛門参、
一、巳刻報恩寺へ御参詣、覚樹院殿御廟へも御参、同下刻還御、
十七日、丁丑、天晴、
一、報恩寺、へ山本木工頭新林吉左衛門浅田三右衛門参、今晩七七日之御逮夜也、宝鏡寺様ゟ小林隼人相詰、
十八日、戊寅、天晴、
一、報恩寺へ矢嶋豊前守藤木右近将監新林吉左衛門浅田三右衛門寶鏡寺様ゟ小林隼人相詰、

一、巳刻報恩寺へ御成、午上刻還御、

元禄八年七月二十六日

除服宣下ヲ蒙リ、兵部卿ニ復任セラル、乃チ御禮ノ為、禁裏（東山）・仙洞（霊元）等ニ参入ス、

〔有栖川宮日記〕○高松宮家蔵

元禄八年七月廿三日癸未天晴

一御葬送ゟ至今日五旬明御内火改

廿六日丙戌天晴

一日野辨殿ゟ御文来、除服御出仕、兵部卿御復任

勅許之由申来、則御直御請也、

一未刻准后様・本院様・禁中様・女院様・仙洞様ヘ御

参、未下刻還御、

元禄八年九月十日

生母藤原（清閑寺）共子ノ百箇日忌ニ依リ、報恩寺ニ於テ法事ヲ修シ、参詣ス、

〔有栖川宮日記〕○高松宮家蔵

元禄八年九月七日、丙寅、天陰、

一、来十日、高岳院様御百ヶ日御法事料、銀三枚報

恩寺ヘ為持被遣、御使新林吉左衛門、

九日、戊辰、陰、

一、報恩寺ヘ山本杢頭・矢嶋豊前守、相詰百ヶ日之

御逮夜之御法事ニ付也、

一、申中刻報恩寺ヘ御成、酉刻還御、

十日、己巳、天陰或晴、

一、高岳院様御百ヶ日依御法事、（観経半斎）矢嶋豊前守、

藤木右近将監・新林吉左衛門参、御橋助進、小林

隼人相詰、
一巳半剋報恩寺ヘ御参詣御法事御聴聞、午后剋
還御、

有栖川宮系譜
幸仁親王
皇子冨貴宮 霊元天皇第六皇子
元禄八年九月廿八日 乙亥 御達變被召返御相續常
盤井宮、
易子女王
正仁親王 東山帝御猶子
御母家女房 壽昌院
元禄七年二月十一日御誕生 号多嘉宮

元禄八年九月二十八日
去ル貞享五年、上皇霊元ノ皇子冨貴宮ヲ養子ト為セシガ、今般其ノ約ヲ解消ス、蓋シ前年王子正仁親王誕生セルヲ以テナルベシ、因ニ冨貴宮ハ翌年常磐井宮ノ舊跡ヲ繼承ス、

元禄八年十二月七日
御召ニ依リ参院霊元シ、詠歌大概ノ御講釋ヲ聴聞ス、

〔有栖川宮日記〕○高松宮家蔵
元禄八年十二月四日、壬辰、天晴、
一、竹内殿ゟ御使来、七日仙洞御講尺被遊候間、巳剋御参可被成由也、
七日、乙未、天晴、
一、巳剋仙洞様御講尺ニ付御参院、申剋還御、

〔基量卿記〕
元禄八年十月十一日、晴、参院、詠歌大概御講談、仙洞被遊、為聴聞参仕、畏入了、今日詠歌大概、情以新為先、詞以旧可用右之段迄被遊、珍重々々、
十二月七日、晴、今夕洞中御講談御満也、予依所労不参、残念之至也、其後人々給酒饌云々、誠君恩之至、仰有餘事、鯉二尾進上了、

〔院中番衆所日記〕
元禄八年十二月七日、晴、詠哥大概御講談聴聞衆中如例、兵部卿宮宗尚朝臣後清朝臣公前朝臣今日始而聴聞被仰出、

有栖川宮実録　五

幸仁親王実録　三

有栖川宮實録　五

幸仁親王實録　三

有栖川宮實録　五

幸仁親王實録

幸仁親王　三

室　某氏（眞）

室　某氏（壽昌院）

元禄九年二月十三日

禁裏東山ノ當座和歌御會始ニ列ス、爾後屢〻禁裏當座和歌御會ニ列ス、

〔有栖川宮日記〕○高松宮家蔵

元禄九年二月十三日庚子、半陰半晴、

一、巳ノ剋御参内禁裏始而候、御當座之御會也、戌剋還御、

十四日、辛丑、天曇、

一、禁裏様昨日表向之御當座初ニ付、為御祝義御

有一種被上、御使矢嶋豊前守、

一、准后様、御使昨日禁中様御表向之御當座初

御祝、御人数ニ被召加候儀被仰入、御使右同人、

冨貴宮様、御傳言有、

一、仙洞様、御肴被献、昨日禁裏御當座始御會御

祝并兵部卿宮被召加候儀之御口上也、御使山
本木工頭、
五月十九日、甲戌、天晴、
一、禁裏ゟ明後廿一日、御當座候間、巳剋御参可被
成旨申来、奉行中山中納言殿、
廿一日、丙子、天晴、
一、中山中納言殿ヘ御使、今日御當座ニ御参之儀
依御所労御遅参可被遊之由、御使足立源左衛
門、
午剋計依御當座御會禁中様ヘ御参、酉剋還御、

六月廿四日、戊申、天晴陰、
一、禁中様ゟ女房奉書参、明日御當座之御會之由
也、御直ニ御請ス、
廿五日、己酉、天晴、
一、依御所労御遅参之儀御奉行迠御断被仰遣、御
使足立源左衛門、
午剋為御當座御會禁中様ヘ御参、未剋計仙洞
様ヘ為御詠被窺御参、又御所ニ御成、申下剋還
御、

元禄九年五月二十九日
生母藤原清閑寺共子ノ一周忌ニ依リ、報恩寺ニ於
テ法事ヲ修シ、参詣聴聞ス、又阿彌陀經ヲ書寫シ
テ靈前ニ供フ、

〔有栖川宮日記〕○高松宮家蔵
元禄九年五月廿四日己卯
一、報恩寺内光秀院呼ニ遣、御一周忌御法事之儀

申渡書付遣之
高岳院殿御一周忌御法事
五月廿七日　霊鑑寺宮御法事料白銀弐拾両
中宮寺宮御法事料白銀拾両
同廿八日　賢宮御方御法事料白銀弐拾両
宝鏡寺宮御法事料白銀三拾両
同廿九日　有栖川宮御法事料白銀五拾両
右之書付戊山へ相渡也
一報恩寺ゟ使僧御法事之書付次第指上
高嶽院様一周忌之御法事
五月廿七日従霊鑑寺宮様御法事
午剋　日中偈　伽陀　読誦
従中宮寺宮様御法事
申剋　弥陀経　初夜謁
同廿八日従賢宮様御法事
午剋　施餓鬼　行導　後唄
□（従ヵ）宝鏡寺宮様御法事
申剋　讃仏　四奉請　礼讃行導
同廿九日従有栖川宮様御法事
辰剋　晨朝偈行導　斎會
午剋　伽陀　読誦小経　散華　梵音
廻向
右之書付姫宮様方へも御覧ニ入候様ニ令申
渡
廿七日壬午天晴
一辰下剋霊鑑寺様御成午剋英宮御同道にて報
恩寺へ御成
一高岳院様一周忌ニ付御法事被仰付今日ゟ報
恩寺へ矢嶋豊前守藤木右近将監木本甚兵衛
相詰

一午剋報恩寺へ御成未半剋斗還御
廿八日癸未陰時々少雨
一巳半剋報恩寺へ山本木工頭小川主膳木元甚
兵衛相詰
一午剋報恩寺へ御成御留主之内柴田梅安畑柳
圓親康喜安
未半剋過還御
廿九日甲申天陰
一高岳院様今日御一周忌之御法事ニ付報恩寺
へ矢嶋豊前守藤木右近将監新林吉左衛門相

詰、
一御書写弥陀経被備御霊前、則御法事ニ読誦、従英宮様御書写之心経右同断、淑宮様ゟ䉼二枚被進、
一御法事之内贈経御香奠有別記、
一巳半剋斗報恩寺へ御成、御法事御聴聞（公こ）□剋還御、

書陵部（三号）

元禄九年六月四日
天皇（東山）ノ仰ニ依リ、古今和歌集ノ假名序ヲ書寫シテ献上ス、

編修課

〔有栖川宮日記〕○高松宮家蔵
元禄九年六月三日、丁亥、快晴、従禁裏様御用之義有之候間、諸大夫壱人可参由申来、藤木右近将監参、
武者小路三位殿久世中将殿冨小路兵部大甫殿奉ニ而被仰渡ル、古今之かな序書写被遊可被献旨、則御写本御料紙封箒御渡、来六日午剋迄ニ書写可被献旨也、
四日、戊子、天晴、禁裏様ゟ昨日被仰出候古今之かな序御染筆被遊、御奉之御衆迄被上、御使藤木右近将監、

書陵部（三号）

元禄九年十一月一日

王女英宮幸子女王ヲ天皇東山ノ女御トシテ入内セシムベキ旨、上皇靈元ノ御沙汰ヲ拜ス、乃チ御禮ノ爲參院シ、御對面、御盃ヲ賜ハリ、尋イデ參内ス、

編修課

〔院中番衆所日記〕

元禄九年十一月一日晴、女御入内之義、今日禁中被仰進、有栖川殿姫宮英宮御方、以正親町大納言・柳原前大納言、兵部卿宮被仰遣、追付兵部卿宮參入、於御會間御對面、中次庭田前中納言、給御盃、一獻、御昆布鮑、御陪膳梅小路三位、御手長廣豊、役送藤原相尚、未刻御幸于禁中、供奉東久世三位弘賢朝臣・廣豊、下北面重宗・重承、

書陵部（三号）

〔基量卿記〕

元禄九年十一月朔日晴、中(晦○)女御入内義、有栖川宮姫宮被仰出、時宜從仙洞關東へ被仰遣、去月十六日被仰傳奏、昨日言上、御祝之由也、依之有栖川宮參院、御對面、被下御盃、其後參内、於休息所給一獻、退出之由也、

〔有栖川宮系譜〕

幸仁親王

承秋門院幸子女王
東山天皇中宮

延寶八年九月廿三日御誕生、号英宮、所生家女房眞、

元禄九年十一月一日御入内之儀内々被定、

書陵部（三号）

元禄九年十一月九日
清閑寺熈定ト倶ニ智徳院生母藤原共子ノ母ノ八十ノ賀宴ヲ催ス、乃チ鳩杖並ニ祝賀ノ和歌ヲ書キタル盃ヲ贈ル、中院通茂亦來會ス、

有栖川宮御代々書留　。高松宮家蔵

元禄九年十一月九日雨天
一今日依吉辰智徳院殿御賀於兵部卿宮清閑寺中納言被進之分也、
一御杖　長三尺五寸以桑木作之三節也

フトサワタリ六分半、シモク三寸三分、
石付鳩篠葉以銀作之、石付一寸二分フトサ五分三角ニ華形有
袋表白菱綾以紫糸縫、歌和歌ハ中院通茂卿御筆兵部卿宮裏ハ紅梅生絹縫立は、四寸五分
長サ五尺

つく杖にこめし八十の坂こそて
さかゆくあきすみやまきともミよ

紫四打緒三尺五寸房ナミあり
一清閑寺中納言進上杖歌御杖ハ竹ニ銀葉有歌短尺ニ書テ付之、
祝之猶こめし八十と八千とせも
さかゆく千よのかすの八しめに
熈定
一盃臺嶋にミとり松生たる所盃の内ニ歌を書
兵部卿宮
生そふる松をためしにかそへミよ
この〱末の後の八千世も
一此之方御簾ヲ上智徳院殿御出此時英宮賢宮御手引給宮方御誇御茵不圍之上ニ座給宮方御入中院大納言御出座給テ后兵部卿宮御杖御持参被進袋ヨリ出テ進給次袋御覧被詠和歌次清閑寺中納言御杖持参同取給テ后退ク

座ニ御着、有献式、有三献、先御盃一、中央至次式
肴智德院殿中院大納言殿清閑寺中納言殿御
持参、次御銚子白片口持参供シテ引、次御盃取替、次鯉式
肴ニ取替、次御銚子持参供シテ引、次御盃取かへ、
次鯛とりかへ、次御銚子次硯蓋松梅立御まな有、
右供之次第
初献御盃智德院殿ゟ中院殿へ参、次清閑寺
殿ニ参、
二献御盃中院殿ゟ智德院殿夫ゟ清閑寺殿
三献御盃智德院殿ゟ清閑寺殿中院殿、

右二献ッヽ参、此時御肴兵部卿宮智德院殿御
進、其右又一献宛中院殿ゟ清閑寺殿智德院
殿之納之由也、已上七献、
陪膳女房少納言、大弐網、長カモシヲ掛、
御献済、右中院殿清閑寺殿御立、次兵宮御出、如
元智德院殿御手ヲ被引、従宮之御杖突給テ御
入、今一枚八宝鏡寺宮御持入給、御簾少納言大
弐捲之、
次赤飯御吸物御酒事有、中院殿御詠謡給テ及
数献、本院様依御不例諸事密ゝニ有之、

一兵宮御方ゟ十帖壹巻干鯛一箱被進、
一兵部卿宮ゟ御杖御盃臺御肴一折被進、
内ゝ為御遊少キ銀百包者被進、

元禄九年十一月十日
上皇明正ノ御病重ラセラルルヲ以テ、御見舞ノ為
参院ス、上皇是ノ日崩御アラセラル、

編修課

〔有栖川宮家司日記〕○高松宮家蔵

元禄九年十一月十日

一午刻計本院様御参、早〻還御、未刻本院様崩御之由御沙汰也、

〔元上法院殿御日記〕

元禄九年十一月十日癸亥はるゝ、本院御やうだいよろしからず、それゆへ関白殿右府も御みまひにまいり給ふ、れん〳〵御よはりにて午刻過にほうぎよ也、さて〳〵にが〳〵しき事とかふいふにたらず、仙洞御気にこんせらるゝとの事也、

廿五日戊寅はるゝ、明正院御さう〳〵也、けふは

一しほに御愁多、何かおもひつゝけくなたにて御気かう申す、

元禄九年十二月三日

去月二十五日、泉涌寺ニ上皇明正ノ御葬送アリ、乃チ是ノ日、同寺ニ参詣ス、尋イデ五日、般舟三昧院ニ参詣ス、

〔有栖川宮家司日記〕○高松宮家蔵

元禄九年十一月廿五日

一難波内蔵権頭申来、来廿八日泉涌寺へ御参詣、葩五十枚御持参、般舟院へ十二月二日葩五十枚御持参被成候、御摂家方御心次第ニて御贈経御香典之方も有之由也、

一泉涌寺・般舟院へ葩五十枚宛可被献由被仰出、

先々如此故其通ニ可被遊由也、御忌中御着用之御服無之故、御所労ゝ分ニて来月御参詣可有之由也、
右被献物御参詣ハ難知由、生嶋主膳正津田木工権頭へ申遣、
一、酉刻御葬送、
十二月三日、
一、巳剋泉涌寺へ御参詣、諸大夫 貞秀着布直垂御参前御葩五十枚持参、帰（中略）唐門下ニテ御出、階ノ下ニテ御焼香之後其儘退出、其序曇花院様へ御成、還御、
五日、
一、般舟院へ御参詣、泉涌寺同事、夫ゟ報恩寺へ御参也、

元禄十年二月九日
後西天皇ノ十三回御忌（日正當二十二日）ニ依リ、泉涌寺ニ於テ法事ヲ修セシム、乃チ般若心經ヲ書寫シテ御靈前ニ供ヘ、參詣シテ法事ヲ聽聞ス、

〔有栖川宮日記〕○高松宮家蔵
元禄十年二月六日、丁亥、曇、
一、勧修寺殿ゟ御使、泉涌寺役者御用之由故、則御家来同道致させ候由也、後西院様十三回御忌ニ付、當月十日前御七回忌之御通ニ御法事被仰付度由也、日限之儀相談仕可申上由申帰ル、
右之役者善能寺也、
七日、戊子、天晴陰、
一、泉涌寺来迎院御法事之書付持参、
後西院尊儀十三回御忌従有栖川宮之御

法事、

二月九日

光明三昧　衆僧十六口

御導師ハ　卓岩長老

已上

泉涌寺

九日唐〔庚カ〕寅天晴

一今日於泉涌寺御法事被仰付候ニ付、御贈経、御自筆心経一軸、御香奠五百疋御使矢嶋豊前守、

一今日泉涌寺ヘ御参ニ付、長橋殿両傳ヘ御断使

奥田藤左衛門

辰半剋泉涌寺ヘ御参、未下剋還御、

勧修寺宰相殿ヘ御使、今日泉涌寺御法事首尾能相済珍重ニ被思召候、右之御届被仰入候由也、御使辻本采女、

〔有栖川宮家司日記〕○高松宮家蔵

元禄十年二月七日

一泉涌寺来迎院御法事書付持参、

後西院尊儀御十三回御忌従有栖川宮御法事

二月九日　光明三昧　衆僧十六口

御導師卓岩長老

九日

一後西院尊儀御十三回御忌御法事ニ付、御参前矢嶋豊前守着布直垂持参、

心経一巻御書写紺紙金泥柳筥ニ居、御経包中鷹二枚白紅ヲ以テ結之、

御香奠五百疋大鷹ニ付之各下札有、

英宮御方ゟ山口中務丞着布直垂持参、下札

英宮御方ト書之、

白銀弐枚付紙雲足台也、

右令持参、御成待請、霊鑑寺宮宝鏡寺宮御成、陽光院参上、午剋御法事始、於御位牌殿有之、豊前守中務廣縁ニ候ス、左方女中御聴聞所也、御右方兵部卿宮御成、御法事前斎會至下々迄給也、

御法事済御廟参、直ニ還御也、貞玄立帰テ一礼申退出、(○中略)
一、御法事料米五石代三百五匁、則御使侍持参シテ役人ヘ相渡、

元禄十年二月二十一日
後西天皇ノ十三回御忌ニ当リ、泉涌寺ニ参詣、翌二十二日亦、般舟三昧院並ニ泉涌寺ニ参詣ス、

〔有栖川宮家司日記〕○高松宮家蔵
元禄十年二月廿一日、
一、泉涌寺ヘ御参詣、
一、後西院様御十三回忌ニ付泉涌寺ヘ御参詣、(○中略)
仙洞様ゟ御法事ハ十九日ニ有之由、廿日明正院様御百ヶ日也、
廿二日、
一、般舟院ヘ御贈経紺紙金泥心経御香奠五百疋、御使藤木右近将監着布直垂持参、
一、般舟院泉涌寺御参詣如昨日、

元禄十年二月二十三日
上皇(霊元)ヨリ冠直衣・指貫等ヲ拝領ス、

編修課

〔有栖川宮御代々書留〕・高松宮家蔵

（外題）
「雲立涌御拜領例」

（内題）
「雲立涌御指貫御拜領ノ例」

一元禄十年二月廿三日従仙洞様以庭田大納言
御冠御直衣御拜領

元禄九年十二月廿九日仙洞様江兵部卿宮
御参之后、御冠御纓御直衣御紋菊九曜、御指貫浅木
御紋雲立涌御文匣＝入御拜領、御服明可被召之
由也、御礼之沙汰不見御書歟、

二月廿三日
庭田殿藤谷殿評定衆、御礼使有之、

〔基量卿記〕

元禄十年二月廿三日陰

一自仙洞以庭田中納言御直衣菊九曜御指貫浅黄、
雲立涌御冠御纓等被下兵部卿宮、入内後可有
堅文、
着用由也、彼宮祖父好仁拜領之例有之、御直衣
御指貫文同前也、又御父後西院親王時、自後水
尾院被下御指貫紫窠散浮文、ノ由、兵部卿御物
語也、以次記之、

禁裏様、御届之無御沙汰
御入内濟廿八日御参内之時御拜領御直衣雲
立涌御着用、

元禄十年二月二十五日
王女幸子女王、入内シテ女御ト為ル、仍リテ二十
八日、御禮ノ為参内、東山参霊元院シ、夫々御対面、御盃
ヲ賜ハル、

〔御湯殿上日記〕

元禄十年二月廿五日、こゝのつ女御入内、女御より御たる三か三しゆまいる、いぬのこく二つね御所にて御たいめん、御さかつき三こんまいる、三こんめの御しやく女御、女御へも御てんしやくにててんはいまいる、

廿八日、女御の御方へはしめて出御なる、御くふあわにて御さかつき一こんまいる、くわく御御すい物も出ル、御さかつき一こんまいる、ありす河ノ宮入内の後なる、つねの御所にて御たいめん、御さかつき二こんまいる、ありす河の宮より御まなまいる、

〔院中番衆所日記〕

元禄十年二月廿五日、陰晴、今日巳剋女御入内、

廿六日、陰晴、（中略）御太刀一腰、御馬代白銀十両、一疋、昆布一箱、鯣一箱、御樽一荷、就女御入内為御祝儀従兵部宮献上之、

廿八日、朝之間飛雪、午時晴、兵部卿宮参入、去廿五日女御入内御禮、於御會間御對面、申次庭田前中納言、賜御盃、御蚫、昆布、御倍膳押小路三位、御手長兼供朝臣、役送藤原相尚、御劔資松朝臣、

閏二月七日、雨降、御幸于禁中、供奉四条三位基顕朝臣、基章、下北面致直《氏主》、酉剋還幸、

御目録竪

（中略）

昆布　一箱

鯣　一箱

御樽　一荷

右兵部卿宮へ被進、

【季連宿禰記】

元禄十年二月廿五日丙午晴陰、今日巳刻女御御諱幸子有入内、自有栖川殿被出御車、自禁裏東北御門入御也、御車二両、一両者女御料、一両者女房料、是出車之分云々、供奉公卿五人轅殿上人七人歩行、各衣冠襲之由風聞、路頭行列追可尋記、

件之女御者有栖川殿後西院皇子、二品兵部卿幸仁親王、姫宮也、

【有栖川宮系譜】

幸仁親王

東山天皇中宮

承秋門院幸子女王

所生家女房眞

延寶八年九月廿三日御誕生、号英宮

元禄九年十一月一日御入内之儀内々被定、

元禄十年二月廿五日為女御十八歳

元禄十年五月十四日

式部卿ニ轉任セラル、乃チ御禮ノ為參内東山シ、尋イデ參院、靈元上皇ニ御對面、御盃ヲ賜ハル、

【有栖川宮家司日記】○高松宮家蔵

元禄十年五月十三日

一、仙洞御所ゟ以梅小路三位竹内三位可被任一品式部卿之由御内意ニて参上其由被申入之由則明日可被仰上之由也、依之万里小路侍従以テ被仰入ニて先剋参上、

一、明日式部卿御氣色次第可有勅許候之御沙汰也、内々御参之供奉諸家参上饗應候用意可申付之由、蒙令一品如何之由窺候處、其段ハ餘之事故御辞退之由被仰、重而竹内三位参上、如何

編修課

此節是非一品之義有御沙汰歟

△難波内蔵権頭被召而、今度式部卿ニ可轉之由也、依之小折紙可被上之儀候哉、御覚悟無之例も無御座候ハヽ御了簡被成可被進之由也、則参重而参上、前殿下ニも御覚悟之官家ニ有之候間敷候、有職の記ニ可有之不分明義ニ於テハ口つから被仰上可然哉之由也、摂家も大臣以上ハ口つ被仰上之由権頭申之、

十四日、雨天、後御参之節晴

一、女御様ヘ御使、今日式部卿被仰上候、此段可被仰進、思召御使被進、貞玄、

一、午下刻、斗方里小路侍従殿御出、式部卿勅許之由被申入退出、

一、禁裏ヘ蚫一折十、仙洞御所ヘ同、女院准后女御ヘ干鯛一箱宛被献、此御使右近将監、着布直垂持参、式部卿転任恭思召候、依之御看被献、京極宮親王宣下之時御使直垂着用之由、故如此、

一、未刻、斗右五御所ヘ御参、御衣冠、単、平緒、御太刀、檜扇、仙洞御対面御盃有之由也、

（奉。路供）

申下刻還御、仙洞様御對面御盃之由、

一女院准后女御御所ゟ有御拝領の御札御使、

十六日天晴

一仙洞様ゟ以女房奉書鮑一折ニ御拝領、今度式部卿転任之為御祝義也、御直之御請文、

「幸仁親王式部卿仕官宣旨」　○高松宮家蔵

兵部卿幸仁親王

正三位行権中納言藤原朝臣熈定宣、奉勅、件親王宜令任式部卿者

元禄十年五月十四日大外記兼掃部頭造酒正中原朝臣師庸奉

〔御湯殿上日記〕

元禄十年五月十四日、ありすかの宮式部卿宮に
てんしら小、御小いに御まなまいる、

〔院中番衆所日記〕

元禄十年五月十四日陰晴、少雨至晩晴、兵部卿宮
為轉任式部卿之御禮參入、衣冠紅單、於常御所御對面、
御烏帽子直衣、申次庭田前中納言、給御盃、一昆布献、蚫、御陪
膳押小路三位、御手長長義朝臣、役送藤原相尚、

元禄十年五月二十九日
生母藤原清閑寺共子ノ三回忌ニ當リ、報恩寺ニ於
テ法事ヲ修シ、參詣ス、又觀音經ヲ書寫シテ靈前
ニ供フ、

〔有栖川宮家司日記〕○高松宮家蔵

元禄十年五月廿三日、
一、今日光秀院召シテ高嶽院殿御三回忌御法事
来廿九日従式部卿宮可被仰付之由申渡、御法
事料白銀五拾両右近将監封シテ申渡、
廿六日、
一、報恩寺ゟ御法事書付来、
廿七日晝礼讃、日中偈讃誦無量壽経
伽陀　同晩礼讃　初夜偈
廿八日晝礼讃、日中偈讃誦無量壽経

伽陀

同晩施餓鬼　鐃　讃　合、

廿九日朝読誦観無量寿経

廻向　齋會、

同日中

読誦弥陀経、伽陀散華梵音、

右

廿七日、少雨、

一、高岳院殿御三回忌御法事ニ付山本木工頭藤木右近将監、松下清左衛門相詰、木工頭右近将

監、仙香十把宛令持参、帳持参、

一、今〻晝霊鑑寺宮御法事、初夜御法事中宮寺宮ゟ被遊、宮方御成御聴聞、

廿八日、天曇少雨、

一、今晝賢宮御法事、晩宝鏡寺宮御法事、依之豊前守、石見守、松下清左衛門（相詰、）仙香持参、

一、今日女御様ゟ御代参錦部若狭守白銀三枚持参、大弐参詣之由ニて不及焼香、

一、有栖川殿中宮寺宮、賢宮、宝鏡寺宮、両度御聴聞、晝間ハ宝鏡寺宮へ御成也、

一、一品宮ゟ御贈経遣教院持参、

廿九日、天曇雨天、

一、於御寺齋會、豊前守、右近将監、松下清左衛門鳥居左近、大崎内記、小林隼人、此間三人モ相詰、

一、御書写観音経、淑宮葩廿枚、多嘉宮弐百疋、淳宮葩廿枚、御宿坊へ百疋、

一、曇華院様ゟ御贈経、竹門様ゟ葩廿枚御使有、

一、宮方不残御法事御聴聞、観音経阿弥陀経読誦

元禄十年六月九日

内侍所ニ参拝シ、尋イデ吉田・下鴨・上賀茂ノ諸社ニ参詣ス、

〔有栖川宮家司日記〕○高松宮家蔵

元禄十年六月九日、天曇、或少雨、後晴、

一、内侍所ヘ御社参、目録百足ト斗真字可書付由、侍衆御先持参、次御参、御衣冠単、御笏・御末広、

一、吉田・下鴨・上賀茂御社参、御浄衣単、御笏・御末広、御幣物鳥目十足宛、右近将監於宅御休息、右近次テ両人ヘ百足宛被下、亥剋還御、

元禄十年七月十三日

相国寺瑞春庵天啓集仗ニ客殿造作ノ資トシテ金三百疋ヲ寄附ス、翌十一年五月四日、更ニ白銀五枚ヲ寄附ス、

〔有栖川宮家諸祝儀次第書〕○高松宮家蔵

（外題）
類聚宮使」

御寄進

一、元禄十年七月十三日、仗長老ヘ三百疋被遣、是者客殿造作御合力際毎ニ被遣苦也、十一年五月四日白銀五枚御助力、

仗長老ヘ御合力

（参考）

〔有栖川宮日記〕○高松宮家蔵

元禄七年十一月十三日、丁丑、天晴

一柳原殿ヘ御由緒書之帳為持被遣、御使矢嶋豊前守、

有栖川宮御由緒并御知行所付、

上書ニ如此相認也、

後西院第二皇子

二品兵部卿幸仁親王、有栖川殿、御歳三十九、

御腹東三條局、清閑寺故前権大納言従一位共綱卿女、

（中略）

御外戚

御舅
清閑寺故一位共綱卿子息
相國寺瑞春庵伏長老

元禄十年十月十六日
去ル八月下旬ヨリ腫物ニ悩ミシガ、頃日快癒セルヲ以テ、醫師等ニ物ヲ賜フ、又此ノ間屢、仙洞（靈元）及ビ新上西門院・女御（幸子女王）等ヨリ御見舞ノ使者ヲ賜ハレルヲ以テ、是ノ日、御禮ノ為、禁裏（東山）・仙洞等ニ參入ス、

編修課

〔有栖川宮日記〕○高松宮家蔵
元禄十年八月廿五日、壬申、天晴、
一、梅小路殿ゟ御腫物御見廻使来、
廿六日、癸酉、晴天、
一、花山院大納言殿ゟ御腫物ノ為御見廻御使来ル、
廿七日、甲戌、晴、
一、九條様ゟ御腫物御見舞使来ル、
一、慈受院様ゟ御腫物御見舞使来ル、
一、曇花院様ゟ腫物為御見舞御使来ル、
廿九日、丙子、晴陰、
一、女一宮様ゟ御腫物御見舞使来ル、
九月二日、己卯、天晴、
一、松木前内府様ゟ御腫物御見廻使来、
一、慈受院様ゟ御腫物御見舞使来ル、
一、東二条殿ゟ御腫物為御見舞御使御音物有リ、
一、鷹司前殿下様ゟ御腫物為御見舞御使
一、竹門様ゟ御腫物御見舞使、御音物有リ、
一、久我大納言殿ゟ御腫物御見舞使、御音物有リ、
一、靈鑑寺様ゟ御腫物為御見舞御書御音物有リ、

三日、庚辰、天晴、
一 女院様ゟ御腫物御見廻使被進、
一 女御様ゟ御見廻使、御音物有り、
四日、辛巳、天晴、
一 女院様ゟ御腫物為御見舞御音物有り、
六日、癸未、天晴、
一 従仙洞様御腫物為御見舞御肴御拝領、右為御礼新大納言殿御局迄御使藤木右近将監、
十六日、癸巳、雨下、未剋ゟ晴、
一 仙洞様ゟ為御腫物御見舞御花御肴、女房以奉書御拝領、
一 桑原民部大輔御腫物且又勧門様ゟ八幡宮之御法楽御頼被成候、詠草之儀可懸御目候哉、御病中候間清水谷殿へ相談可仕候哉、御窺被成候、御返答云、御詠草之儀御腫物御脳（ママ）血茂被為出候間、清水谷殿へ御相談御尤ニ思召候也、御対面無之、
廿六日、癸卯、天晴、
一 冷泉殿へ御使、十月八日之御法楽之御題依御所労御理被仰入、由御請被仰上候へ共、未御朦血被為出候故御断被仰入之由也、御使堀崎与右衛門、
十月十六日、癸亥、天晴、
一 今度御腫物御快然為御祝義、畑柳圓、末田尹篤、同玄篤、田中知新御祝義被下、末田玄篤尹篤為御礼伺公、錦部若狭守、
一 未剋計御快然ニ付、為御窺御機嫌禁中様仙洞様女院様准后様へ御成、次女御様へ御成、夕御膳被進、巳後還御、
十七日、甲子、天晴、
一 今度御腫物御快然之為御祝義赤飯御連枝方其外へ被進之、宝鏡寺様光照院様入江様霊鑑寺様賢宮様曇花院様智徳院殿女御様清閑寺中納言殿慈受院様竹内三位殿清水谷大納言殿外山殿梅小路三位殿伏長老へ被遣、わみ沙ゟ御文ニて申参、

〔有栖川宮家諸祝儀次第書〕○高松宮家蔵
（外題）
寄書上
病
本庄院宮御腫物
一、元禄十年十月十六日、御腫物御快然ニ付、医師
外科江御使被下、
綿三把銀三枚御肴一折　畑柳圓
白銀五枚御肴一折　末田尹篤
三百疋御肴一折　田中知新
三百疋　末田玄篤

〔院中番衆所日記〕
元禄十年十月十六日、陰晴、式部卿宮坊官已後儀
同各参入、召于御前、

元禄十年十一月一日
御霊社造営ノ資トシテ、白銀一枚ヲ寄附ス、

〔有栖川宮日記〕○高松宮家蔵
元禄十年十一月朔日、丁丑、天晴、
一、御霊社御造営ニ付白銀壱枚御寄附、御使松下
清左衛門、

〔有栖川宮家諸祝儀次第書〕○高松宮家蔵
(外題)「類聚宮使」
御寄進
御霊社御寄進
一、元禄十年十一月一日、御霊社御造宮ニ付、白銀
壱枚御寄進、
元禄十年十一月九日
明正天皇ノ一周御忌ニ当リ、般舟三昧院ニ参詣
シ、翌十日泉涌寺ニ参詣ス、
〔有栖川宮日記〕○高松宮家蔵
元禄十年十一月九日、乙酉、天晴、
一、明正院様御一周忌ニ付、葩五十枚御成前矢嶋
豊前守持参、布直垂着用、
一、巳下刻般舟院へ御参詣、同刻還御、(供奉略)
十日、丙戌、天晴、
一、明正院様御一周忌ニ付泉涌寺江葩五十枚被
(行カ)
被献、御参詣少以前ニ右近将監持参、
一、巳上刻泉涌寺へ御参詣、未上刻還御、供奉如常、轟上下、
元禄十年十一月二十七日
越前国證誠寺ノ住職善應ノ請ニ依リ、其ノ山号
竝ニ寺号ヲ揮毫シテ遣ス、

〔有栖川宮家司日記〕○高松宮家蔵

元禄十年十一（マヽ）月六日、

一、越前鯖江證誠寺善應上人、兼而親康喜安依申今日伺公、御太刀馬代銀三枚持参、證誠寺依願役者ノ円證寺御目見、各於御書院御対面也、右近豊前ヘ弐百疋目録到来、

廿七日、

一、證誠寺寺号山号申出ニ伺公、則被下、令頂戴退出、右近豊前渡也、必額ニて無之由申定、親康喜安取次則出合、

一、明日罷下ニ付為御礼伺公、白銀廿枚、杉原拾帖持参、右近豊前ヘ二百疋宛持参有、

〔有栖川宮家諸祝儀次第書〕○高松宮家蔵

（外題）
類聚宮使

申物格

越前鯖江寺号願

一、元禄十年十一月廿七日、越前鯖江誠證（誤カ）（證誠）寺、山号（山）三元山、二枚大文字被遊被下、親康喜安取次、御礼白銀弐拾枚杉原十帖献上、右近豊前ヘ弐百疋宛到来、

元禄十一年正月九日

堀河康綱ヲ和歌ノ門弟ト爲ス、

（有栖川宮家諸祝儀次第書）

「（外題）類聚宮使」

申物格

和哥御門弟

一元禄十一年正月九日、堀川三位殿和歌御門弟、

御礼十帖壹本御持参、

元禄十一年四月十六日

次田右近ヲ和歌ノ門弟ト為ス、

（有栖川宮家司日記）○高松宮家蔵

元禄十一年四月十六日、

一次田右近和哥御門弟成、白銀壱枚上ル、書状来、

則小少将殿へ相渡、於御奥ノ御茶間自分へ百疋到来、

則十七日ニ返事ニ認遣、極山検校御門弟再三願

申、其段聴無之、不成候、並候て可申遣所ハ上候

ハヽ御覧可有之由也、

（有栖川宮家諸祝儀次第書）○高松宮家蔵

「（外題）類聚宮使」

申物格

和哥御門弟

一元禄十一年四月十六日、次田右近和哥御門弟

御礼白銀壹枚、豊前守へ百疋、

元禄十一年四月二十七日

清水谷實業・清閑寺凞定・竹内惟庸ト倶ニ初メテ勸修寺ニ濟深親王ヲ訪フ、

（有栖川宮家司日記）○高松宮家蔵

元禄十一年四月廿七日、

一、勧門様へ初而御成、御供四人、道ハ袴羽織、御進物葱冬酒一德利、御菓子昆布一箱、廿本入、卯下刻御成、清水谷殿・清閑寺殿・竹内殿御同道、

元禄十一年五月二十日

薬湯ニ浴ス、

（有栖川宮家司日記）○高松宮家蔵

元禄十一年五月廿一日、

一、御薬風呂、嘔ノくぎ、忍冬ノ皮、等分ニシテ釜ニ入焼之、昨夜ゟ御入被遊、

元禄十一年七月十一日
高倉永福ヲ招請シ、下紐ノ傳授ヲ受ク、

〔有栖川宮家諸祝儀次第書〕○高松宮家蔵
（外題）
〔類聚宮使〕
雜賀
下紐御傳授
一、元祿十一年七月十一日、下紐御傳授ニ付、高倉
宰相殿ヘ御太刀銀馬代、干鯛一箱、御使豊前守、

〔有栖川宮家司日記〕○高松宮家蔵
元祿十一年七月十一日、
一、巳剋斗高倉宰相殿御出、并東園殿も御出、下紐
籠紐御相傳、御吸物、御酒出、三方土器、用御退出、已後
高倉殿ヘ御太刀、御馬代銀壱枚、干鯛一箱、目録
中高被遣候、御使豊前守、

〔基量卿記〕
元祿十一年七月十一日壬辰、晴、參式部卿宮、高倉
相公同參、今日下紐籠紐也、御傳授也、御自分爲御
着用由也、高倉被申上、結眞結ニシテ指貫之フク
ミヨリ外ヘ不出樣ニ結、余ヲヨク也、大概六七寸
ノ分ニ被申上也、給一獻退下、馬代肴一種被遣之
云々、

元禄十一年七月二十一日
上皇〈霊元〉ヨリ入木道ノ御傳授ヲ受ク、乃チ参院シテ御傳授ヲ受ケ、御盃ヲ賜ハル、尋イデ八月八日、東寺ノ弘法大師堂ニ使者ヲ遣シテ、入木道ノ奥義ヲ極メン事ヲ祈願セシム、

編修課

〔有栖川宮家司日記〕〇高松宮家蔵
元禄十一年七月七日、
一、今度禁中様ゟ能書方之御灌頂被遊、仍為御相伴式部卿宮ニも可有御傳授之由仙洞様ゟ被御出之由也、依之為御礼仙洞様ヘ御参、
十九日、
一、入木道廿一日御傳授ニ付、今申中剋ゟ御神事御□清火服者退出、
〈

書陵部（三号）

〈廿一日〉
一、今日入木道御傳授ニ付、為御祝儀被献、
仙洞様ヘ御太刀一腰御馬代黄金壱枚昆布一折十把鯣一折三本大樽一荷〈片壱斗入〉御
使右近将監〈布直垂〉
一、禁中様ヘ海老一折十御使貞玄常躰也、
一、海老一折十五新大納言御局ヘ、
一、准后様ゟ海老一折御拝領ニ付、鯣一折ニ被上、貞玄、

一、女御様ヘ赤飯一蓋鯣一折ニ御銚子加、御使右同人、女御様ゟ今日之黄金一枚御樽一荷箱肴二種被進也、
一、晝御祝赤飯〈白米三斗〉
夕御膳二汁五菜〈三方〉
清水谷殿外山殿清閑寺殿御出、
一、入木道御傳授ニ付、申中剋仙洞御所ヘ御参、御装束御袍御単張之御指貫下袴張之御檜扇平鞘御太刀、於御所御前ヘ御参前下結ニ被遊之由也、奉供略酉剋斗御退出、夫ゟ禁中様ヘ御参、戌剋斗

書陵部（三号）

還御、
一仙洞様〳〵以女房奉書青鷺一折ニ羽御拝領、為
御礼御使新大納言殿迨右近将監参、
八月八日、
一入木道御傳授ニ付、東寺弘法大師へ御代参貞
玄、十疋令持参、開帳祈念ス、護身法次ニ表白願（観音令叶冥加給、入木道奥義極）
文入木道灌頂之御悦無極給事奉祈也、次貞玄
尋常之祈念申畢、

〔御湯殿上日記〕
元禄十一年七月廿一日、ありす川の宮へ仙洞の
御かた御かくの御てんしゆあそはさ八候てあ
りす川の宮より御かいに御まなまいる、

〔完宮参内所日記〕
元禄十一年七月廿一日晴陰、（中略）晩頭式部卿宮
参入、被召于御書院、有入木道御傳授事、了而給御
盃、昆布一蚫、御陪膳押小路三位、御手長資順朝臣、役
一献、
送重仲、
御太刀一腰　昆布一折十把　鯣一折三
御樽一荷　御馬一疋代黄金十両
右為御祝儀式部卿宮献上、

〔有栖川宮家諸祝儀次第書〕○高松宮家蔵
（外題）
〔類聚宮使〕
入木道（元禄十一年）　雑賀
一同年七月廿一日、従仙洞御所入木道御傳授、仍
御献御太刀金馬代、昆布一折十はい鯣一折三、御
樽一荷被献、御使右近将監、
新大納言殿へ海老十五、御使同人、

元禄十一年十一月九日

明正天皇ノ三回御忌ニ當リ、般舟三昧院ニ参詣シ、尋イデ参院（靈元）シテ懺法講ヲ聽聞ス、翌十日、泉涌寺ニ参詣ス、

有栖川宮家司日記　○高松宮家蔵

元禄十一年十一月七日

一仙洞様許定衆ゟ依申来、豊前守参、明正院様御三回忌ニ付、御懺法講被仰付候、九日十日之内御参可被遊之由也、依之重而忝思召之由申参、

九日

一於仙洞御所御法事今日未剋被修、

御葩五十枚柳筥木尤可為柳札付、向後柳筥ニ可仕之由被仰付、

羊羹十棹、

右着直垂、辰中剋貞玄持参、使番取次所ヘ参、

親王方摂家方同前、

一午剋般舟院ヘ御成、御供常睦延、大夫ゟ御着用仙洞様ヘ御参、西剋還御、

一御参前葩五十枚柳筥椿、御使石見守着布直垂、般舟院ヘ持参、中間弐人、

十日、

一泉涌寺葩五十枚、柳筥椿、着布直垂、御待合御供申、

一巳剋泉涌寺ヘ御参詣、裏有御小直衣、昨日今日御供青侍四人近習弐人、自余如常、諸大夫ハ中間弐人袴斗御経箱持一人召連、

〔院中番衆所日記〕

元禄十一年十一月九日陰晴、依明正院三回聖忌有御佛事、以小御所中段設導場、南面、逮夜例時、（中略）依召參入之輩、式部卿宮・一條前關白・内大臣・權大納言愛宕・前大納言清水谷・前中納言、

着座公卿三條前内府・權大納言左兵衛督云々、

〔兼輝公記〕

元禄十一年十一月九日乙卯、晴陰不定、午刻着烏帽子小直衣指貫、詣般舟院、葩五十枚奉納、法會已終後也、於御位牌前燒香拜之、直退出、是依明正院三回御忌也、後聞、法會如法念佛、導師般舟院長老、着座公卿花山院大納言・權中納言云々、法會爲禁裏御沙汰被行之、

十日庚辰、朝間霧、辰斜晴、辰刻着烏帽子小直衣指貫、詣泉涌寺、葩五十枚奉納之、明正院三回御忌自禁裏依被修法會也、直向方丈、於御位牌前及御陵燒香拜之、法會未始以前也、法會理趣三昧、導師卓巖長老、

元禄十二年三月十四日

常陸國願入寺住職兼瑛慧明院ヲ和歌ノ門弟ト爲ス、

「有栖川宮家諸祝儀次第書」○高松宮家蔵

（外題）
「類聚宮使」

申物格

一、元禄十二年三月十四日、水戸恵明院殿和哥御門弟兼而依
願和哥入御覧度、依所労御礼延引、今日天嶋眞
光寺断ニ来、

元禄十二年四月一日

聖護院宮道尊親王、是ノ夜園城寺ニ於テ灌頂ヲ
遂ゲントス、仍リテ行中見舞ノ爲同寺ニ赴キ、歸
途唐崎ニ遊ブ、

編修課

「有栖川宮家司日記」○高松宮家蔵

元禄十二年三月廿日、
一長橋御局両傳ヘ明日三井寺ヘ聖門様御灌頂
ニ付御成之御断、
四月朔日
一聖門様御灌頂、御祝義使三井寺ヘ被進、大樽一
か三種箱肴被進、御使豊前守長上下、
一寅中刻三井寺ヘ御成、御宿坊迄御烏帽子御道服、御膳
出、末々迄御料理被下、畑柳圓御供被仰付、乘物
三人申付、（供奉略）御本坊ニ御成、御小直衣御宿
坊ヘ御帰、御道服ニ被召替、御園豊前御対面、
一還御之節、於唐崎濱、御酒上ル、御舟ニ召、山中越
還御、六條殿御出合有之、
二日
一聖門様ヘ、昨夜御灌頂、首尾能相済候哉、御見廻
使石見守、三井寺ヘ参、

元禄十二年七月十三日
一品ニ叙セラル、病篤キヲ以テナリ、乃チ使者ヲ
以テ、禁裏（東山）・仙洞（霊元）等ニ御禮ヲ言上ス、

〔有栖川宮日記〕○高松宮家蔵
元禄十二年七月十三日庚辰天晴
一万里小路弁殿伺公、唯今一品勅許之儀被仰出
候由被仰入、
一依御所労、為勅許御禮清閑寺中納言熈定ヲ以テ
御禮被仰上、
禁中様・仙洞様・女院様・准后様江清閑寺殿為御
礼御参也、
一女御様江一品勅許之儀被仰出、御使右馬権〔頭脱〕
一従女御様右御祝儀之御使錦部長門守、

編修課

一従女院様御祝儀使被進、
一従准后様右同断、
一賢宮様ゟ御祝儀御使
十四日辛巳天晴
一准后様へ一品勅許ニ付為御禮御使御肴一種
被進御使
一従女御様右之御祝儀使御目録被進
一昨日一品勅許ニ付、泉涌寺後西院様御廟へ粟
粟民部太輔殿御代参、
一賢宮様ゟ一品勅許御祝儀使被進、御進物有、

一従女院様ゟ〔衍カ〕御祝儀使被進
十八日乙酉天晴
一一品位記万里小路大納言淳房卿内之申剋持
参、

○下段史料（左右とも）の印影は朱の枠線で表示されている。

〔有栖川宮家司日記〕○高松宮家蔵

元禄十二年七月十三日、

一、一品之儀被仰入之由、清水谷殿梅小路殿御申
聞、

一、酉剋一品勅許、職事万里小路辨殿、被着御小直
衣御對面有、

右之為御礼御所方へ清閑寺殿御参、女御様へ右
馬権頭参、関白殿へも以御使被仰入、豊前守、

十四日、

一、一品勅許之御礼禁中様へ鮓一折二、准后様へ
塩厂一、女御様へ干鯛一箱、

十六日、

一、一品勅許之御礼仙洞様へ生鯛二、女院様へ鮓
二、禁裏准后御所へハ先日献上、女御様同事、

十八日、

一、位記万里小路弁殿御持参、

〔幸仁親王一品宣下位記〕○高松宮家蔵

二品幸仁親王

右可一品

中務恭居藩邸重熙梁園天官徳高歌林材大宜昇
榮級用申朝章可依前件主者施行、

元禄十二年七月十三日

無品中務卿邦永親王宣

正四位下行中務大輔臣菅原朝臣長時奉

従五位下守中務少輔兼行少内記臣中原朝臣職水行

正二位行権大納言臣資凞

正二位行権大納言臣伊季

正二位行権大納言臣通誠

（○十五名略）

権中納言従三位兼行左近衛権中将臣師孝等言

制書如右請奉

制附外施行謹言

元禄十二年七月十三日

制可

月日原時正四位下行大外記兼掃部頭造酒正中原朝臣師庸

左中辨宣顯

○上段左側史料の印影は朱の枠線で表示されている。

関白従一位朝臣
太政大臣闕
左大臣正二位朝臣
右大臣正二位朝臣
内大臣正二位朝臣
一品行式部卿幸仁親王
正二位行式部大輔豊長
参議従三位行左大弁尹隆
告一品幸仁親王奉
制書如右符到奉行

正四位下行少納言兼侍従式部少輔明経博士弘賢
大録
少録
少録
元禄十二年七月十三日

【基熈公記】
元禄十二年七月十三日庚辰、蔵人右少弁尚房有
勅問、来式部卿宮所労漸被及大切間、被申一品可
為何様哉、申云、不可及子細之由、尚房退出、
後聞、今夜式部卿宮一品勅許云々、

元禄十二年七月十六日
牛車宣下ヲ蒙ル、

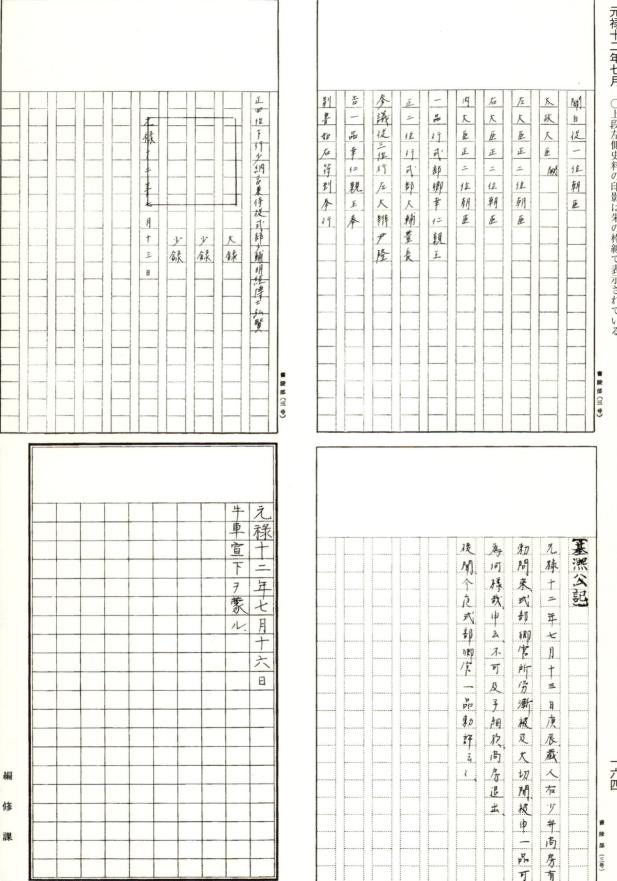

〔有栖川宮日記〕○高松宮家蔵

元禄十二年七月十六日癸未、天晴、
一、万里小路弁殿御参、牛車勅許之由被申入、
十八日乙酉、天晴、
一、牛車宣旨大外記師庸（狩衣）着、持参、於広御殿西庇間
木工頭枝久（狩衣）着、請取之、答宮乱筥返、則録（金二百疋、所紙認）
賜伍、一献祝之、

〔幸仁親王牛車宣旨〕○高松宮家蔵

従二位行権大納言藤原朝臣基量宣、奉勅、一品式
部卿幸仁親王宜令乗牛車出入宮中者、
元禄十二年七月十六日大外記兼掃部頭造酒正中原朝臣師庸奉

〔基熈公記〕

元禄十二年七月十六日癸未、源大納言為御使来、
出逢之処、傳倫命云、一品宮被申牛車、可及勅問哉、
但理運歟、於然者、速可被仰出、両端密々可申所存
旨也、余申云、凡為一品人、蒙牛車宣旨条、勿論之儀
歟、不及勅問、可有宣下歟、源大納言起座、為御使来
動座見送了、源大納言語云、一品宣下之事為消息
云々、近代依要脚、位記禄弁之事違怠、為消息宣下
条勿論也、牛車亦以同前也云々、尤可然事也、

〔基量卿記〕

元禄十二年七月十七日甲申、自右少弁宣下到来、
式部卿宮牛車宣下之事也、
（中略）
元禄十二年七月十六日　宣旨
一品式部卿幸仁親王宜令聴乗牛車出入宮
中事、
蔵人右少弁藤原尚房奉
右之宣旨早可令下知給之状如件、
七月十六日　右少弁尚房奉

進上　東園大納言殿

口宣一枚

一品式部卿幸仁親王宜令聴衆牛車出入宮

中事、

右宣旨奉入早可致下知之状如件、

七月十六日　　権大納言（花押）

大外記向

元禄十二年七月二十四日

豫テ労症ニ罹リシガ、暑氣ニ中リテ病勢昂進シ、是ノ夜終ニ薨ズ、年四十四、翌二十五日、薨去ノ旨披露シ、尋イデ入棺ノ儀ヲ行フ、朝廷東山ニ於テハ、二十五日ヨリ三箇日間廃朝ヲ仰出サレ、仙洞霊元ニ於テハ、三箇日間物音ヲ停メラル、

〔有栖川宮家司日記〕○高松宮家蔵

元禄十二年六月八日、

一、柳原殿へ遣御様躰書、

式部卿宮様御様躰書

一、四月上旬ゟ晩方悪寒折々被遊候故御薬差上ヶ申候、尤旧冬ゟ御眼疾ニ被為成候處、五月末ニハ何も御快御座候御事、

一、五月上旬ゟ御腹之脹少々御座候故御薬被召上、御針被遊候而御快御座候處、去ル三日夕方御風濕被為入、悪寒発熱御座候へ共、四日晩方御邪氣被散候、然共御腹之脹不被為止、五日ニハ弥甚御座候ニ付、向井元端被召窺候所、當分之御事ニて無御座候、少々御催被遊候御事と奉存候由、私共同前申候御事、

一、五日夜ニ入御機嫌不被為勝、御痞□（ママ）膓へ差上、御氣急短息ニ被為成、則御薬指上ヶ、其上御針被遊御静り候て六日、七日今朝ニ至テ打續宜方、先御同前之御様躰ニ御座候御事、

以上、

六月八日　　畑柳圓

田中知新

右此間山口安房守も御見廻ニ伺公程之事故、申遣ニ不及程義ニ候へ共、右之通故為持遣、昨日西池左近へ権頭入魂之上□(ママ)可然之由故如此、

一、賀茂社秡講中へ御祈祷申遣、六日ニ申遣太田社御□五先例申之由也、此度改向後御初尾可被上候由申、

一、伊勢へ御代参藤田大夫へ申遣、飛脚夜前申付発足、御初尾弐百疋、多賀社へ御代参右同人、御祈書付相添青銅十疋御初尾遣、

一、賀茂社へ御祈祷、自分之御祈喜内へ頼、

一、上御霊社へ御祈念青銅五十疋御初尾中川大学ゟ大炊助へ申、御秡箱来上ヶ則御頂戴、

九日、

一、女御様ゟ方〻御祈祷御秡被進、

賀茂社、太田社、吉田社、春日社、祇園社、

一、仙洞様ゟ花、准后様ゟ御見廻使之御礼使貞玄、

一、女御様ゟ七観音御祈念、巻数被進、

十二日、

一、女御様ゟ内侍所御千度御祈祷被遊由ニて、御久米鳥子一折、鯣十把、御酒荷桶壱、右被進、

一、伊勢大神宮御代参下向、藤田大夫ゟ一万度御秡御供、熨斗差上、多賀社御札持参、

十五日、

一、女御様ゟ伊勢、多賀御祈祷御秡被進、

廿二日、

一、傳奏衆へ申遣口上書、封ニテ六瀬伴衛門為持遣、

一、有栖川宮御所労、先頃畑柳圓、田中知新相認候御容躰書先達而進候通、御薬御相應ニて御機嫌少〻御快御座候へ共、柳圓御薬永〻被召上候故、昨晩ゟ向井元端御薬被召上候、御機嫌之義被為替候御事無御座候、為御届如此ニ御座候、以上、

卯六月廿二日

七月九日
一、四人御衆醫案可書付之由依之有之
有栖川様御容躰
先月五日初奉診御脈同廿一日〆御藥調
進仕候御容躰御思慮過多御心脾御不足
御鬱詰御兼被為遊候様ニ奉存甚了簡仕御
藥奉調進候處當八日迄ハ御小用多御通
可被為遊候様ニ御見へ被為成候へ共御
腹脹御同前ニ被為成候故御斷申上候以
上

七月九日
向井元端
有栖川様御容躰御脈奉診候處御心脾御
弱御痰御兼御腹脹被為遊候御事と奉存（被為遊候趣御水氣も御順）
候以上
七月九日
伊東玄壽
十日
一、津田孝安醫案
有栖川様奉診御病躰御脈候處愚意奉存候
ハ御脾胃之虚損兼湿痰被為遊候様ニ奉存
候長夏之湿熱ニ御感被為遊候故御腹満之

御義と奉察候以上
七月十日
法眼孝安
十四日
一、浦野道英口上書
有栖川様御服藥當月八日夜より私献上仕
候處至今朝別而御替被為遊候御儀も無御
座候御中御食餌少ゝ御減被為遊候御脈ハ
少ゝ御力附候様ニ奉診候御大小便御替も
無御座候御腹満御同前奉存候以上
七月十四日
法眼道英

式部卿宮御容躰書
一、御食事一日一夜ニ百三四拾匁之内外毎日
増減御座候而被召上候七日八日頃迄ハ常
御飯麦飯なと被召上候頃日者大方御茶漬
御粥ニて御座候御汁御味能時ニより御茶
碗ニ入候を一被召上候
一、御氣力御顔色ハ八日已来御同前ニ御座候
一、御腹之脹六月廿一日二日比〆ハ四五日打
續少宛御減被遊候其已後者御脹大方御同

前ニ御座候
右之通ニ御座候以上
七月十四日

右二通柳原殿へ為持遣新林吉左衛門　清閑寺殿御相談

十六日
一、今晩方瘀血御吐被遊ニ付道英召来

十八日
一、午剋高森正因安田立堅吉田栄安窺御脉医案
申、道英窺御脉少有御弱
有栖川宮様奉診御脉候処微弱ニ奉存候御
病症鼓脹失血御病因脾胃虚損心腎不足大
切之儀と奉存候御不食者暑気少相兼候か
と奉存候御療治之義難及愚案奉存候以上
七月十八日　法眼正因
有栖川様奉診御病躰候処鼓脹失血之御証
元来御脾胃虚損依之御腹腫脹と奉存候御

大切之御事ニ奉存候以上
七月十八日　法眼立堅
有栖川宮様御様躰奉診御脉候処御病症鼓
脹与奉存候脾胃御不定被遊候故右之御病
気指発申候ニ奉存候御大切之御所労与奉
診候以上
七月十八日　栄安
一、昨日伝奏衆へ之書付
式部卿宮御容躰書
へ

一、七月十四日ゟ御食事御粥御湯下惣目九十七
匁九分御気力御顔色此間と御同前ニ御座
候御腹脹も御同前ニ御座候御小用御飲水
考五歩御通少御座候
一、同十五日御食事御粥御湯下惣目百五拾三
匁、御気力御顔色昨日ゟハ少悪御座候御腹
脹御同前御飲水考三歩御通少〻御座候
一、同十六日御食事御粥三十六匁御気力昨日
御同前之内御草臥次第ニ被為見候御病躰
も昨日よりハ悪御座候御腹昨日よりハ強

被為脹候而難義被遊候御小用御飲水勘四
分余御通少夜中御胸悪其上暁方黒□血御
吐被遊候御腹も〉下り申候
一、同日奥谷以三、西三泊窺御脉候處諸醫同意
ニ申候
一、同日斉藤玄晧晩御方伺御脉申候
右之通ニ御座候以上
七月十七日　諸大夫二人
両傳雑掌
以上醫案

ヘ
式部卿宮様御病氣之事
一、御病症脹満
一、御脉右関脉虚弱ニ御座候右之尺中御脉浮
虚ニ御座候左関脉少力御座候而進申氣味
御座候
一、補御脾胃申候事本意ニ御座候ヘ共人参白
木之類ニてハ御腹中御脹其上御痞ニ成可
申上奉存候
一、御脹満之和申様ニ厚朴枳殻之類ニてハ御氣

分弥弱御成可被為成候依之右之両味之御
薬上ヶ不被申候と奉存候
一、黄芩ハ肺金ヲ冷クイタシ黄連ハ心火清可
申事ニ御座候ヘ共御熱無御座候故黄連黄
芩類御薬上ヶ不被申候
一、御腫氣之御薬ニ通利之剤上ヶ申候ハヽ下
部御脉虚弱ニ御座候間右通利之剤ニてハ
弥下部弱可有御座と奉存候
七月十六日　以上
ヘ

廿四日
一、今日御違例以之外也依之御連夜方不残御案内
申
一、勅使久世殿櫛笥殿清岡殿三度御出清閑寺殿
御使を取次
一、院使冷泉殿堀川殿御出同堂上御請
一、傳奏衆ヘ今日両度御容躰不宜由以口上書申
入
一、両傳ゟ豊前守迄御使式部卿宮御違例以之外
之由如何□(ムシ)存候就夫若及御大事候共何茂隠

密ニ仕此方ゟ御左右申入候迄ハ無御沙汰候
様御尤ニ存候由也、相心得申候由申進、則堂上
方へ申入御相談之上清閑寺殿正親町殿へ御
行相談候處夜明候迄之義と存候由也、若其内
事候ハヽ御療治分ニシテ御尤ニ存之由也
一式部卿宮段々御療治不相叶丑剋薨去、右之依子
細先柳原令御療治分ニシテ堂上共ニ御座有御
枕北ニ直

〔有栖川宮日記〕○高松宮家蔵

元禄十二年七月九日　丙子天陰
一伊東玄壽依召参上伺御脈医案申入
一向井元端御薬御断申上候ニ付昨晩ゟ浦野道
英御薬ニ被仰付候ニ付両傳へ口上書遣覚、新
林吉左衛門持参
一有栖川宮御所労先頃申入候通去月廿一日ゟ
向井元端御薬被召上御様躰御相應ニ御座候
處此一両日暑気當御草臥被遊候様ニ被為見
御食事等此中ゟ者御減少ニ御座候ニ付昨夜
ゟ浦野道英御薬ニ被仰付候為御届如此御座
候以上

有栖川宮御内
矢嶋豊前守
七月九日　藤木右馬権頭

柳原前大納言殿御内
堀内内蔵助殿
多田弾正殿
正親町前大納言殿御内
西池左近殿
岡田監物殿

十四日辛巳天晴
一両傳へ御様躰書為持遣、両通御使新林吉左衛
門
有栖川様御服薬当月八日之夜ゟも私献上仕
候處、今朝ニ至リ別而御受被遊候御儀も無御
座候、御中御食餌少く御減被為遊候、御脈者少
く御申付被遊候様ニ奉診候、御大小便御受も
無御座候、御腹張御同前ニ奉存候以上
七月十四日　法眼道英
式部卿宮御様躰書
一七月八日ゟ浦野道英御薬被召上候
一御食事一日一夜ニ百三四拾匁之内毎日増減

御座候而被召上候、
一、七日、八日比迄ハ常御飯麦入飯なと被召上候、
頃日者大方御茶漬御粥ニ而御座候、御汁、御味
訖時によりて御茶碗に入候を一被召上候、

一、御氣力御顔色ハ八日已来御同前ニ御座候、
一御腹之脹六月廿一日二日比占八四五日打續
少宛御減被遊候、其已後も御脹大方御同前ニ
御座候、
右之通ニ御座候、已上、
七月十四日
有栖川宮御内
矢嶋豊前守
藤木右馬権頭
柳原前大納言様御内
堀内内蔵助殿
多田弾正殿
正親町前大納言様御内
西池左京殿

岡田監物殿
十七日甲申天晴
一、有栖川宮御所労、浦野道英御薬被召上御容
躰御同前之内、御食事減少、御草臥も御座候ニ
付、達而御断御断被申上、齋藤玄皓ニ被仰付御薬
被召上候、為御届如此ニ御座候、以上、
七月十七日
藤木右馬権頭
矢嶋豊前守

一、齋藤玄皓（皓）亥刻参上、伺御脈、御薬重而調合
廿四日辛卯曇天
一、傳奏ノ衆へ御様躰書為持遣ス、
一、今晩御違例殊外御大切ニ付、清水殿、清閑寺殿
梅小路殿、竹内殿御詰、
一、式部卿宮様及御大切ニ付、色々御薬被上、元端
道英、栁圓、玄皓、梅安、知新、交之、窺御脈御療治不
相叶ニ付、御静ニ中臣様被遊丑刻薨去、
廿五日壬辰天陰少々雨降

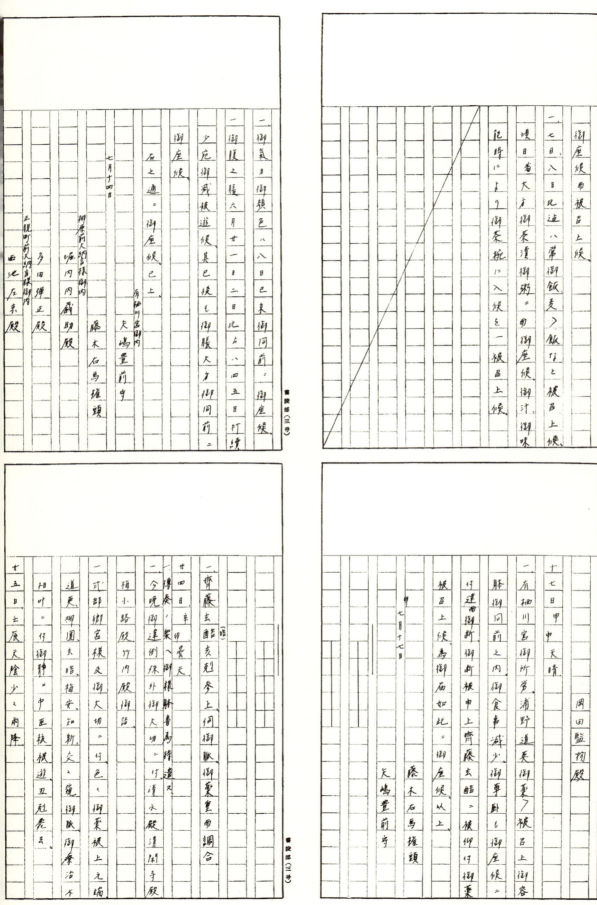

一先薨去之事無御沙汰ニ付、醫師相詰御附之堂
上方其侭御詰有之、辰刻御退出、醫師等ゝ退出、
一両傳ゟ最早可及御沙汰之由依申来則書付柳
原殿へ申遣、
口状之覚
昨日申入候通、式部卿宮御違例段々御草臥唯
今薨去ニ候、為御届如此ニ御座候、以上、
藤木右馬權頭
七月廿五日
矢嶋豊前守
柳原前大納言様御内
堀内内蔵助殿

正親町前大納言様御内
多田弾正殿
西池左近殿
岡田監物殿
右之通申遣處、重而手紙来、松平紀伊守山口
安房守ゟ薨去之刻限尋ニ来、此方ゟ之書付
五半ニ成故、辰半刻薨去之由申遣、為心得被
申越之由也、仍而表向辰半刻分也、
一御連枝方へも右之通故、彼方ゟ夜明御使参候
節右之段々申進、
一亥刻斗御入棺、御烏帽子、直衣、御末廣、御太刀了

或取香花供養之、篭僧了、稗貞蔵主、

基熙公記
元禄十二年七月廿四日辛卯、入夜亥刻半、従柳原前
大納言口状到来、一品式部卿宮所労既及危急之
由案内也、
廿五日壬辰、辰半刻許、従両傳奏有使、一品宮幸仁親王
薨旨也、此宮春秋四十四、日比所労内損云々、為女
御又可被極楽花之人、既薨、人間之習雖不足驚、於
其身惜哉々々、以使窺内院御気色、又進女御了、女御
今朝退出
里云々、
〔補注〕
従今日至廿七日三ヶ日廃朝、廿八日上格子云々、

〔院中番衆所日記〕

元禄十二年七月廿五日、今曉式部卿宮薨去、依之物音停止、自今日三ヶ日、

〔徳川實紀〕常憲院殿御實紀

さても延寶八年四月の初より厳有院殿例ならずなやませ給ひしが、やうやう御藥のしるしも見えず、御祈どもゝ殘所なく國々の諸社諸寺にて行はるゝといへどもさらに怠らせ給はず、貴賤なべてなげき奉る中にも、いまだ御代繼の若君ましまさねば、いづれをか定め奉るべきと宗室重臣等此事を議し申けるに、この公かねてより英明のきこえまし〳〵ければ、天意人望の歸する所をもて衆議一決し、かくと聞えあげしかは御所にもとよりかく思召ところなればとて速に召せらるべきの仰よりて、これは五月五日〔厳有院殿御實紀作六日〕の事なり、世に傳ふる所は此時大老酒井雅樂頭忠清はむかし鎌倉殿の御後絶しとき京に申て攝家の中の子一人請進らせて幕府の御後をつがしめ其後は又親王の中を申下して武家の主と仰ぎたる先蹤にならひ、有栖川殿をや申おろし御代つぎとせんと申ける、時の元老の申こと故各これに雷同せし中に堀田備中守正俊一人正議をとりて正しき御血脈の公達をすてゝいかに他より御後を立る理あらんと詞をはげしく申けるにぞ人みなこれに服しける、かくて備中守正俊のみ御前に出て此事聞えあげ雅樂頭忠清稲葉美濃守正則などいふ諸老臣は皆退朝せしめて後正俊一人が奉書をもて急にまうのぼり給へとありけり、此時供奉する家司め手間もなければ曽我周防守祐興ばかり御供せり、大手の御門にて牧野備後守成貞は追付しがはや殿中なり急なる召何事ぞと成貞心も安からず黒木書院まで御側はなれず參りければ備中守

正俊出て御前に導き奉る備後守成貞猶もをしすゝみければ正俊ひそかに成貞が袖をひかへ御吉事ぞ吾此詞たがはんには神明の在あり今は御前近し退くべしと申けるにぞ成貞も安心せりといふ、此等の事はもとよりあらはに記し置るべきにもあらねば公の記録などに書のせしものなし、されど此後忠清正俊が榮古得喪のさまをもて考ふるに、世に傳ふる所のごとくなるべきもしらず、よてしばらくその説をこゝに附しぬ、そも〳〵忠清が親王家一人申下して虚位を授りそれ權を専にせん事北條義時がごとくせむとはからひしものなりといへりしかれども當時三家はじめ諸老臣有智の輩なきにもあるべからず忠清ほどのものならずともかゝる淺露の計ひする様あるべからずこはその頃後宮の中に妊娠の女房あるよし聞えければもし男子ならば正しく正統をもて世つぎにせんものなりもし御連枝の方をもて御代つぎとせば其時彼を廢しこれを立る事なしがたし京より申請たる所ならんには廢立せん事いとやすければかの妊婦出産までの間は京家の公達もて御代つぎとせむとはからひしなりといへり、されど今をもて見る時は忠清が此擧いかにも上策とは申がたかるべし、

○延寶八年將軍徳川家綱死去ノ後、世継未タ定マラザル時、幸仁親王ヲ迎ヘテ將軍トセントスルモノアリ、参考トシテ收載ス、

元禄十二年七月二十九日
葬送ノ儀アリ、大徳寺龍光院ニ葬ル、追號ヲ本空院ト曰フ、

〔有栖川宮日記〕○高松宮家蔵

元禄十二年七月廿五日壬辰、天陰、少々雨降、

一御葬送日時幸徳井宮内へ勘可上之由申遣處、
奈良ニ有之、早速不立御用ニ付陰陽師若松儀大
夫勘上、

一御尊骸龍光院へ可被葬之由、故案内申遣、役者
両人来、則申談、御葬送御中陰四十九日御法事
料白銀五拾枚被遣之由申渡、諸山共内諷経外
諷経共御無用可給之由申遣、

廿九日丙申

一戌中刻御出門、廣御殿従中間御輴出、

（行列略）

一廣御殿庭上ゟ北惣門迄東松明二丁、上首諸大
夫、町中者挑燈斗、大徳寺四足門之内門入御輴
之、諸大夫四人着素服直垂、下臈二人東松明上
首二人捧香炉、於此所僧二人出向、先ニ之、大徳
寺一山掃除挑燈之、於龍光院客殿縁御引導梅岑
和尚、一山諷経、御太刀一腰木工頭渡之、次被葬御廟所、豊前
守右馬権頭残有之塔婆立后退出、次御法事聴聞之後退出、

一御引導后木工頭御名代令焼香、次諸大夫四人

焼香、

〔有栖川宮家司日記〕○高松宮家蔵

元禄十二年七月廿九日

一大徳寺御葬場為見分右馬権頭藤木隼人令同

遁行、
一、御出門前自御書院御棺廣御殿中間ニ北向ニ
御轅置御棺移龍、僧小性衆有之、南方階通一間
ニ御簾垂、外ハ戸さし置、入口両方ニ掛燈臺有、
平重門大門ニ大挑燈廣御殿庭同二置、
一、戌剋過相催御出門、此時ハ上首木工頭豊前守
松明取北之、於物門消之、町中者御挑燈斗也、路
次近衛殿久我殿徳大寺殿一乗院宮、其外挑燈
青侍出町中拝見人多、大徳寺四足門に入、松源
院門前ニ御轅居、此間於松源院諸大夫素服ニ

改持香炉取松明出向時、龍光院ノ僧両人出テ
御先ヘ令同導、大徳寺方丈為馳走寺内ニ挑燈
置、常楽院上角ノハ龍光院ノ挑燈立、御轅客殿
廣縁ニ畳構置其上ニ櫃ヲ置御轅ヲ置、右方ニ
布衣四人左方ニ諸大夫四人候、香炉ハ御轅左
右ニ置之、于時梅岑和尚令引導（豊前守右馬権頭出向テ一礼申各退出）、有御経（諷経）一山長
老退出之節、次ニ御太刀（了戒）武家御太刀（作）御引導前木工頭取出持居、
僧衆ニ渡之、可令焼香之由也、
多嘉宮様御名代焼香木工頭相勤退テ後自分
焼香、位次ニ随テ諸大夫四人令焼香、次ニ御盾ニ

御轅進、青侍六人 御盾勝堅 布衣四人、諸大夫弐
人兼松明上首二人ハ持香炉焼香、葬附ハ豊前
守右馬権頭役者両人付盾下知之、納奉ル、立塔
婆焼香シテ退出時於客殿有御法事、聴聞終焼
香、可令一飯給之由雖被申、断申退出丑剋、

〔有栖川宮系譜〕
後西院天皇第二皇子
幸仁親王
元禄十二年七月廿五日薨、四十四歳、同月廿
日葬于龍光院、号本空院宮、

［陵墓要覧］昭和四十九年版

三後西天皇

皇子幸仁親王墓（有）

京都府京都市北区紫野大徳寺町

大徳寺竜光院内有栖川宮墓地

宝篋印塔　本空院一品式部卿宮

好仁親王墓以下廿八墓同域

元禄一二、七、二五（二三五九、八、二〇）薨

［有栖川宮日記］○高松宮家蔵

元禄十二年九月三日戊辰天晴陰

一今日御塔立申ニ付、新林吉左衛門大徳寺へ参

五日庚午天陰

一大徳寺御塔今日出来

七日壬申雨天

一明日御塔供養料白銀弐枚被遣、

八日癸酉天晴

一御幢〔塔〕供養午剋被執行、藤本右馬権頭・戸田織部

山本杢頭・玉置平衛門、

元禄十二年九月八日

石塔竣成シ、是ノ日、供養アリ、寳篋印塔ナリ、

幸仁親王實録

室　某氏（眞）

眞

有栖川宮系譜

有栖川宮家司日記

父母未詳、幸仁親王ニ仕ヘ、延寶八年九月二十三日王女幸子女王ヲ出産ス、

編修課

（有栖川宮系譜）

幸仁親王

承秋門院幸子女王（東山天皇中宮）

所生家女房眞、

延寶八年九月廿三日御誕生、号英宮

（御系譜）○禁裏執次詰所本

有栖川殿

幸仁親王

承秋門院幸子女王、東山院女御

母家女房

天和元年（延宝八ノ）九月廿三日生、号英宮、

（尚房卿記）

享保五年二月十日、女院崩御、（中略）女院者後西院御孫、故一品式部卿幸仁親王第一女、母儀家女房、延宝八年降誕、元禄十年二月廿五日入東山院皇后ナル為女御、

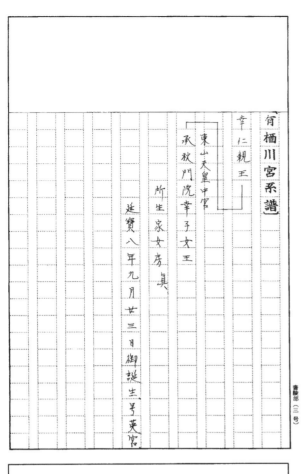

元禄十年六月十二日

幸仁親王ノ不興ヲ蒙ル。

〔有栖川宮家司日記〕○高松宮家蔵

元禄十年六月十二日、

一、錦部若狭守伺公、於御前如真事有沙汰、無御存知分ニて各別母子之情有間、大弐ヶ密ゝ軽事可被下哉、取次三人ニ豊前以心得可申談由也、御佗之義宝鏡寺宮・東三條殿雖被仰、絶テ難叶事之由也、

十五日、

一、女御様へ参、中務・能登守へ真之御方事申述、御佗之子細絶而無之事也、併存寄之所少ゝ御全杯密ゝ被下可然与、此分程之義ハ式部卿宮御存知若被遊候共、若ヶ間敷与て若州へも此間申之、御相談被成可然様、御尤之由申、

十一月廿二日

一錦部若狭守へ真之義御米之義申談、

元禄十三年八月十日

森若狭守ノ許ニ引取ラレ、五人扶持ヲ下サル、爾後ノ事蹟詳カナラズ、

〔有栖川宮家司日記〕○高松宮家蔵
元祿十三年六月廿二日、
一、山口中務忠伺公、式部卿宮御繪遣
○お眞殿事兼而大宮様御存生之時、思召之
根も物語仕ニ付申之由、此度大弐殿被申、先
ミ手前首尾能引取被居候ニ付、其養家頼用
意為拝領物之事、武家ヘも及沙汰冝候ハヽ
相談可仕之由御申候、兼而申談候、室ミ子細
も候ニ付申述候由也、成程其段承候而表向
兎角之義御挨拶可申入品無之候併内ミ承
候義も候ヘハ兎角首尾冝由ハ珍重ニ候由
申遣、
八月十日、
一、中務忠被申、お眞殿事森若狭守ヘ被引取、五人
扶持被下、落髪有之筈之由也、子達ハ若狭守ヘ
引取、何方ヘ被縁付可申由也、

幸仁親王實錄
室　某氏（壽昌院）
莎　有栖川宮家司日記
小少將　有栖川宮日記　有栖川宮家司日記
壽昌院　有栖川宮日記　有栖川宮家司日記
父母未詳、幸仁親王ニ仕ヘ、元祿四年九月二十四日、王女易子女王ヲ出産ス、

〔有栖川宮系譜〕

幸仁親王　後西院天皇第二皇子

承秋門院幸子女王　東山天皇中宮

皇子富貴宮　霊元天皇第九皇子

易子女王

所生家女房　茆、小少将、

元禄四年九月廿四日御誕生、号淑宮、享保十八年十二月十七日卒、号寿昌院梅室妙香、

元禄七年二月十一日

王子正仁親王ヲ出産ス、

〔有栖川宮系譜〕

幸仁親王　後西院天皇第二皇子

承秋門院幸子女王　東山天皇中宮

皇子富貴宮　霊元天皇第九皇子

易子女王

所生家女房　茆、小少将

元禄四年九月廿四日御誕生、号淑宮、享保十八年十二月十七日卒、号寿昌院梅室妙香

正仁親王　東山帝御猶子

所生家女房　寿昌院

元禄七年二月十一日御誕生、号多賀宮

（参考）

〔有栖川宮日記〕○高松宮家蔵

元禄十二年八月十一日丁未

一多嘉宮様御外祖母依十七年忌、御香奠二百疋

兒嶋意俊迄被遣、

〔按〕多嘉宮ノ外祖母ハ兒嶋氏ノ可能性アルモ、生母ノ氏姓ハ不明、

元禄九年五月九日
王子尊統親王ヲ出産ス、

〔有栖川宮日記〕○高松宮家蔵

元禄九年五月九日甲子
一辰上剋若宮御誕生、矢嶋豊前守貞玄宅ニテ御誕生、
一御末子御童名被進淳宮、丸、中鷹ニ御書付、清水谷大納言實業卿御筆、

〔有栖川宮系譜〕

幸仁親王 後西院天皇第二皇子

承秋門院幸子女王 東山天皇中宮

皇子富貴宮 霊元天皇第六皇子

易子女王
所生家女房莎小少将
享保十八年十二月十七日卒号壽昌院梅室妙香
元禄四年九月廿四日御誕生、号淑宮、

正仁親王 東山帝御猶子
所生家女房壽昌院、
元禄七年二月十一日御誕生、号多賀宮、

尊統入道親王 霊元帝御養子
御准母新大納言局
御母家女房壽昌院、
元禄九年五月九日御誕生、号淳宮、

元禄十一年正月二十三日
多嘉宮（正仁）親王ノ著袴ノ儀アリ、上皇（霊元）ノ仰ニ依リ、小少将ノ称ヲ賜ハル、

（有栖川宮家司日記）○高松宮家蔵

元禄十一年正月廿三日、天晴、

一、多嘉宮御着袴、

一、御母公お莎方改小少将、俊御乳改左兵衛督、

一、大宮ヨリ為御嘉義五百疋小少将御方へ、五百疋左兵衛督被下、

二月朔日、

一、小少将改之義仙洞御所兼〻仰之旨有之由候へ共、式部卿宮不寄思召其段有之、先頃清水谷殿参上之節仰之由ニて、御着袴幸之節也、御元服と申も間有之、兎角被相改可然之由仰ニ付如此、依之藤谷殿、梅小路殿、竹内殿（清水谷殿）へ小少将方ゟ被饗應之由也、

（包紙）「有栖川宮家諸祝儀次第書」

「御祝儀書類」

（小題）「元禄十一年寅
帥宮多嘉宮御着袴次第書　貞享玄月」

元禄十一年正月廿三日多嘉宮様御着袴、

一御母公お莎方改小少将、

俊御乳改左兵衛督、

元禄十一年七月十日

年八石及ビ女扶持二人ヲ給セラル、

〔有栖川宮家司日記〕○高松宮家蔵
元禄十一年七月十日、
一、小少將殿御拝當八石女扶持弐人被下之由、豊前守申渡向後者下女給分御手前可被遣之由
申渡、

元禄十二年七月二十九日
去ル二十四日、幸仁親王薨去シ、是ノ日、大徳寺龍光院ニ葬送アリ、乃チ禅宗ニ改宗シ、相國寺天啓
集伏ヲ戒師トシテ薙髪ス、

〔有栖川宮日記〕○高松宮家蔵
元禄十二年七月廿四日辛卯
一、今晩御違例殊外御大切ニ付、清水殿、清閑寺殿、
梅小路殿、竹内殿御詰、
一、式部卿宮様及御大切ニ付、色々御薬被上、元端
道英、柳圓玄眹、梅安、知新、交々窺御脈、御療治不
相叶ニ付、御静ニ中座被遊、丑刻薨去、
廿五日壬辰
一、両傳奏最早可及御沙汰之由依申来、則書付柳
原殿へ申遣、

口状之覚
昨日申入候通、式部卿宮御違例段々御草臥、唯
今薨去ニ候、為御届如此ニ御座候、以上、
七月廿五日　藤木右馬権頭
矢嶋豊前守
柳原前大納言様御内
堀内内蔵助殿
正親町前大納言様御内
多田弾正殿
西池左近殿
岡田監物殿
廿九日丙申

一今日午剋計小少將方改宗、禪、於御内佛前落髮サケ之ト成、戒師天啓和尚、
一戌中剋御出門、廣御殿從中間御轅出、
（行列略）
一廣御殿庭上ゟ北惣門迄東松明二丁上首諸大夫町中着挑燈斗、大德寺四足門之内門入御轅之、諸大夫四人着素服直垂、下﨟二人東松明上首二人持香炉、於此所僧二人出向、先ニ之大德寺一山掃除挑燈之、於龍光院客殿緣御引導、梅峯和尚一山諷經、御太刀一腰、木工頭渡之、次被舉御廟所、豐前

弁右馬權頭殘有之、塔婆之右退出、次御法事聽聞之後退出、

元祿十二年八月一日

大德寺ニ於テ幸仁親王ノ中陰法事行ハルルヲ以テ、參詣、聽聞ス、爾後九月十五日ノ盡七日忌ニ至ル迄屢〻同所ニ參詣ス、尋イデ十月六日、百箇日忌ニ當レルヲ以テ、同寺ノ廟所ニ參詣ス、

有栖川宮日記　○高松宮家藏

元祿十二年八月朔日丁酉
一大德寺御法事所詰番豐前弁、右馬權頭、素服直垂、中川大學、原平内、長上下、新林吉左衛門、六瀨体右衛門、
一巳剋斗宮方御參詣、多嘉宮樣常御着用、禎、御供侍三人、近習二人、淑宮樣御素服御着用、御供侍二人、近習二人、左兵衛督土佐奉成、
小少將方、少納言、中津、おりく、おさき、加法事御聽聞之後還御、

〈
六日壬寅天陰少〻風雨
一大徳寺へ詣、香矢嶋豊前守、薬師寺石見守、戸田
織部、藤木早人、新林吉左衛門、六瀬伴衛門今日
迄七日御法事被執行、施餓鬼一山僧中出仕也
九日乙巳天陰晴
一二七日御法事日中ニ有之、矢嶋豊前守、薬師寺
石見守、中川大学相詰、宮方御参不被遊ニ付御
名代御焼香豊前守相勤
十六日壬子天晴

一女御様ゟ参御香奠以御志之法事有之、御織法
被修行、仍而龍光院へ藤木右馬権頭、薬師寺石
見守、中川大学、新林吉左衛門相詰
一御小直衣被縫、打敷龍光院へ被遣
一巳刻斗淑宮様大徳寺へ御参、多嘉宮様御不快故御不参、小
少将、少納言御供、御法事御聴聞、未刻還御
廿三日己未天陰時々降雨
一四七日御法事依之、矢嶋豊前守、薬師寺石見守
中川大学相詰
廿五日辛酉雨天辰刻斗ゟ晴

一御月忌御法事半齋、藤木右馬権頭、山本杢頭、戸
田織部、新林吉左衛門参
一多嘉宮様、淑宮様辰下刻御参、小少将、小納言、中
津くら、土佐左兵衛督、午半刻還御
廿九日乙丑天晴
一女御様ゟ龍光院御牌前之戸張御寄進有
九月朔日丙寅天陰
一五七日御法事九時、矢嶋豊前守、薬師寺石見守、
戸田織部、大橋藤右衛門相詰
一巳刻斗淑宮様へ御参詣、小少将、中津、おりく、お

いく御供、稲野も御参、御法事御聴聞有之、還御
八日癸酉天晴

書陵部（三号）

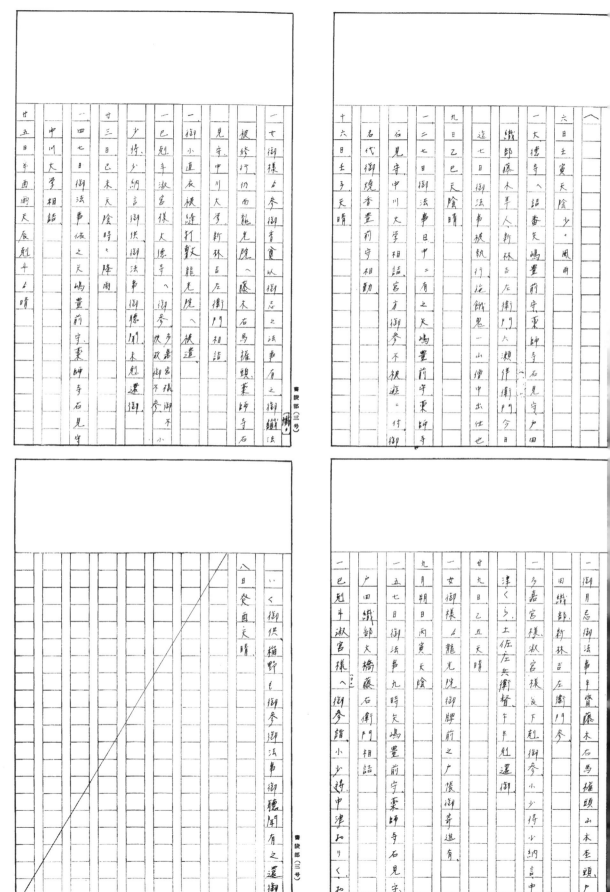

一、伏長老為御斎御出、柴田梅安御相伴、貞蔵主も
参、〔六〕二七日御法事今朝有、
一、宮様方御不参、小少将・右少納言参詣、
十五日庚辰雨天、
一、依七々日、御法事大徳寺へ、矢嶋豊前守・藤木右
馬権頭・戸田織部相詰、
一、巳剋、多喜宮様・淑宮様御参詣、小少将・少納言・中
津、藤木・おいく・おつな・おりく・おさき・おくら・お
くめ・貞壽・お吉ﾉ御詰、御法事御聴聞、午下剋還
御、
十月四日戊辰天晴

一、御百ヶ日御法事料白銀五枚、龍光院へ為持被
遣、御使新林吉左衛門、
六日庚午天陰
一、百ヶ日御法事、施餓鬼ニ付、龍光院へ矢嶋豊前
守、藤木右馬権頭　坊（アキママ）藤木喜内、波多監物長上
下着、
一、巳下剋、龍光院へ淑宮様・多喜宮様御相輿、御廟
参、大弐・小少将・小納言・中津・おさき・おくの・お綱
御供、午后剋還御、

正徳五年七月二十三日
承秋門院（東山天皇后、幸仁親王王女幸子女王、）ノ御招キニ依リ、其
ノ御所ニ参リ入、壽昌院ノ號ヲ賜ハル、

〔有栖川宮家司日記〕○高松宮家蔵
正徳五年七月十七日、天晴、
一、女院様ゟ新宰相殿御奉書左兵衛督宛所ニて来、
小少将方此度能序ニ候間、院号御付可被成之
由申来、則忝思召候、尚御参候而可被仰上候へ
共、先宜頼思召候由申参、
十九日、天曇、
一、伏長老ゟ小少将殿院号書付来、
一、女院様へ被窺、小少将殿院号五ツ書来之内、
壽昌院　智勝院　書付

備前守坂田ヘ對申上、壽昌院可然思召候、廿三日御裏日共ニ無之間可被仰之由也、

廿三日天晴、

一、今日小少將殿左兵衛督午下剋御参女院様御非時ニ召〆伺公、

一、小少將殿今日御非時ニ伺公、女院様ゟ壽昌院と名を付被下之由、備前御非時之節承帰而申上、則木工頭ニ先御礼被仰上、

一小少將殿申剋斗御歸、御名之義御礼被仰上、御嘉義等被仰、

廿六日天曇

一壽昌院殿御名御祝義今日御徳日共ニ無之故、帥宮様ゟ御祝義被進、御使備前守、

御樽代五百疋のし添

（中略）

女院様ゟ肱綿弐把被遣、

壽昌院殿ゟ為御礼五嶋鯣十五把上、

淑宮様ゟ御樽代五百疋のし添、

東御門跡ゟ御樽代五百疋のし添、

正徳五年八月二十三日

爾後合力米年三十俵十五石ヲ給セラル、

編修課

〔有栖川宮家日記〕○高松宮家藏

正徳五年八月廿三日

一壽昌院殿ヘ向後御合力米三拾俵被進、備前守申入、目録有、

右仕様　金ニ七石五斗被進、歳暮ニ七石五斗

壽昌院殿御扶持ハ御振廻、

召仕下女三人扶持御賄方構

給銀ハ壽昌院殿ゟ被下筈也、

享保二年八月六日
市中ニ借宅ヲ供與セラレ、是ノ日、移徙ス、

〔有栖川宮日記〕○高松宮家蔵
享保二年七月五日丁巳天晴
一壽昌院殿内々町宅願之儀今日首尾能被仰付
廿八日庚〔辰〕酉晴天
一壽昌院殿町宅被成候ニ付、矢嶋備前守借方ニ〔マヽ〕
書付傳奏衆へ遣ス留、御使水口元右衛門、
覚
一有栖川殿御家来　矢嶋備前守
烏丸通河端町鮫屋三郎左衛門家借宅、
右為御届如此御座候以上、

酉
七月廿八日
有栖川殿御内
藤木右馬權頭印
徳大寺右大將様御内
堀川播磨守殿
庭田前大納言様御内
小川飛彈守殿
水嶋右近殿
平山織部殿
八月六日丁亥天晴
一壽昌院殿今日町宅へ御移ニ付、宮様より為御祝儀ふき鯛一折ニ被遣、御使水口元右衛門、

享保十八年十二月十七日
豫テ病ミシガ、是ノ日死去ス、尋イデ大徳寺龍光院ニ葬送アリ、法名ヲ壽昌院梅室妙香大姉ト曰フ、

〔有栖川宮日記〕○高松宮家蔵

享保十八年十一月七日甲申、
一壽昌院殿去比ゟ病氣ニ付、岡松了安可見廻遣旨被仰遣、御使服部差次、
廿日丁子
一壽昌院殿病氣依不勝、矢嶋周防守参、
十二月七日甲未
一壽昌院殿去比ゟ病氣不勝ニ付、岡松良安見廻可遣旨御使服部善次
十二日乙子

此ノ後日記欠ク、

一壽昌院殿へ御病氣御尋鯛一折被遣、
十七日甲巳
一壽昌院殿御不出来ニ付、良安可参旨度々申遣ス、
一壽昌院殿辰剋死去、廉顕主馬庄左衛門相詰、
一室町へ淑君様御成、矢嶋悠歡参、畢々還御
一壽昌院殿死去之義御法會之内故無沙汰、田宮様明十八日御有卦入ニ付、旁故御沙汰不申也、
一壽昌院殿御葬送万端之義矢嶋悠歡松田主膳對談、大徳寺へ葬送政理首座ゟ申来、

〔龍光院所蔵文書〕

（包紙）
「従淑君御方
壽昌院妙香大姉祠堂施入銀請取一通留」
祠堂證文之事
一銀子三拾枚者
右
壽昌院梅室妙香大姉永代毎月忌霊供供養無懈怠可令執行候、仍而如件、
享保十九甲寅年三月廿七日
龍光院當住
戒林　朱印
松田主膳殿

有栖川宮実録　六

幸仁親王実録　四

有栖川宮實錄　六

幸仁親王實錄　四

有栖川宮實錄　六

幸仁親王實錄

王女　幸子女王　東山天皇皇后

王女　易子女王　東本願寺光性室

王子　正仁親王　有栖川宮第四代

實録編修用紙

幸仁親王實錄

王女　幸子女王　東山天皇實錄ヲ見ヨ

編修課

幸仁親王實錄

王女

易子女王

淑宮

有栖川宮日記

淑君

資廉日記　御湯殿上日記

寶性院

有栖川宮日記

幸仁親王ノ第二王女、母ハ某氏壽昌院ナリ、元祿四年九月二十四日誕生ス、幼稱ヲ淑宮ト稱ス、後易子ト命名ス、

編修課

〔有栖川宮系譜〕

幸仁親王　後西院天皇第二皇子

承秋門院幸子女王　東山天皇中宮

皇子冨貴宮　靈元天皇第六皇子

貞享五年戊辰八月八日御養子、

元祿八年乙亥九月廿八日御違變被召返、御相續

常盤井宮

易子女王

新生家女房　莎　小少将

書陵部（三号）

元祿四年辛未九月廿四日御誕生　号淑宮

書陵部（三号）

〔御系譜〕〇[illegible]所本

有栖川殿

幸仁親王

承秋門院幸子女王　東山院女御

母　家女房

女子

東本願寺光性室

母　同

元祿四年九月廿四日生　号淑宮

同十五年閏八月一日光性大僧正室相定

同十二月四日入輿　十二歳

書陵部（三号）

（日時勘文留）元禄四年

九月廿四日子時姫宮御誕生雑々日時

御ゆとのゝくをつくらるへき日時

今月廿五日ひのへね　時さる

御うふゆめしの日時

今月廿五日ひのへね時むま　きるの方ゟ流水をくまるへし

御ゑなをさめらるへき日時

今月廿八日つちのとのう　さるの方江おさめらるへし

御うふきぬめしの日時

今月廿九日かのへたつ時さる　さな[illegible]色をめさるへし

御うふかミたれらるへき日時

来月四日きのとのとり　時たつ

元禄四年九月廿五日　――　頭（花押）

書陵部（三号）

（有栖川宮日記）○高松宮家蔵

元禄六年九月廿四日乙丑天晴

一淑宮様御誕生日之為御祝、東三條様智徳院殿

御出、御振廻也、

元禄六年十一月五日

髮置ノ祝儀ヲ行フ、

編修課

〔有栖川宮日記〕○高松宮家蔵
元禄六年十一月五日。甲辰天晴
一。今日淑宮様御髪置御祝有。
一御霊社御代参豊御乳、
一東三條様智徳院殿英宮様御入御振廻也、

〔有栖川宮日記〕○高松宮家蔵
元禄八年十一月十六日。甲戌晴天
一。淑宮御着袴、南御居間於東間有其儀、北西南三方御簾掛、南方巻、北方ニ敷畳上茵為宮御座、其前ニ碁盤置右脇ニ泔坏、其外諸具柳筥居置雖非役送之儀豊前守着狩衣候、剋限有其儀、清水谷殿衛衣単二重事済后南方御簾垂而其前敷茵儲座、西方御簾巻淑宮御出北方ニ被着、南方ヘ清水谷亜相被着、不着茵式有、汁物二献出、陪膳女房、大弐浅野

元禄八年十一月十六日
着袴ノ儀ヲ行フ、

元禄十年三月十二日
弟多嘉宮正仁親王、淳宮尊統親王等ト倶ニ初メテ女御御殿ニ参入ス、去月二十五日、姉幸子女王、女御ト為リテ入内東山セルヲ以テナリ。爾後屢〻此ノ事アリ、

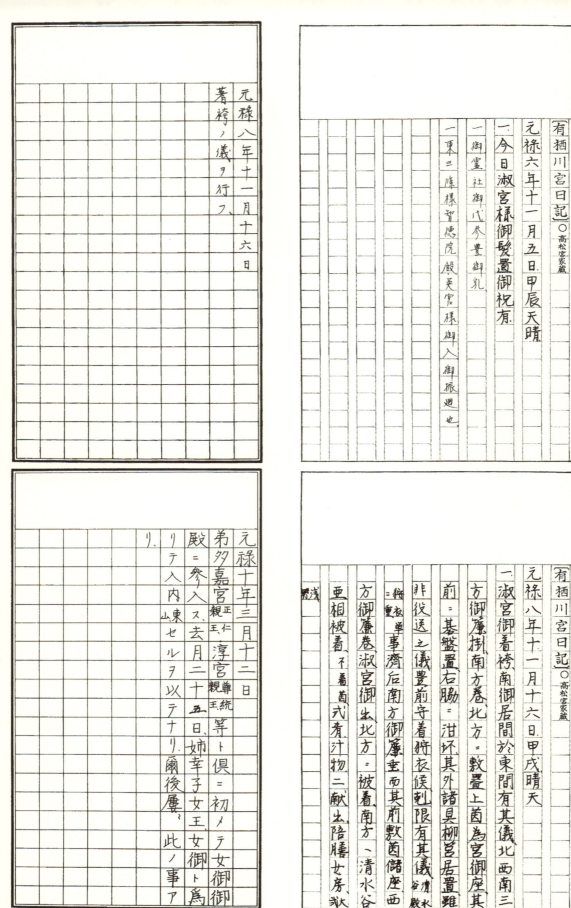

〔有栖川宮日記〕○高松宮家蔵

元禄十年三月十二日、辰天晴、
一、巳半刻淑宮様・多嘉宮様・淳宮様智徳院殿御同道ニ而女御様へ初而御成、
一、酉上刻淑宮様・多嘉丸様・淳丸様智徳院殿御同道ニ而還御、
山口中務丞・錦部若狭守今日宮様方初而御成御機嫌好還御御祝儀也、
七月十四日、壬辰天晴曇、
一、淑宮様・多嘉宮様・淳宮様為御礼女御様へ御成、
一、午刻計女御様へ御成未刻還御、
八月廿四日、辛未天晴、
一、巳下刻淑宮様・多嘉宮様、女御様御里之御所江御成申下刻還御、
九月三日、庚辰天晴、
一、午刻淑宮様・多嘉宮様女御様江御成、
十一月廿一日、丁酉天曇、
一、午半刻宮様方女御様へ御成淑宮様御宿、
廿三日、己亥天陰、
一、未下刻淑宮様還御為御供山口中務丞藤木主馬参上、

〔御湯殿上日記〕
元禄十年二月廿五日ミのこく女御入内、女御より御たる三か三しゆまいる、

元禄十年五月二十六日
女御御殿幸子女王ニ參リ、天皇東山ニ御對面、人形ヲ拜
領ス、

編修課

〔有栖川宮家司日記〕○高松宮家蔵
元禄十年五月廿六日
一、淑宮様女御様ヘ御成、網代輿、青侍二人、石見守、
主膳御供、
一、女御様ヘ淑宮様御成、禁裏御對面、御人形御拜領
之御礼使被進、豊前守、

書陵部（三号）

元禄十年八月二十三日
岡宮尊統親王初メテ參院靈元スルヲ以テ、同輿シテ參
院ス、

編修課

〔有栖川宮日記〕○高松宮家蔵
元禄十年八月廿三日庚午半陰半晴
一、午ノ上刻淳宮様御院参、青侍六人、御板輿四人
長上下諸大夫二人、貞玄、成宗、仙洞御所御輿寄ニ御輿入、御
供衆於新大納言殿御局御酒被下、令退出、御乳
豊御先ヘ参、今日淑宮様御相輿ニて御参有之、

書陵部（三号）

〔院中番衆所日記〕

元禄十年八月廿三日、淳宮被改岡宮、初而令参院給、式部卿宮参入、被賀岡宮参院事、於御書院御對面給、

御盃、不及御献之沙汰、御錫也、

元禄十一年四月六日

多嘉宮正仁親王ト倶ニ上賀茂社・太田社ニ参詣ス、

編修課

〔有栖川宮家司日記〕○高松宮家蔵

元禄十一年四月六日少雨、

一、淑宮様・多嘉宮様賀茂御社参、太田本社幣物十疋宛、右近将監御膳上ル、依之右近・母両人へ百疋宛被下、（供奉略）小少将方乗物其外歩行、貞ノ壽綱御供申、於正眞寺御膳上ル之由也、西下刻還御、

元禄十一年九月一日

多嘉宮正仁親王ト倶ニ御靈社ニ参詣ス、

編修課

〔有栖川宮家司日記〕○高松宮家蔵

元禄十一年八月卅日。

一、明日御霊社御湯可被上之由ニて、銀卅三匁別富へ為持遣、御使与衛門、

一、宮方御参詣故服者退出、

九月朔日。

一、御霊社へ巳剋御湯被上ニ付、淑宮様・多嘉宮様御成、御供右近将監・青侍弐人、御網代輿、小少将殿乗物、御菓子饅頭・粽等少々持参、

元禄十二年正月一日

内々紐直ノ祝儀ヲ行フ。

〔有栖川宮家司日記〕○高松宮家蔵

元禄十二年正月元日。

一、今日淑宮様御紐直、（御九才）上古無名目事之由故、表向御内ニて御嘉儀之無儀、従女御様御小袖二、織物御帯、（亀甲浮紋赤地）干鯛被進、御使長門守、奥之衆中少々御祝義被上之由也、然共表向不及御沙汰無御酒事故、諸大夫已下御祝義無沙汰也、女御様ゟ土佐へ百疋被下、

元禄十二年四月五日

下紐ノ祝ヲ行フ。

〔有栖川宮家司日記〕○高松宮家蔵

元禄十二年四月五日

一、淑宮御下紐従賢宮被進、於智徳院殿被遊、始被進、依之従賢宮御方御下紐二、紅白干鯛一箱被進、此方ゟ被遊初而赤飯一蓋貝蓋一折御銚子加被進、皆以女房文也、智徳院殿へ赤飯一蓋貝蓋一折御銚子加被進、女御様へ赤飯御重のし添被進、彼御方吉野紙十束被進、御内々祝赤飯如誕生日、

〔有栖川宮日記〕○高松宮家蔵

元禄十二年七月廿四日辛卯、

一、式部卿宮様及御大切ニ付、色々御薬被上、元端・道安・柳圓・玄皓・梅安・知新交々窺御脈御療治不相叶ニ付、御静ニ中座被遊、丑刻薨去、

廿五日壬辰、

一、両伝ゟ最早可及御沙汰之由、依申来、則書付柳原殿へ申遣、

口状之覚

昨日申入候通、式部卿宮御違例段々御草臥唯今薨去ニ候、為御届如此ニ御座候、以上

七月廿五日　藤木右馬権頭
　　　　　　矢嶋豊前守

柳原前大納言様御内
堀内内蔵助殿

多田弾正殿

正親町前大納言様御内
西池左近殿

岡田監物殿

廿九日丙申

一、戌中刻御出門、廣御殿縁中門御轅出、

（行列略）

元禄十二年八月一日

父幸仁親王去月二十四日薨去シ、二十九日大徳寺龍光院ニ葬送アリ、是ノ日ヨリ中陰法事行ハルルヲ以テ、素服ヲ著シテ龍光院ニ参詣シ、納経ス、爾後三七日忌（十六日）・初月忌（二十五日）・五七日忌（九月一日）・尽七日忌（十五日）ニ夫々同院ニ参詣シ、法事ヲ聴聞ス、

編修課

書陵部（三号）

一廣御殿庭上ゟ北惣門迄秉松明二丁、上首諸大
夫・町中者・挑燈斗、大徳寺四足門之内門入御轅
之、諸大夫四人着素服直垂、下﨟二人秉松明、上
首二人持香炉、於此所僧二人出向、先ニ之大徳
寺一山掃除挑燈之、於龍光院客殿縁御引導梅岑
和尚、山諷経、一御太刀一腰杢頭渡之、次被葬御廟所、豊前
守・右馬權頭殘有之、塔婆之后退出、次御法事聴聞之後退出、

〈

八月朔日丁酉天晴
一大徳寺御法事所詰番豊前守・右馬權頭、素服直
垂、中川大学・原平内、長上下、新林吉左衛門・六瀬
伴右衛門
一巳刻斗宮方御参詣、多嘉宮様常御着用御供侍三人近習二人、修淑宮
様御素服御着用御供侍二人近習二人、
一淑宮様斗ゟ御贈経、
十六日壬子天晴
（三七日）
一巳刻斗淑宮様大徳寺へ御参、多嘉宮様御不快故御不参、小
少将・少納言御供、御法事御聴聞、未刻還御、

廿五日辛酉雨天辰刻斗ゟ晴、
一御月忌御法事半齋藤木右馬權頭、山本杢頭、广
田織部、新林吉左衛門参、
一多嘉宮様淑宮様辰下刻御参、小少将、少納言、中
津くら、土佐左兵衛督、午半刻還御、
九月朔日丙寅天陰
一五七日御法事九時、矢嶋豊前守・薬師寺石見守・广
田織部・大橋右衛門相詰、
一巳刻斗淑宮様へ御参詣、小少将・中津おりくお
いく御供、稲野も御参、御法事御聴聞有之、還御、

十五日庚辰雨天
一依七々日御法事大徳寺へ矢嶋豊前守藤木右
馬權頭广田織部相詰、
一巳刻多嘉宮様淑宮様御参詣、小少将少納言中
津藤木おいくおつなおりくおさきおくらお
くめ貞壽お吉御詰、御法事御聴聞午下刻還御、

元禄十二年十月六日

幸仁親王ノ百箇日忌ニ依リ、大徳寺龍光院ノ廟所ニ参詣ス、

〔有栖川宮日記〕○高松宮家蔵

元禄十二年十月六日、庚午、天陰

一、百ヶ日御法事施餓鬼ニ付、龍光院へ矢嶋豊前守、藤木右馬権頭、布衣 藤木喜内、波多監物、長上下着、

一、巳下刻龍光院へ淑宮様、多喜宮様 御相與御廟参、大弐、小少将、少納言、中津、おこき、おくめ、お綱御供、午后刻還御、

元禄十三年七月二十五日

幸仁親王ノ一周忌ニ依リ、大徳寺龍光院ニ参詣シ、法華経ヲ供ヘ、法事ヲ聴聞ス、

〔有栖川宮家司日記〕○高松宮家蔵

元禄十三年七月十六日

一、本空院様御一周忌ニ付、為御香奠百疋波多度求五十疋監物献上之由、権頭迄申来、

廿日

一、龍光院ゟ圓徳来、御法事之書付来、

廿四日午時金剛経

廿五日施餓鬼朝六ツ之由

聴聞御出入衆斎可振廻之由也、

廿四日

一御逮夜御法事ニ付、四時矢嶋豊前守山本木工頭龍光院ヘ相詰、着布直垂、中間草履取挟箱持相連、右刻右馬権頭参詣、淑宮様ゟ法花経一部折本、柳筥ニ居以中高包之、以白紅水引結付札淑宮御方、小少將方ゟ御香奠弐百疋、

（中略）

右令持参、

廿五日天晴

一巳剋施餓鬼、衆僧六十五人、有齋、長老退出之節貞玄一礼申、

一多嘉宮様御半元、淑宮様御法事御聴聞、多嘉宮様ハ依御違例早還御也、小少將来物三人中間少納言来物御乳両人駕篭、

元禄十三年九月十日
上賀茂大田社ノ眷子ト為ル

［有栖川宮家司日記］〇高松宮家蔵

元禄十三年九月十日、

一、淑宮様太田社御源五ニ被為成、今日御祈也、料米三斗（アキマヽ）被遣、御師藤木縫殿御内少々御酒被下、御祝有之、

元禄十四年三月二十八日

昨二十七日、多嘉宮正仁親王ト倶ニ女御御殿幸子女王ニ参入シテ逗留、是ノ日、禁裏東山ノ御能ヲ拝見ス、

〔有栖川宮家司日記〕○高松宮家蔵

元禄十四年三月廿七日、

一、明日御能ニ付、両宮女御様ヘ御成、

廿八日、

一、女御様ヘ御祝義使貞玄、

一、両宮還御、

〔御湯殿上日記〕

元禄十四年三月廿八日御のふ有、仙洞の御かた御幸成、御しうきまいる、宮の御かたなる女院ノ御かたより御まなまいる

元禄十四年四月二十三日

上皇霊元ノ御仰ニ依リ、多嘉宮正仁親王ト倶ニ仙洞ノ御能ヲ拝見ス、

〔有栖川宮日記〕○高松宮家蔵

元禄十三年三月廿五日、戊午、天晴、

一、淑宮様にも御能之節御参可被遊之由、重而仙洞様之趣竹内殿ゟ被仰入、併明日之御能者御延引之由也、重而御能之節□（公之）御成之様ニ被仰出候由也、

〔有栖川宮家司日記〕○高松宮家蔵

元禄十四年四月廿三日、

一、今日御能ニ付仙洞様へ生鯛一折ニ被献、御直庐ヶ御成故新大納言殿へ井籠二組被進、御使被進、

一、辰下剋仙洞様へ御成、淑宮様御同道、御召物半尻御袴、横目扇、御髪全本結、御守刀、御板輿、御供豊前守、小性衆二人、侍衆三人、御門之番衆下ル

一、礼申、淑宮様御召物白御袖、御下帯、御髪かもじ無、御さけ也、網代御輿、木工頭、小性衆一人、侍二

人、御乳人両人乗物也、

〔院中番衆所日記〕

元禄十四年四月廿三日、於弘御所前有猿楽、太夫渋谷三郎右衛門、

番組

翁　賀茂　八嶋　住吉詣　羅生門　鸚鵡小町　吉野静　三笑　放下僧　海人　蟻通　御乞能　自然居士　女郎花　橋弁慶　祝言

元禄十四年七月二十五日

幸仁親王ノ三回忌ニ依リ、大徳寺龍光院ニ参詣シ法事ヲ聴聞ス、

〔有栖川宮日記〕○高松宮家蔵

元禄十四年七月廿四日己酉、天晴

一本空院様就三回御忌、御速夜御法事有之ニ付、藤木右馬権頭、中川大学、新林吉左衛門、堀崎与右衛門相詰、諸大夫布直垂、近習長上下、

一淑宮様ゟ御贈経、御内之者共奉納物、今朝藤木右馬権頭持参、

廿五日庚戌、天晴

一御法事付矢嶋豊前守、中川大学、新林吉左衛門、美濃部九郎左衛門未明ゟ相詰、諸大夫布直垂、近習長上下、

一巳刻有栖川様御供藤木隼人、同主殿、岡本右京、青侍三人、藤木右馬権頭、淑宮様、御供川添玄蕃、藤木豊後守青侍二人、小少将方、中津（略。中）御供、御法事相済未刻還御、

元禄十四年十二月二十一日

水痘ニ罹リシガ、軽症ニシテ、是ノ日、酒湯ニ浴ス、

〔有栖川宮家司日記〕○高松宮家蔵
元禄十四年十二月廿一日、
一、淑宮様此間御水痘軽御容躰故御出来物有之
由ニて御沙汰無之、今日御湯如法ニテ召之、御
祝義仲安等被下物右之通故無御沙汰也、
元禄十五年三月二十六日
昨二十五日、夕嘉宮(正仁)親王ト倶ニ女御御殿(幸子女王)ニ参入シテ逗留、是ノ日、禁裏(東山)ノ御能ヲ拝見ス、
〔有栖川宮日記〕○高松宮家蔵
元禄十五年三月廿五日、丙午、曇天、
一、従女御様明日禁裏様御能被仰付候間、御二御
所様なから今晩より御成被遊候様ニと被仰進、
一、申剋女御様へ御二方御成、明日御能依有之御
宿小少将御供、
廿六日、丁未、
一、今日禁裏様御能有之ニ付、昨晩より女御様御成
御家来御能拝見之儀、昨日木坂雅楽助ヲ以テ
如例帯刀拝見之儀、曽祢能登守へ申入、無別条
段申来、則参拝見、
〔中略〕
一、□半剋従女御様御二御所還御、

〔御湯殿上日記〕
元禄十五年三月廿六日御のゝ有仙洞の御かた
御幸なる御しうきにまき御まなまいる女院ノ
御かた御幸なる御まなはなまいる

元禄十五年閏八月一日
東本願寺門主光性トノ縁約ヲ聴許セラル、

有栖川宮家諸祝儀次第書　○高松宮家蔵
（包紙）
「御入輿記」
（外題）
「御入輿始終日次私記」
一八月朔日宝鏡寺様ゟ申来万里殿御出之由ニ
て参松雨軒宗芳院殿表向ニて以万里小路殿
〔朱書〕
表申入（元禄十五年）
被申入
淑宮様御義東本願寺へ被申請度由也
万里殿御物語江戸へ被窺候事大門跡有之候
へハ直ニ被窺候ヘハ共唯今自分之事ニ候ヘハ
坊官家老ゟ申も如何ニ候間以中井主水使源
八松平紀伊守殿家老へ被相尋之処紀伊守殿
御申ハ御肝煎結構成御事ニ候弥首尾相調候
様御尤之由也、左候ハヽ其許ゟも有栖川殿ゟ
も被仰下ニ而可有之候其上関東へ窺可申之
由也又御道具之儀者如何様ニも可被仰付之
由坊官家老申之由也
右之通御両人御相談此上者殿并御相談之上
傳奏衆へ被仰入被窺叡慮迄之由也猶其節彼
方へも可申遣之由也罷帰可申上之由ニて退
出女御様ニ御成故参小少将殿へ右之通申入

処則被申上之由也
一右刻高野殿ヘ御口上書令持参御留主故伊織 （集書 傳奏）（三日）
ニ相渡令退出柳原殿ヘ参（○中略）中奉書折紙ニ
シテ書之
御口上之覚
有栖川殿御姉淑姫君御方御十ニ歳東本願
寺御門跡ゟ御縁組被有之度由ニ御座候ニ
付御治定被成度候此段宜様ニ御沙汰頼思
召候以上
八月三日　有栖川殿御内
藤木右馬権頭

矢嶋豊前守
柳原前大納言様御内
堀内内蔵助殿
多田弾正殿
高野前中納言様御内
渡辺伊織殿
中村主計殿
壬八月朔日
一柳原殿ゟ豊前守御用之間可参之由依申来則 （集書 傳奏治定）
参処堀内内蔵助中村主計両人対シテ被申渡
最前被仰下候淑宮様東本願寺ヘ御縁組之儀
公武之義被窺候処無御別条候間御勝手次第

書陵部（三号）

ニ御治定可被成之由ニ御座候則松平紀伊守
ゟも被申越候故申入候由也承之罷帰申入重
而呼ニ来多田弾正被申聞禁裏様ヘハ儀（議）奏衆
迄無御別条之由被仰出奈思召之由非蔵人口
ニて儀（議）奏衆迄御使被遣御尤之由将又松平紀
伊守ヘも御聞届無御別条之由御満悦之旨被
仰遣可然と存候間御両所共ニ明日四過迄之
内御使被進御尤之由先刻由落之由也
一右之為御返事柳原殿高野殿ヘ御使藤木右馬 （集書 傳奏）
権頭参御申入候通御聞届被遊候無御別条之

書陵部（三号）

由被仰出御満悦之由申参其外御付届之御方
無之候武御幼少之御事候間御心付可被進之
由申被遣処可為此分之由也
一女御様ヘ右之通申上夫ゟ宝鏡寺様ヘ為御使 （集書 御治定）
参淑宮様御事東本願寺ヘ御縁組之義公武之
儀被窺候処無御別条候間御勝手次第ニ御治
定候様ニ傳奏衆ゟ由参候間弥御治定可被成
之由本願寺御門跡ヘも被仰傳被進候様ニ申
参御対面御口祝被下御心得之由也則栄芳院
殿御前ニ御居合掛御目申平

書陵部（三号）

〔有栖川宮家司日記〕○高松宮家蔵

元禄十五年八月三日

一今日依吉日傳奏衆へ昨日御相談之義申参、先
柳原殿へ申参処、取次弾正御口上弥御無事候
哉、然者有栖川殿御姉姫君之儀、東本願寺ゟ被
有御縁組度之由ニ御座候故、御治定被成度思
召候、万端宜様ニ御沙汰頼思召候由申入処、御
心得之由也、尚高野殿へ可参候（中略）則高野殿
へ参申入処、御聞届被成候、御口上書入候間、認
可越之由（中略）則相認入御覧之処、増減書付相
極被帰候て清書可持参之由申退出、
一万里小路殿へ参、掛御目右之通申入（中略）御口
上書淑宮之御名書様御尋申所、宮と八如何ニ
思召候、御姉淑姫君と入可然之由也、
一傳奏衆へ口上書令持参候故、清閑寺殿へ参、今
日口上書吉日故持参申所、二枚書付参子細者
先日も御寄合御相談之時、淑宮と八被書間敷
由申故、先ニ相認持参、

有栖川殿御姉姫君（淑宮）御方御十二歳、東本願寺〆

有栖川殿御姉淑姫君御方御十二歳

如此之処、兎角淑宮と八無用之由御申ニ付、旁
頭両人共ニ後々之為候間如此書付（中略）此方
ゟ八親王御家八若君姫君と被仰、上ゟ八何之
宮と御賞翫ニて被仰事也、此方相談之上候間、
左様ニ可仕之由御申ニ付、諸事御差図故不及
是非、其之通之口上書令持参、
一高野殿へ御口上書持参、御留主故折紙相渡、令
退出、柳原殿へも参、右之通之由、依御差図高野
殿へ持参候旨申置、中奉書折紙ニシテ相認、

御口上之覚

有栖川殿御姉淑姫君御方御十二歳、東本願
寺御門跡ゟ御縁組被有之度由ニ御座候ニ
付、御治定被成度候、此段宜様ニ御沙汰頼思
召候、以上、

八月三日

有栖川殿御内
藤木右馬権頭

柳原前大納言様御内　矢嶋豊前守

堀内内蔵助殿

多田弾正殿

高野前中納言様御内

渡辺伊織殿

中村主計殿

相渡令退出、

（資廉日記）

元禄十五年八月七日、東本願寺へ有栖川宮姉公

淑君婚礼事被願、則令披露、可達関東旨被仰了、

閏八月一日、（上略）又有栖川宮姉君東本願寺へ婚

礼事、同被仰出令申渡了、

元禄十五年九月十三日

女御幸子女王ノ思召ニ依リ、紋ヲ瓜内ニ三裏菊ト定

ム、

（有栖川宮家司日記）○高松宮家蔵

元禄十五年九月十三日、

一、淑宮様御紋、此度瓜内ニ三裏菊ニ相極事、女御

様思召之由也、直之宮ナラテハ表菊有之間敷

由御沙汰有之故之由ニ付、如此被仰出之由、密

々之事也、今日聞之、小少将殿被窺時之思召歟、

元禄十五年九月十六日
結納ノ儀ヲ行フ、乃チ東本願寺門主光性ノ使者来邸シ、祝儀ノ目録ヲ贈リ、口上ヲ述ブ、

（有栖川宮家司日記）○高松宮家蔵
元禄十五年壬八月十六日。
一、御結入之日限之義、女御様ヘ被窺処、勘被仰付、重而可被仰出之由也、小川政之助義大弐迄可申入処、不及御断事之由也、小少将殿御参被申入、
廿六日。
一、女御様ゟ来月十六日御結入之吉日之由、小少将方迄申参、
九月朔日。

一、万里小路殿御出、御結入之日限来十六日可然之由女御様ゟ被仰出候由申、六条ヘ明日可被仰遣之由也、
十六日。
一、辰半刻東本願寺御門跡御使者来、中川大学かちん長上下
一、御進物請取
一、本使栗津右近布直垂、添使七里新忠嘉琳上下長袴、伺公之時戸田織部かちん長上下御玄関ニ出向テ御広間通置、
一、矢嶋豊前守布直垂出、戸田織部引合御口上ヲ聞テ退、有栖川宮ヘ御口上ニ叔宮御方ヘ御進物ノ儀申、次ニ女御御方ヘ献上之御口上聞了、次ニ川原権進常長上下出、知徳院殿ヘ之御口上聞之退、
次ニ小少将方ヘ御口上、戸田織部聞之、
次ニ持参太刀有之由織部聞之退、右之次第添使聞セ如此、
一、相伴人岡本播磨狩衣出、可令挨拶、
一、山本木工頭布直垂、藤木右馬権頭布直垂出、対而右豊前守御口上申上之通申可祝之由ヲ述テ退、

雑煮平折敷吸物同土器肴巻鰑塩鮎三献ニて
盃可納、
右之給仕人熨斗目着用侍六人、
一、藤木右馬権頭布直垂出追付可有御對面之
由申、廊下角ニ通置、此間ニ御前之義豊前守使者ニ申談、此間添使ハ
御廣間ニ有之、
一、御對面、先戸田織部御目録折三鯛一持参、御前ニ
置、
小サ刀撤栗津右近被召出、豊前守披露、
詞、本願寺御門跡ノ御使栗津右近、今度御結入之為御祝儀御目録上通被進セス

刀持参シテ給之、頂戴シテ次間ニ使者退、重
而罷出御礼申、刀ヲ不帯、
詞、御刀拝領之御礼、
其上ニ御酒一献可加時、公家衆一度ニ有御
挨拶、豊前守進出テ盃可納、使者退テ扣居、
雉子羽盛藤木縫殿取テ退、
御盃藤木隼人取テ退
御前退出シテ自分太刀、右近持参シテ三間
之内敷居ゟ間半先ニ置テ庇間ニ退出時、戸
田織部披露シテ御礼申、太刀大学出テ納之、

ル、
使者御礼申、戸田織部出、御目録納、
御盃藤木隼人、長上下持参シテ殿上人ニ渡、此時殿上人御前ニ進、
御銚子藤木主殿着用同持参シテ殿上人ニ渡、両口御銚子包片口、
雉子羽盛藤木縫殿着用同持参シテ殿上人渡、
殿上人御酒二献供之、而御盃ヲ取テ銚子ニ
戴有氣色時、中川大学かちん長上下進行テ
御杓ヲ替、御盃持退テ頂戴之所ニ扣居、使者
進テ御盃ヲ頂戴、
殿上人御有被下、頂戴シテ退時、右馬権頭御

一、本使添使於御廣間御料理三汁七菜御酒三
献目ニ豊前守、右馬権頭出以新盃可有盃、豊
前守呑、両人初往反済テ御盃臺出、使者呑始、此時
地謡五人出、謡高砂、及数献、豊前守呑納、
一、料理御茶済、右馬権頭出、御書院ニ通置、添使
ハ織部令同道、
一、女御御方御口上荒木對馬守申、長上下、
有栖川宮御口上豊前守、
淑宮御方ヘ御祝義入御念之由申斗也、
次ニ有栖川宮ゟ右近ヘ銀三枚付臺被下、

次ニ添使新忠ニ銀二枚、付臺被下、右馬権頭
渡之、右之役人熨斗目着、侍御廣間ニ令同
道、

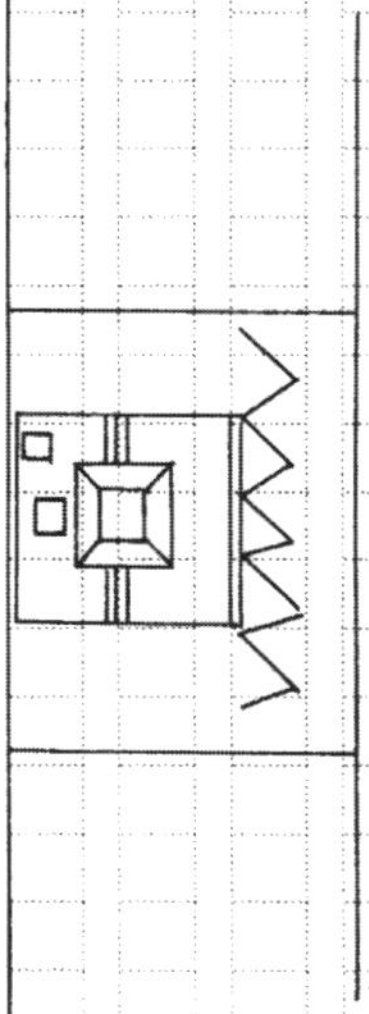

一、於御廣間智徳院殿御返事川原権進、上下二
具被下、
次ニ小少将方御請、戸田織部申、使者退出、

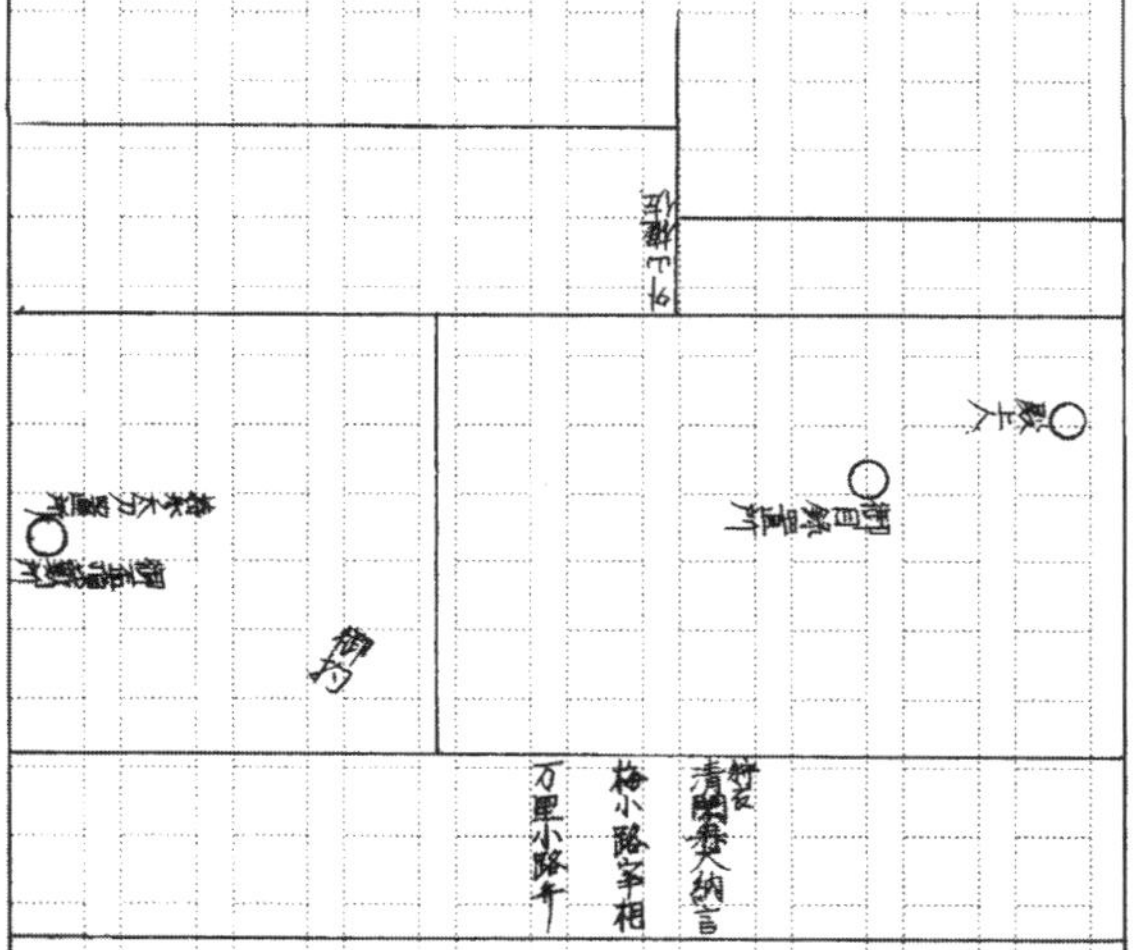

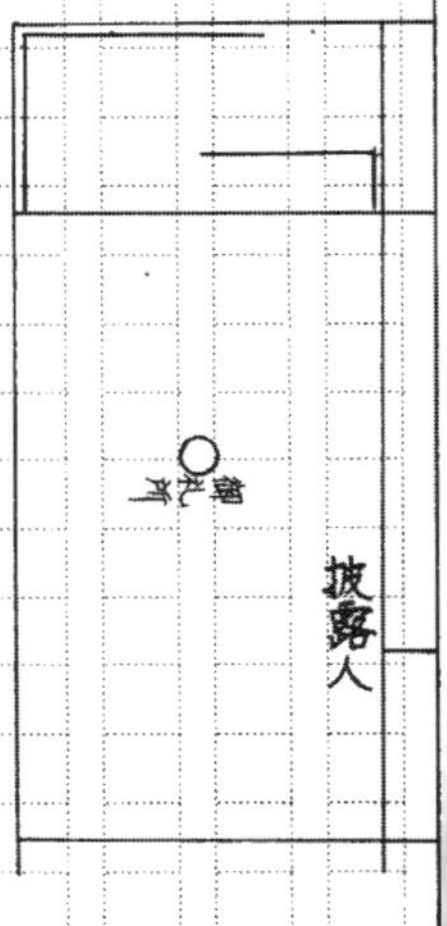

一、清閑寺大納言殿、梅小路宰相殿、万里小路辨殿
御着座、有御陪膳、外山左兵衛権佐殿、
一、宮御装束御乱髪、御半尻、御袴、
一、被下御刀、宗吉、白鮫茶柄、茶下緒、袋同、裏同色
緒、
一、羽盛松重薄様ニ盛之、御銚子松重薄様ヲ以テ

片口ヲ包、
一、淑宮様御進物請取
一、白銀　百枚
一、唐織　二巻
一、昆布　一折三十把
一、白鳥　一箱二羽
一、鯣　一折三十連
一、干鰤　一折三十連
一、塩鯛　一折三十枚
一、御樽　十荷

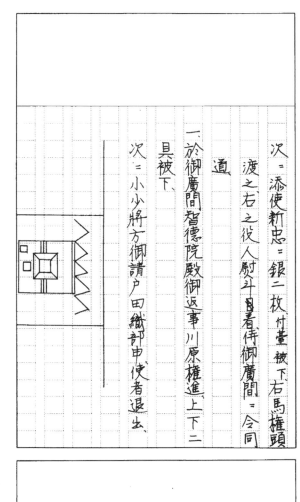

右淑宮御方へ
一、銀子　　十枚
一、綸紗　白赤　二巻
右土佐へ
右之通請取申所如件、
午九月十六日　　矢嶋豊前守印
粟津右近殿
一、有栖川様へ　鯛一折三
女御様へ　鯛一折三
智徳院殿へ　鯛一折二

鯛一折ニ小少将御方へ
一、宮様方壱汁五菜公家衆同前殿上人ハ足打、御出入御
家来等一汁三菜、晝赤飯御吸物、
一、於御書院公家衆御料理出之御酒宴地謡等罷
出テ謡万歳、
一、右之後於御座間有御酒宴、謡之及夜半、
一、藤木九左衛門初而御目見有之由権頭於御次
披露之由聞之、貞玄不知之、翌晩相尋テ聞也、不
審之事也、
一、内玄関 御進物筆領弐人金百疋宛被下、

新内玄関 同足軽弐人鳥目五十疋宛被下、
御膳部ヘ 御進物持人足四拾六人鳥目廿貫文被下、
右之分赤飯御酒被下、家来分廿壱人有之、同若
薫六人是ハ侍並ニ平折敷ニて赤飯御酒被下、
依其品御馳走も取替、
一、奏者間三方ニ御簾掛、御玄関三方同掛、御書院
へ之口〻并廊下御書院一色掛之、御膳間并座（上段奏者向公家衆伺公之間御座間）
取闕為一間不掛御簾、

元禄十五年九月二十七日
内侍所ニ参拝シ、御鈴料ヲ上ル、

〔有栖川宮家司日記〕○高松宮家蔵

元禄十五年九月廿六日、

一、淑宮様明日内侍所へ御参之由ニて、女御様へ御成、

廿七日、

一、内侍所へ御参ニ付、女御様へ御成、夕嘉宮様抔前ゟ御神事、御鈴料百疋、淑宮様ゟも百疋被上、両宮様申下剋還御、

元禄十五年九月二十九日

夕嘉宮（正仁親王）ト倶ニ参院（霊元）シ、御能ヲ拝見ス、是ノ日、新上西門院ニ対面ス、

〔有栖川宮家司日記〕○高松宮家蔵

元禄十五年九月廿八日、

一、仙洞様へ鱧一折ニ被献、明日御能ニ御参ニ付被献、御使右馬権頭、

廿九日、

一、卯上剋夕嘉宮様御成、侍三人近習二人右馬権頭、淑宮様御成、侍二人近習二人左兵衛督土佐、乗物二丁、御輿寄土戸際ニて下乗、仙洞様御輿寄ゟ御輿入、表仕出向両宮様へ御人形二、淑宮様ゟ御張子御人形夕嘉宮様ゟ被進、夕嘉宮様御見髪御袴御小袖段子、

一、仙洞様ゟ還御酉剋、御灯燈七、

今日女院様へも御対面之由、淑宮様御有付有之故姫宮様方御一所ニ御見物之由、夕嘉宮様両宮様御一所之由也、

〔院中番衆所日記〕
元禄十五年九月廿九日、於弘御所前庭有猿楽、観
世太夫、御扇被下也、清閑寺前大納言被取傳之、
番組
翁　高砂　八島　檜垣　船弁慶　三輪
羅生門　芦川　梅枝御之能　小鍛冶同上　乱

元禄十五年十月二十一日
清水谷實業ニ就キテ伊勢物語ヲ習ヒ始ム、爾後
數度此ノ事アリテ、十一月十九日講竟ル、

〔有栖川宮家司日記〕○高松宮家蔵
元禄十五年十月廿日、
一、清水谷殿へ御使、伊勢物語淑宮様御習之義、以
清閑寺殿被仰入處、御同心ニて御満悦思召候、
則明廿一日吉日候間、御出可被進之由ニて御
使参、右馬權頭、
廿一日、
一、清水谷殿伏長老御出、於表御座間淑宮様御對
面、伊勢物語御習始有之、仙洞様へ不審之所御
窺之上御教之由也、御吸物御酒出御料理箏出、
上﨟御出御聞也、
廿六日、
一、清水谷殿御出、伊勢物語御教、夕御料理出、
廿九日、
一、清水谷殿御出、伊勢物語御教、
十一月二日、
一、清水谷殿御出、伊勢物語御教、
四日、
一、清水谷殿御出、伊勢物語御習有、
十一月

一清水谷殿御出、伊勢物語御教、

十九日

一清水谷殿御出伊勢物語御習今日ニて相済、

元禄十五年十一月十三日

近ク東本願寺ニ入輿スルヲ以テ、多嘉宮(正仁親王)ヨリ餞別ヲ贈ラル、又二十六日、父幸仁親王ノ遺物ヲ頂戴ス、

「有栖川宮家諸祝儀次第書」。高松宮家蔵

(包紙)「御入輿記」

(外題)「御入輿始終日次　私記」

(元禄十五年)

十一月十三日

(朱書)「御餞」

一淑宮様へ有栖川様より為御餞被進、

三代集　中山大納言篤親卿筆　外題正親町前大納言基時卿筆

御硯箱　馬蒔絵田付常忠作　一面

蒔絵御文匣　紅緒環

御空焼貝　香盆梨地菊高蒔絵

火取同籠銀　御薫物香合銀

御焼貝入銀　香匙火箸銀

灰押銀鍰銀火間見銀

御屏風　永真押絵　一双

色紙　鳥子奉書　二束

錫一箱

右小少将方御披露、

廿六日

(朱書)「故宮被進御道具」

一淑宮様へ被進本空院様御筆物其外御道具等

今日被進、小少将方へ渡、

後西院様御懐紙一枚　聞扌寿衣

後水尾院様御色紙一幅、小しきの
聖廟御法楽十首、五首ハ一品宮御詠
故一品宮御懐紙一枚
同御散書一枚春〻小八
同御絵布袋一枚
御伽羅三種桂、もしほ御留木
御薫物三種玉椿新枕弘人、
御硯一面　御筆三對　蒔絵□
御筆架きりん唐金
以上
元禄十五年十一月二十日
含鐵漿ヲ行フ、以テ齒黑目ニ代フルナリ、
〔有栖川宮家司日記〕○高松宮家蔵
元禄十五年十一月廿日
一未剋淑宮様御ふくゝ金上ル、御歯黒目と言事
御十二才迄無之ニ付如此、仍御祝之義無之、
元禄十五年十一月二十六日
近ク東本願寺ニ入輿スルヲ以テ、是ノ日、参内東山シテ御暇ヲ奏シ、餞別トシテ三十六人寄合書歌仙手鑑ヲ拝領ス、尋イデ二十八日、仙洞御所靈元ニ参リ、御暇ヲ奏ス、上皇及ビ新上西門院ヨリ夫々祝品ヲ賜ハリ、又女御幸子女王ヨリ使者ヲ以テ餞別ヲ賜ハル、十二月一日、上皇ヨリ餞別トシテ御懐紙手鑑ヲ拝領ス、

〔有栖川宮家司日記〕〇高松宮家蔵
元禄十五年十一月廿六日
一禁裏様へ長橋殿ゟ淑宮様御参、昨日女御様ゟ
李細被仰進（〇供奉略）長橋御取次所奥間へ御輿入
上臈ハ差口間へ乗物入、土佐浅田ハ御物師局
へ行、透垣之外ゟ下乗、御着用物白地赤地白黒
御袴、御供女房白赤縫箔かも｜三十六人寄合
有、御手鏡御拝領也、従此方生鯛一折ニ禁中様
へ御献上、女御様へも御肴一折被上、
廿八日

一未刻斗淑宮様仙洞様へ御成、御供御参内同前
也、右馬権頭御供、岡宮様亀宮様多喜宮様へ人
形等御土産有、御輿寄ゟ御参上臈御輿寄之端
間へ乗物入、土佐浅田土戸外ゟ下乗御拝領物
御香合二
御帯二、女院様ゟ大帛弐、

〔御湯殿上日記〕
元禄十五年十一月廿六日よしの宮御かたなる
御まなまいるゝなたより御てかゝみまいる、

〔有栖川宮家諸祝儀次第書〕〇高松宮家蔵
（包紙）
「御入輿記
（外題）
「御入輿始終日次　私記」
（元禄十五年）
十一月廿六日
（朱書）
「御参内」
一禁裏様へ御成、昨日女御様ゟ李細被仰進、長橋
殿ゟ淑宮様御参（〇供奉略）長橋御取次所奥間へ御
輿入、上臈ハ差口之間へ乗物入、土佐浅田ハ透
垣之外ゟ下、御物師局ゟ参、
御着用　白御小袖地赤地白、御袴黒
御供女房　白赤縫箔かも｜掛、

一　御献上物　生鯛一折　二
女御様へ御肴一折
一　御拝領物　三十六人寄合書哥仙手鑑
廿八日（朱書「新参院」）
一　仙洞様へ生鯛一折　二　被献、淑宮様今日依召御参ニ付也、新大納言殿へ鮑一折　十　御使豊前守、
一　女御様ゟ御餞御使長門守、
御側棚　開戸御引出　黒塗蒔絵
御屏風一双　金花鳥押絵　哥色々色紙形　生鯛一折　二
一　仙洞様へ未刻斗淑宮様御成、御供如御参内、諸大夫右馬権頭、
御輿寄ゟ御参、上臈乗物御輿寄端間ニ入、土佐
浅田土戸外ゟ下乗、
國宮様亀宮様多喜宮様へ人形等御土産有、
女院様へも御肴被献、新大納言殿御差図、
一　仙洞様ゟ御香箱二御帯二筋御拝領、
一　女院様ゟ大御帛二御拝領、
十二月朔日晴天
一　仙洞様ゟ淑宮御方へ為御餞別、
一　座御懐紙手鑑一冊、題春山如圖畫、縮緬十巻、
紅白生鯛一折　二、

元禄十五年十二月四日
東本願寺門主光性眞如ノ許ニ入輿、婚儀ヲ擧グ、

〔有栖川宮家諸祝儀次第書〕。高松宮家蔵
（包紙）
「御入輿記」
（外題）
「御入輿始終日次　私記」
（元禄十五年）
十一月三日
（朱書）「日時勘文」
一幸德井宮内御婚礼之日時勘文持参、
極月四日　庚辰　時申
依之御酒被下、御祝義百足被下、
十二月朔日晴天
（朱書）「御道具参事」
一酉刻御門内灯燈五御庭五立之、
御道具被遣、御書院御庭ゟ行列立出、

行列（列記在上）於六條御道具以目録宇野内記
へ渡、各封付、
家老中不残出向、御使ニ逢被申之由也、為御祝
義侍分雜煮御酒惣下之赤飯御酒被下、
四日
一内侍所御鈴被上料百足、
一方〻ゟ御祝義来、赤飯御酒被下、御引八御由緒
之方斗被下、
一禁裏様ゟ御使三沢伊賀守以女房奉書被進
紗綾五巻鴈一羽御樽一荷

右御口上雖無之御對面、伊賀守被召出清閑寺
殿有御挨拶、
（請文略）
淑宮様へ女房奉書おつや御れう人へまいる、
縮緬三巻昆布一箱、鯣一箱、干鯛一箱御樽一荷
右刻御礼使中川大学参、今日故諸大夫ニて無
之不苦之由清閑寺殿御了簡也、
（朱書）「御迎」
一午刻六条ゟ為御迎行列奉行頭上田織部冨井
主水、行列奉行八人召連伺公、素襖廿人青侍四
十人灯燈持七十人、乗物者四十一人、輿添廿四

人其外又者来、
右刻石井隼人・松尾勘解由伺公、
一申半刻御送少納言藤木網御先へ参待合、御迎
（朱書）「御入輿」
ニ御輿入時出向、
一御出門前淑宮様多嘉宮様式肴三献有御祝義、
一行列申刻ゟ立酉上刻御出門、（行列別記在上）
御輿之内火取を入、御薫物焼之、
御着用物（在前定書付）召仕同前、
御下簾御簾等之儀小少将御方御乳人役之
御廣間（御簾掛燈臺）　御庭灯燈

中間御轅　　両間上﨟乗物
　庭上御乳人乗物、残分ハ御局ゟ乗、
御轅布衣舁出、　上﨟乗物青侍、
御庭ゟ御先へ諸大夫二人御門内迄松明秉之、
路次之義非常之儀等御供不残申聞書付有、兼
而行列奉行聞也、
御出門已後於四足御門庭火焼、八時ニ申付、
六條寺内ゟ御轅先布衣并青侍、其次白張廿人
松明立、
淑宮様御殿方御臺所門之外南方ニ粟津右近

七里大弐御迎ニ出向有之、藤木豊後守進而有
挨拶、
淑宮様御門北方圖子ニ御轅ゑ立、兼而示合置
両方段子幕張塞、其内へ上﨟御乳人乗物同並
居テ、於此所有御用意窺御機嫌御鈴以鳴聲御
轅之者参如元行列戌中刻御着、
御輿入之儀、御供之儀其外乗物御道具等之儀
兼而以書付申度道也、其書付　別記在之、

【御湯殿上日記】
元禄十五年十二月四日、よし君の御かたひかし
もんせきへこんれいの御しうき、ありす河宮へ
御たる壹か二しゆ、白さや五まきまいる、よし君
の御かたへ御たる壹か二しゆ、赤白ちりめん三
まきまいる、
十二日よし君御かたより御はふたへ五は、御た
る壹か三しゆまいる、

【基熈公記】
元禄十五年十二月四日東本願寺有嫁娵事、式
部卿宮第二宮、女御妹也、今日被向本願寺、此宮十二歳、
行粧美麗云々、

【季連宿禰記】

元禄十五年十二月四日、庚辰、東本願寺前大僧正光性被迎有栖川殿姫宮、女御御妹云々、今度姫宮御方令入東本願寺給、路頭貴賤為群拳見之、

【東本願寺家譜】

第十四世 光瑛
├─ 第十五世 光晴 ─ 第十七世 光性（法号真如、天和二年二月十日生、延享元年十月二日没）
│　　└─ 性如、光乗、女子、真葉、真瀅、女子、女子、第十九世 光遍
└─ 第十六世 光海
　　└─ 海慧 ─ 第十八世 光超

事蹟

第十七世光性、法號真如、別號愚海、光晴第七子、光海従子、母某氏、天和二年二月十日生、為摂政近衛家熈猶子、而為叔父光海法嗣、元禄六年八月二十八日得度、直叙法眼、十二月十九日任大僧都、七年二月八日叙法印、十年九月三十日轉正僧正、十三年四月為住職、十四年六月十六日任大僧正、十六年三月二十八日大谷堂宇成、正徳元年修宗祖四百五十年忌辰法會、二年三月大阪管刹成、元文元年山科管刹成、四年三月十五日本山大門成、延享元年十月二日没、年六十三、号功徳聚院、歴住四十五年、

寶永四年五月十一日
男子性如ヲ出産ス、

〔有栖川宮日記〕○高松宮家蔵
寶永四年五月十一日壬戌、
一巳刻斗淑宮様御平産、御男子御誕生之由申参、
一御平産ニ付、矢嶋豊前守被進、則相詰、申刻罷帰、

〔有栖川宮系譜〕
幸仁親王
易子女王
所生家女房 菊、小少将　享保十八年十二月十七日卒、号壽昌院梅室妙香
元祿四年九月廿四日御誕生、号淑宮、
元祿十五年後八月二日、御縁約東本願寺真如上人光性
同年十二月四日御入輿、
性如
寶永四年五月十一日誕生、号光君、
正徳元年四月八日早逝、同月十日葬、
号光雲院、

享保十八年十二月十七日
生母壽昌院病篤キヲ以テ、其ノ室町ノ宅ニ之レヲ見舞フ、是ノ日壽昌院死去シ、尋イデ大徳寺龍光院ニ葬送アリ、

〔有栖川宮日記〕○高松宮家蔵

享保十八年十二月十七日甲巳

一壽昌院殿御不出来ニ付、良安可参旨度々申遣ス、

一壽昌院殿辰刻死去、廉顕、主馬、庄左衛門相詰、

一室町ヘ淑君様御成、矢嶋悠歓参、早々還御、

一壽昌院殿御葬送万端之義矢嶋悠歓、松田主膳對談、大徳寺ヘ葬送攻理首座ヘ申来、

享保十九年正月二十日

生母壽昌院ノ五七日忌ニ依リ、大徳寺龍光院ニ於テ法事ヲ修ス、尋イデ三月二十七日、百箇日忌ニ當リ、菩提ノ爲龍光院ニ祠堂銀ヲ納ム、

〔有栖川宮日記〕○高松宮家蔵

享保十九年正月廿日丁酉

一壽昌院殿五七日ニ付、於大徳寺従淑君様御法事被仰付、依之龍光院ヘ御香奠金弐百疋被遣

御使中川舎人 尉斗目 半上下

三月廿七日癸卯

一壽昌院殿百ヶ日ニ付、大徳寺ヘ御花一筒被備

御代参矢嶋周防守、

一淑君様ヘ壽昌院殿百ヶ日ニ付、為御見廻朧饅頭一折被進、清田分文ニ而参、

〔龍光院所蔵文書〕

（包紙）従淑君御方

壽昌院妙香大姉祠堂施入銀請取四通留

享保十九甲寅年三月廿七日

祠堂證文之事

一銀子三拾枚者

右

壽昌院梅室妙香大姉永代毎月忌霊供供養無懈怠可令執行候、仍而如件、

享保十九甲寅年三月廿七日

龍光院當住 茂林 朱印

松田主膳殿

延享元年十月二日
東本願寺門主光性眞如死去ス、仍リテ薙髪シテ實性院ト號ス、

〔東本願寺家譜〕
事蹟
第十七世光性、法號眞如、別號愚海、光晴第七子、光海從子、母某氏、天和二年二月十日生、（中略）延享元年十月二日沒、年六十三、号功徳聚院、歴住四十五年、

〔有栖川宮日記〕○高松宮家蔵
延享元年十月二日乙巳
一東御門主昨子剋遷化ニ付、新御門主へ御悔使被遣、御使三宅雅樂、
淑君様樂邦院殿へも同断、
十六日己未
一東御門主へ御膝中為御尋蔦十箱被遣、常陸宮様ゟ御傳言、
一實性院様へ右為御見廻素麺一折十五把被進、常陸宮様ゟ御傳言、御使三宅雅樂

〔有栖川宮系譜〕
幸仁親王
　易子女王
（中略）
延享元年十月二日落飾、号院号　五十五、

寛延二年七月十七日
死去ス、年五十九、法名ヲ實性院如幸ト曰フ、

〔有栖川宮日記〕 ○高松宮家蔵

寛延二年七月十七日癸亥天晴
一未明之比山本因幡守、鈴木修理口上徒行使ニ而、昨夜八ツ時ゟ実性院様御不例之故申入候、
辰君様ヘも右御傳可被下旨、仍即刻御使冊内被遣処、実性院様御中症ニ而御薬参姜湯御大切之旨申来、
一東御門主家司中ゟ実性院様御様躰御勝不被成由書状来、其後弥御大切之旨使来、

一実性院様ヘ為御見廻御使相模被遣、其後壹岐守被遣、東御門主御返答度々御使被遣忝旨御様躰ハ甚御大切之由也、
一実性院様ヘ御不例御見廻御使川崎大学、
一東御門主坊官下間大蔵卿家老飯田大膳ゟ只今実性院様御遷化之由書状来、即刻山本因幡守被遣、
一白川殿ヘ御用有之先刻正親被遣処他出之処、其後ニ位殿被参ニ付御直ニ実性院様薨去ニ付御忌之義御尋之所、雪而御忌ハ不被為有候旨御申上故、御心喪之事御尋被遊候ヘハ、其義ニも不被為及候得共、一日或二日限ニ御心喪被遊、御参内等不被遊候ヘハ宜被為有候御急度御心喪と無之様ニ被為有可然旨御申上ニ付、今日ゟ明日中御心喪ニ御治定被仰出、

〔有栖川宮系譜〕

幸仁親王┐
　　　　└易子女王

（中略）

寛延二年七月十七日薨、五十九歳、
号實性院宮如幸、

寛延二年七月二十三日
葬送ノ儀アリ、東山大谷ノ墓所ニ葬ル、

〔有栖川宮日記〕○高松宮家蔵

寛延二年七月廿三日己巳天晴
一實性院様今日卯半刻御葬送ニ付、御使山本因
幡守着用狩衣、
右ニ付御香奠金三百疋、三部經被備、
常陸宮様ゟ御花三十枚被備、御使右同人、

〔皇統譜録〕圖書寮　大正四年

大谷光性室易子之履歴取調方依頼之件、
皇統譜登録上必要有之候ニ付、大僧正光性室易
子（有栖川宮幸仁親王第二王女）ノ御履歴中左記
ノ事項御取調御回答相煩シ度、此段及御依頼候
也、

大正四年十月十六日

圖書頭

東京市麹町區霞関二番地

伯爵　大谷光瑩宛

記

一葬送年月日及墓所

以上

圖普第貳壹參號ヲ以テ御照會相成候大僧正光性室易子葬送ノ年月及墓所取調候處左記ノ通リ有之候条此段及御回答候也、

大正四年拾月　日

大谷光瑩

圖書頭理學博士山口鋭之助殿

左記

一葬送　寛延二年七月廿三日

一墓所　東山大谷

幸仁親王實錄

王子　正仁親王

正仁親王實錄ヲ見ヨ

有栖川宮実録　七

幸仁親王実録　五

有栖川宮實錄　七

幸仁親王實錄　五

有栖川宮實錄　七

幸仁親王實錄

王子　尊統親王

幸仁親王實錄

王子　尊統親王

淳丸　有栖川宮日記

淳宮　有栖川宮日記　院中番衆所日記

周宮　有栖川宮日記　院中番衆所日記

良邦　禁裏番衆所日記　章弘宿禰記

知恩院宮　禁裏番衆所日記　基長卿記

壽經光院　知恩院日鑑　有栖川宮家司日記

幸仁親王ノ第二王子、母ハ某氏（壽昌院）ナリ、元祿九年五月九日、諸大夫矢島貞玄（豐前守）宅ニ於テ誕生ス、淳丸ト稱ス、翌十日、胞衣ヲ聖護院森ニ埋ム、

〔有栖川宮日記〕○高松宮家蔵

元禄九年五月九日、甲子、天晴

一、辰上剋若宮御誕生、矢嶋豊前守貞去宅ニテ御誕生、

一、御末子御童名被進淳《アツ》丸、中鷹ニ御書付、清水谷大納言實業卿御筆、

右御肴一種被添、矢嶋豊前守宅へ藤木右近将監持参ス、

〔有栖川宮日記〕○高松宮家蔵

元禄九年五月十日乙丑

一今晩淳丸様御胞衣被納御吉方丙ノ方聖護院森、時支ノ剋也被納馬淵織部、足之源左衛門被遣、

〔有栖川宮系譜〕

幸仁親王　後西院天皇第二皇子

承秋門院幸子女王　東山天皇中宮

皇子冨貴宮　霊元天皇第六皇子

貞享五年戊辰八月八日御養子、

元禄八年乙亥九月廿八日御違變被召返、御相續

常盤井宮、

易子女王

斯生家女房　莎　小少将

元禄四年辛未九月廿四日御誕生、　号淑宮、

正仁親王　東山帝御猶子

尊統入道親王　霊元帝御猶子　御准母新大納言局

御母家女房壽昌院

元禄九年丙子五月九日御誕生、　号淳宮、

〔御系譜〕○禁裏執次詰所本

有栖川殿

幸仁親王

承秋門院　幸子女王　東山院女御

母　家女房

女子　東本願寺光性室

母同

尊統法親王　知恩院　霊元院御猶子

母同

元禄九〔八イ〕年五月九日生、号淳宮、後改

岡宮、

元禄九年五月十五日

七夜ノ祝儀ヲ行フ、

〔有栖川宮日記〕○高松宮家蔵

元禄九年五月十五日、庚午、天晴、

一、賢宮様ゟ御使、今日淳丸様御七夜付御祝儀被進、

元禄九年六月十日
忌明ニ依リ、宮参リトシテ上御靈社ニ参詣シ、尋イデ本殿ニ移徙ス、

〔有栖川宮日記〕○高松宮家蔵
元禄九年六月十日、甲午、陰晴不定、今日淳丸様御
忌明、御宮参上御靈社、直御殿へ御入、（○中略）
依御忌明、御出入醫者衆へ御祝儀物被下別ニ有、

元禄十年三月十二日
姉幸子女王、去ル二月二十五日天皇東山ノ女御ト
爲リテ入内ス、是ノ日、淑宮易子女王・多嘉宮正仁親王等ト
倶ニ初メテ女御御殿ニ参入ス、

〔有栖川宮日記〕○高松宮家蔵
元禄十年三月十二日
一巳半剋淑宮様多嘉宮様淳宮様、智徳院殿御同
道ニ而、女御様江初而御成、
一酉上剋淑宮様多嘉丸様・淳丸様、智徳院殿御同
道ニ而還御、

〔御湯殿上日記〕

元禄十年二月廿五日、ミのこく女御入内、女御より御たる三か三しゆまいる、

元禄十年八月十三日

上皇（靈元）ノ御養子ト為ル、御養母ハ新大納言藤原（藤谷）為子局ニ定メラル、乃チ父幸仁親王、御禮ノ為、仙洞御所ニ参入ス、

〔有栖川宮家司日記〕〇高松宮家蔵

元禄十年八月十三日、庚申、天晴、

一、未中剋斗庭田大納言藤谷宰相伺公、仙洞御使也、淳宮御方仙洞御養子ニ可被上之由被仰出、忝思召之由御請有、為御嘉義一献有之、退出、

一、則剋仙洞御所ヘ為御礼御参、御衣冠御袍御祝之義有之由ニて亥剋斗還御、

〔院中番衆所日記〕

元禄十年八月十三日、式部卿宮御次男淳宮御養君御治定被仰出、依之式部卿宮為御礼参入、於常御所御對面、給天盃、

〔兼輝公記〕
元禄十年八月十六日、癸亥、晴、午後陰、式部卿宮末子宮可為仙洞之御養子被仰出、此宮如去年富宮、新大納言局被養之、新大納言局雖御寵愛無類無皇子、皇女降誕、仍去年以故式部卿宮末子宮仙洞可為御養子被定之、件宮新大納言局為養母被養之、當年又式部卿宮末子宮仙洞可為同養子被定之、又新大納言局為養母被養之、遣使於式部卿宮、賀末子宮可為仙洞御養子被定事、

〔系図纂要〕
藤原朝臣姓藤谷

為賢―為條　母隆昌女、本為永ニ―顕、元和六年三ノ廿一生、万治元年七ノ九ー三木、寛文九年十二ノ十八権中納言、延宝元年十二ノ廿八正二、同八年九ノ十五薨六十一
- 為茂
- 相尚
- 女　霊元院新大納言局　智徳院
- 女

元禄十年八月十六日
髮置ノ祝儀ヲ行フ、

〔有栖川宮家司日記〕○高松宮家蔵
元禄十年八月十六日、癸亥、天晴、
一、淳宮御髮置兼而御髮置被成、御參院可被遊由御内意之由也、
一、巳刻斗御髮置、御綿如前調、於智徳院殿御眉御白ヵ被為召出、式部卿宮式肴一献、右之御盃ね（アキマ）り粉　其後赤飯御祝有之、
一、仙洞様ヘ巳刻斗ニ従淳宮被上、御使右近将監半上下、
赤飯一蓋　適喜ニて申付、御硯蓋梅小路殿ゟ申出、未箱ニ入、御封付、塩中高ニ包、赤飯之上ニ小高二枚置、以白紅結之

元禄十年八月二十三日
上皇（霊元）ノ御養子ニ爲リタルヲ以テ、名ヲ岡宮ト改メ、是ノ日仙洞御所ニ參入ス、尋イデ九月四日、藤原（藤谷）爲子（新大納言局）ノ局ニ移リ、爾後同所ニ於テ養育セラル、

〔有栖川宮日記〕○高松宮家蔵
元禄十年八月廿三日、庚午、半陰半晴、
一、午ノ上剋淳宮様御院參、青侍六人、御板輿四人、諸大夫二人、（貞成・宗玄）長上下　仙洞御所御輿寄ニ御輿入、御供衆於新大納言殿御局御酒被下、令退出、御乳豊御先ヘ參、今日淑宮様御相輿ニて御參有之、
一、淳宮様御名被改岡宮様と申、為御祝義新大納言殿ゟ御祝義来、
一、仙洞様新大納言殿ヘ右之為御祝義御肴被進、御使矢嶋豊前守、

〔有栖川宮家司日記〕○高松宮家蔵
元禄十年八月廿三日、
一、辰中剋斗為御使伺公、貞玄長上下、
淳宮ゟ之御進物并富宮之御時之如例也、
仙洞様ヘ昆布干鯛鰑三箱大樽一荷御目録
大高立真字奥ニ淳宮御方ト書之、
按察使御局ヘ三百疋淳宮ゟ、
仙洞様ヘ式部卿宮ゟ海老一折十
右之通新大納言殿迄内御玄関ゟ申入、
新大納言御局ヘ淳宮ゟ縮緬三巻紅白海老生鯛一折ニ、
式部卿宮ゟ干鯛一箱、
御口上ハ従何方共無之、今日淳宮御方御髪置目出度幾久と御祝被成、此両種被上候、式部卿宮ゟも為御祝義此干鯛一箱被献候間、宜頼思召候由新大納言御局迄被仰入、
一、従仙洞様以女房奉書、淳宮御方ヘ紗綾二巻生鯛一折ニ、式部卿宮ヘ鮓一折ニ御拝領、御請文も以女房奉書被仰、即剋為御礼御參、

一、一折十五、
式部卿宮ゟ蛤一折十新大納言御局へ
冨宮へ淳宮ゟ大御帛三のし添
藤宮へ同断　御人形一箱のし添からくり人形也
亀宮へ同断　御人形一箱同のし添
淳宮ゟ表使二人へ百疋宛御目録のし添
淳宮ゟ新大納言御局御内衆金子五百疋中高ニ包
鳥目五貫文下々へ右目録添
右之分御局へ令持参於御玄関白川勘恵令
相伴強飯御酒被下、百疋御目録被下、

一、従此方女御様へ赤飯一蓋御銚子加鱧一折ニ
女房文添、
一、巳剋淳宮仙洞御所へ御参、淑宮御乳土佐奉成
淑宮御相輿也、
（奉。伏略）
仙洞様御輿寄ゟ御輿入、藤谷殿入江殿御迎ニ土戸近
御出鳥山將監御迎ニ出向、此方御供青侍大小
刀抜置御輿ヲ奥間ニカキ入豊前守も同御先
ヘ手添上ル、其儘罷出所々藤谷殿右左指図其
後鳥山將監今同心、新大納言御局へ参、右近將

監両人ハ奥間ニシテ白飯御酒被下、青侍ハ於
御玄関各被下、（アキマン）其已後御礼申令退出、
一、岡宮と淳宮御名被改、依之新大納言殿ゟ御樽
一荷二種来、此方ゟ仙洞様へ生鯛一折ニ、新大
納言殿へ御樽一荷二箱御返礼御使貞玄参、
九月六日
一去四日岡宮様新大納言御局へ御移被遊之由
也、女御様ゟ御進物呉服一重、御肴一種今月被
進候由也、

〔院中番衆所日記〕
元禄十年八月廿三日（中略）淳宮被改岡宮、初而令
参院給、式部卿宮参入、被賀岡宮参院事、於御書院
御對面、給御盃、不及御献之沙汰、御錫也、

〔御湯殿上日記〕
元禄十年八月廿三日　ふるしきふ卿の宮第二の
宮の御かた、此度仙洞の御かた御やうし二あそ
ハされ候、あつ二の宮御かた今くわく御御まなまい
る、あつの宮ゝ御かたへ御まなまいる、

〔兼輝卿記〕
元禄十年八月廿三日庚午、陰、午後晴、式部卿宮息
（二）敦宮、先日仙洞可為御養生被定之、今日参院、即自
今日被候新大納言局被養育、新大納言局養子云々、

元禄十一年八月十三日
知恩院ヲ相續スベキ旨仰出サル、

編修課

〔有栖川宮家司日記〕○高松宮家蔵
元禄十一年八月十三日、
一、未剋斗梅小路殿ゟ岡宮様智恩院へ御片付之
義御内談申来、
一、仙洞様ヘ御使岡宮様御有付相済目出度思召
之由御祝義被仰上、御成可被仰上候ヘ共、先以
御使被仰之由也、
右之御悦新大納言局ヘ被仰入、藤谷宰相殿ヘ
も被仰入、
十四日

一已剋過御参院、未剋御退出、
廿八日
一岡宮様御祝義今日御所方へ被上之由、御使岩
波動、

六日
一当山岡之宮様江御文室御出、御祝義十帖壱巻
覚了院殿江金弐百疋、坊官中四人江金〈〉百疋
宛御持参役者中九勝院御供、

知恩院日鑑　○知恩院所蔵
元禄十一年八月十四日
一当院へ今般岡宮様御住職之儀被仰出候ニ付
所司江右之御祝義ニ御出、
一水野備前守殿安藤駿河守殿へも右之御祝義
ニ御出、御供九勝院伊予、
九月五日
一松平紀伊守殿宮様江御祝義ニ御出被成候、丈
室様茂御出合被遊候、諸司宮様ゟ直ニ御帰被
成候、

知恩院史料（元禄十一年）
御書翰之控
態以飛札啓達候、然者当院御門跡数年御無住
之処、岡宮様御住職之儀被仰出之旨、一昨十三
日松平紀伊守殿、院家坊官江被仰渡候、誠以宗
門之光花、珍重之御儀御座候、一宗之僧侶難有
奉存旨、公儀伺宜御礼可被仰上候、拙僧茂昨十
四日差許御所司并奉行中迄御礼罷出候、右之
趣為通達如此御座候、恐惶謹言、
八月十五日

増上寺大僧正

〔基熈公記〕

元禄十一年八月十二日乙丑、傳奏來云、仙洞宮岡宮、可為智恩院門跡旨、從関東申来旨也、早々可有沙汰旨示了、

〔院中番衆所日記〕

元禄十一年八月廿八日陰晴、為岡宮智恩院門室御相續、御祝儀御目録之通被献之、

紗綾三巻　昆布一箱　鯛一折二尾　御樽一荷

已上

〔有栖川宮系譜〕

霊元帝御養子　御准母新大納言局

尊統入道親王

（中略）

元禄十一年八月十四日知恩院里御相続三歳、

元禄十一年十一月三十日

色直ノ祝儀ヲ行フ、

〔有栖川宮家司日記〕○高松宮家蔵

元禄十一年十一月廿日、

一、岡宮様御色直、新大納言殿ゟ赤飯一蓋、海老一折為御祝義参、依之此方ゟ仙洞様・新大納言殿へ生肴一折、岡宮様へ干鯛一箱被進、御使右近将監、熨斗目、

〔資廉日記〕

元禄十一年十一月三十日、今日岡宮御色直云々、

即仙洞岡宮御方へ生肴献之、又新大納言局へ箱肴贈之、

書陵部（三一号）

元禄十二年十月十八日

初メテ参内（東山）シ、常御殿ニ於テ天皇ニ御対面、人形等ヲ拝領ス、又女御御殿（幸子女王）ニ参入ス、

編修課

〔御湯殿上日記〕

元禄十二年十月十八日、おかの宮ノ御かたはしめて成、つねの御所ニて御さふ木（正親町）ニて御さかつき一こんまいる、（中略）岡の宮ノ御かたより御まなまいる、（中略）おかの宮ノ御かたへちりめん二巻御人きやうまいる、

〔有栖川宮日記〕

元禄十二年十月十八日　壬午　天陰

一今日岡宮様女御様へ御成ニ付、此両宮様へ御

土産有、

書陵部（三号）

〔有栖川宮家司日記〕○高松宮家蔵

元禄十二年十月十八日、

一今日御幸之由、初而御参内、岡宮様も女御様へ御成之由、夫故カ大弐ゟ小少将方可参之由候ヘ共、以虚病不参、其段貞玄ニ相談、御尤之由申早、此方ヘ淑宮様へ御帛五、99嘉宮様へ猿花入、小少将方へ弐百疋御目録参、

元禄十三年十一月二十八日

深曽木ノ儀ヲ行フ、鬘親ハ内大臣九條輔實ナリ、

編修課

〔有栖川宮家司日記〕○高松宮家蔵

元禄十三年十一月廿八日、

一、岡宮様御深曽木、依之鱧一折被進、仙洞様ヘ蛤一折十、新大納言殿ヘ蚫一折十被進、清閑寺殿藤谷殿ヘ御相談之由也、豊前守御使ニ参、熨斗目、

一、今日御深曽木、御鬢親九條内大臣殿御衣冠ニ襲之由也、(中略)岡宮様ヘ御肴二箱御樽被進、御使諸大夫布直垂ニて持参、芝伊勢守則封ニテ聞也、

一、岡宮様ゟ赤飯一蓋、生鯛一折ニ被進、御所ニて御使ヘ御酒不被下故、此方ニても御酒不被下、

〔院中番衆所日記〕

元禄十三年十一月廿八日、岡宮御深曽幾、依之内大臣参入、被召出御内儀、

〔御湯殿上日記〕

元禄十三年十一月廿八日、おかの宮ノ御かたより御ふかそきにて御かうん一ふた御てうしひさけ御まなまいる、こなたよりも御しうきに杉はら十帖御まき物一まき御まなまいる、

〔知恩院日鑑〕○知恩院所蔵

元禄十三年十一月廿七日曇天

一五過岡宮様江御髪剪之御祝義ニ御出、御樽壹
荷昆布一箱献上、

元禄十四年二月五日

東園基量ニ書道入門ス、

〔基量卿記〕

元禄十四年二月五日癸亥雪下参梨本宮御手習儀
内々仙洞仰有之、予可申入由也、尤不堪事人口如
何之間雖固辞院宣再三之間今日参入御手本定
成卿真跡拝見可然由申入了、向後度々可参之由
仰也、依外戚藤谷相公竹内三品等同被参了、
一自梨門御使竹原兵庫云々、給太刀馬今日伺出
之御祝義云々、畏入則以使申御礼了、

〔有栖川宮家司日記〕○高松宮家蔵

元禄十四年七月廿一日、

一竹内殿御出、小少将殿直ニ岡宮様御筆御礼御
申、

寶永元年三月三十日
紐直ノ祝儀ヲ行フ、

〔御湯殿上日記〕
宝永元年三月晦日、おかの宮の御かたかめの宮の御かた御ひほなをしにて御しうきに御かちん――ふた御てうしひさけ御まなまいるさなたより杉原十帖ひきあやまいる、

〔有栖川宮家司日記〕○高松宮家蔵
宝永元年三月卅日、
一、岡宮様ゟ今日為御紐直小戴餅一蓋百生鯛一折ニ被進、御使黒崎内記、御返事豊前守出、
一、岡宮様へ為御祝義鯯一折十被進、新大納言殿へ御口上之、御悦被仰入、御使豊前守、

編修課

〔基量卿記〕
寶永元年三月廿日、晴、岡宮御紐直シ為御祝義、肴有一種進上候、従宮給強飯御有、

寳永三年十月三日

将軍徳川綱吉ノ猶子ト為ル、乃チ是ノ日将軍ノ使者京都所司代松平信庸、紀伊守、知恩院ノ里坊梨木町御殿、御養母藤原為子ノ里第、ニ到リ、賀詞ヲ傳フ、

〔有栖川宮家司日記〕○高松宮家蔵

宝永三年十月朔日天晴

一、申下剋梅小路殿御出、御對面、御内意之趣、岡宮様之御義先御門跡御例ニ付、大樹公御猶子之義従仙洞様被仰進候處、将軍家御一代無之ニ付、六ヶ數處、仙洞様仰ニ付此度済、明後三日紀伊守為上使歌頂殿〉御里へ伺公之旨也、珍重ニ可思召之由ニて梅小路殿被出、殿ヲ可被仰傳候由ニ付御出之由也、女御様へも可被仰入之由也、則今日御礼ニ両人取次伺公、故召シテ

右之通被仰入、長門守申参、又伺公、御返事申入、小少将殿左兵衛督被出、御酒出、及数献、戌剋御帰、右剋仙洞様御拝領之由ニて生肴一通被進、豊前守少々間出、

三日天曇晴

一、今日岡宮様御事将軍家御猶子之義如先例以松平紀伊守上使梨木町御殿へ伺公、被申入之由也、依之仙洞様岡宮様新大納言殿へ御口上斗ニて御悦被仰入、御使木工頭常胤之由也、右梅小路殿御差圖也、清閑寺殿へも申由也、

〔知恩院日鑑〕○知恩院所蔵

寳永三年十月五日晴

一一昨三日岡宮様御事公方様御猶子被仰出、其上御紋被進候、宮様御里坊迄為御上使松平紀伊守殿御出被成候由、今八ツ時相知レ為御祝義御大室早速御出賀被遊候、

六日晴天

一岡宮様御養君為御祝儀、紀伊守殿両御奉行へ右御悦御出被遊候、御供廻ゥ如例、

〔有栖川宮家諸祝儀次第書〕○高松宮家蔵

（外題）
後類聚宮使

献上

岡宮將軍家
一、宝永三年十月三日岡宮様事、將軍家御猶子如
先例以紀伊守上使梨木丁御殿へ伺公被申入、
御悦使、
仙洞様岡宮様新大納言殿へ御口上使木工頭
四日□御祝儀
仙洞様□（ヘ＊）鱧二、岡宮様へ干鯛一箱、新大納言殿
へ干鯛一箱被進、御使木工頭、

〔御湯殿上日記〕
宝永三年十月三日、おかの宮の御かた将くん家
のゆうしニすみまいらせら小、御しうき一かニ
しゆまいる、御使しミつたに中将まいらせらる
ゝ、
七日、おかの宮の御かた将くん家のゆうし御
ゆひよくすみまいらせら小候とておかの宮御
かたより御太刀馬代御まなまいる、

〔知恩院日鑑〕
宝永三年十月五日
一、一昨三日岡宮様御事、公方様御猶子被仰出、其
上御紋被進候、宮様御里坊迄為御上使松平紀
伊守殿御出被成候由、今八ツ時相知レ、為御祝
義御丈室早速御出駕被遊候、一山大衆中右御
祝義ニ登山、
六日
一、岡宮様御養君為御祝儀、紀伊守殿両御奉行へ
右御悦御出被遊候、

知恩院史料集

寶永四年三月二十九日
親王宣下ヲ蒙リ、名ヲ良邦《ヨシクニ》ト賜ハル、五條爲範ノ
勘進ニ依ルナリ、權大納言西園寺致季勅別當ニ
補セラル、乃チ御禮ノ爲、仙洞靈元ニ參入御對面ア
リ、又將軍德川綱吉、使者ヲ以テ祝品ヲ贈ル、

〔有栖川宮日記〕○高松宮家蔵

寛永四年三月廿七日、庚辰、天晴、

一、岡宮様明後廿九日親王宣下ニ付御単衣御借用被〆成度由ニ而新大納言御局ゟ申来ル則被進、

廿九日、壬午、雨下、

一、今日岡宮様親王宣下ニ付御祝儀被進、仙洞様ヘ鮒一折十、岡宮様ヘ生鯛一折ニ尾新大納言殿〆ヘ干鯛一箱、右之御使矢嶋豊前守（熨斗目半上下）、

四月六日、戊子、晴天、

一、新大納言殿ゟ御使、先日岡宮様親王宣下之節御借用被為成候御単并御板輿御返弁、御音物有之、

〔有栖川宮家司日記〕○高松宮家蔵

寛永四年三月廿九日、少雨、

一、岡宮様親王宣下梨木町新大納言殿御里ニて被受、巳刻之由、松平紀伊守為上使伺公之由也、

依之此方ゟ御祝儀

仙洞様ヘ鮒一折十、

岡宮様ヘ大鯛一折ニ、

新大納言殿ヘ干鯛一箱

右之御使豊前守熨斗目半上下、

一、今日岡宮様御単ニ御童直衣、

勅別当西園寺大納言、日野弁、

上卿飛鳥井中納言、

奉行油小路頭中将、

〔御湯殿上日記〕
宝永四年三月廿九日、おかの宮ノ御かたしん王せん下有、勅別さいおんし大納言、上卿あすかゐ中納言、弁日野弁、奉行頭中将、おかの宮御かたへ御しう義御たる壹か三しゆまいる、ゝなたにも御たる壹か二しゆまいる、御使まち尻中将まいる、仙洞の御かたへも御しう義御まなまいる、

書陵部（三号）

〔禁裏番衆所日記〕
寶永四年三月廿九日壬午雨
一辰刻良邦岡宮、知恩院親王宣下陣儀也、上卿飛鳥井中納言、弁永資、勅別當西園寺大納言、奉行職事隆典朝臣、為御祝儀勅使兼重朝臣参宮、御方、賜御肴二種・御樽一荷、

書陵部（三号）

〔仙洞女房日記〕
宝永四年三月廿九日、岡の宮ノ御方親王せん下にて御しうぎに一荷二しゆまいる、ゝなたよりも一荷二しゆまいる、御禮になる御しうぎに大もんさあや二巻ゝんしろゝわく御一ふた御まなまいる、

書陵部（三号）

〔基長卿記〕
寶永四年三月廿九日、朝間陰、辰始微雨、終日雨不止、(中略)今日岡宮仙洞御猶子、旧年大樹御養子被申請、智恩院宮也、御養母新大納言局、実、有栖一品式部卿幸仁親王御息也、親王宣下也、依無本所於御母里亭准之、予依御由緒参入、且従院蒙仰之間、御衣紋之義承之、内外之事諸事御取持可申之由兼々蒙仰之間、卯刻過着布衣参上、院評定衆右宰相中将梅小路前相公・四条三品等被来、藤谷父子入江・竹内自始来會、荒木志摩守同来、(略)
今日宣下辰刻、上卿飛鳥井中納言、弁永資、奉行隆

書陵部（三号）

典朝臣勅別當西園寺大納言御名字良郅親王云〻
ヨシクニ訓之勘者為範尚書字云〻辰終左大史
小槻章弘副使相從持参宣旨入宣章弘束帯候便所、先是別
當参入以内殿宸殿賜也為直廬、着衣冠紅単紙捻掛轄着座
次家司惟永朝臣着衣冠単参進取宣旨作宣参別當
前、先是宮先御出御半尻御下袴御髪スヘラカシ令持
御扇給横目扇也、御座上段厚疊繧繝敷茵四方亘簾御
前方巻之、南面御着座、御衣紋予承之、次別當内覧
了、被目家司参取宣、直参宮御前庇也、宮御目披、不
見、次家司参進宣官令取宣旨作宣御披見、又御目

惟永朝臣賜宣、次官取宣旨令入内殿給惟永朝臣
於便所入祿於空宣白銀十両也、返宣於史〻取之
退入、家司退入、此後於便所賜祝餅酒云〻左大史
副使退出、今日不及御對面、
無異無事珍重云〻、兩傳奏参入、山口安房守同参
上、巳刻過為関東御使松平紀伊守信庸朝臣参入、
長袴也、自大樹銀百枚・干鯛一箱昆布一箱自大納言
殿同五十枚・干鯛一箱被進也、宮御對面賜御盃御
陪膳惟永朝臣、御手長延純、羽倉縫殿頭從五位上北面也、先是勅
別當御對面、着童装束給、御袍小葵、御単紅、奴袴紫亀甲浮線綾白丈上絲、先

〻被着引腰線下給也、御参内院之時此也、今度被略其義申、御衣紋予承之如次両傳奏
次両武士御對面也、此後紀伊守退出了、此後盃酌
及数獻、有謡等珎重〻〻、
午刻許飛鳥井黄門頭羽林・權右少丞等参入、各衣冠
束帯日野黄門同被参、仍而先宮御對面、次有饗應三
汁七八菜也、傳奏院評定別當上卿已下各一所於
宸殿給之、申刻事濟各分散、申刻良郅親王御参院、
於内裏着別日可〻参給云〻、御童装束紫亀甲浮線綾上文御奴
袴上給紅御単、御髪スヘラカシ、悉如請家御對面之時
予御衣紋更奉直之了、今日宣旨御頂戴之節御半

尻下袴、或童御装束御奴袴、先例両用也、今日之義
如仁和寺殿御時、家公此間仰云、御直衣尤雖為童
形服、先半尻下袴、如先規御着用、次宣旨御頂戴已
後被改着御直衣奴袴、次第之躰差別可宜欤之由
仰之間、今日被用其義了、宮御退出以後於内殿有
盃酌、初更帰宅、珎重〻〻、終日奔走窮屈無術、早速
就眠了、為今日御祝義宮御方江御太刀馬代銀十
両干肴一箱進之、家婦井籠一組進之、干肴一箱御
母局ヘ送了、

【章弘宿禰記】

寶永四年三月廿九日壬午晴

刻限着束帯参陣、暫被初、陣儀次第如例、

辨永資於座子御名字予取之覽、聞仰詞、可為良

邦親王、

次仰勅別當事、仰詞以權大納言藤原朝臣、良邦親王家令為勅別當、

一久我大納言通誠卿直着陣如例、藏人方吉書等

如例、吉書辨日野權右少辨永資、直ニ先令歸宿、

加御名字参官御方へ参、新大納言御里、以家使

竹内大膳進宣旨、

先別當被覽之、後又以家使御前へ御覽、其後家

使被返召、予取之、白銀壹枚入之、御読向無之、每

度内親王外者有御読向寄直ニ勅別當宣旨別

當退出之後持参別當里亭へ、四位諸大夫申次

覽、別當宣旨簾外ニ立、請目進宣旨簾外へ退、宣

旨被覽之後又請目進取召、退了出、

一上卿飛鳥井中納言、　別當西園寺大納言、　辨

日野永資、辨戚日野永資皆云々、

参陣役　諸司役人如昨日、召使青兵之丞男、

史高橋景眷　副使宗岡清行、使部藤井重里、其

外如昨日之、

良邦

權右少辨藤原朝臣永資傳宣、

權中納言藤原朝臣雅豊宣、奉

勅、件人宜為親王者、

寶永四年三月廿九日

主殿頭兼左大史小槻宿祢章弘奉

權大納言藤原朝臣致季

右中辨藤原朝臣益光傳宣、

權中納言藤原朝臣雅豊宣、奉

勅、件人宜為良邦親王家別當者、

寶永四年三月廿九日

主殿頭兼左大史小槻宿祢章弘奉

寳永四年四月三日
親王宣下御禮ノ爲、參内東山ス、乃チ常御殿ニ於テ
御盃ヲ賜ハリ、筆立・香爐ヲ拜領ス、

〔有栖川宮家司日記〕○高松宮家蔵
宝永四年四月三日、天晴、
一、岡宮様今日御參内ニ付御板輿借ニ被進、則被
進、

〔御湯殿上日記〕
宝永四年四月三日、おかの宮の御方しんわうせ
ん下の御れいになる、つねの御所にて御さかつ
き二こんまいる、おかの宮の御かたへやき物御
筆たて御かうろうまいる、

〔基長卿記〕
寳永四年四月三日、晴、自藤谷前黄門被示云、親王
御方御參内可爲未刻之由、其節可參之由也、（○中略）
未刻參、親王御方、御母宅也、向御衣紋勤仕如先日、今日夏御直衣、濃花田三重襷、已下如先日、此後伴益通朝臣參梨門、爲信卿
惟永朝臣同同道了、前黄門自初參入、須臾之後御
母向被參、雜煮一獻了、被見御庭、此地明正院御別
業也、予常々雖令參入、御庭不見、假山溜池驚目了、
遠見之景又無類、東河在眼下、不求他風景也、於御
茶店提重有一盞及數獻、薄暮親王御方渡給、此後

於本殿有饗應、予剋斗帰宅、

寶永四年六月九日

童借ノ爲、准后御殿（幸子女王）ニ參ル、

（有栖川宮家司日記）○高松宮家蔵

宝永四年六月九日、天晴、

一、外山殿御出、今日岡宮様准后様へ御童借ミに

御成之由、

寶永四年六月十三日

知恩院ニ入寺、得度ス、乃チ仙洞御所（靈元）ヨリ知恩

院ニ入室ノ儀ヲ行ヒ、尋イデ得度ス、戒師ハ應譽

圓理（知恩院方丈）ナリ、法諱ヲ尊統ト稱ス、

〔院中番衆所日記〕一

寛永四年六月十三日、岡宮御方良純親王御入室于智恩院、御今度有得度、辰半刻御出門、童装束紅単、従御輿寄被出御、御轅御簾藤谷前中納言、八人御轅非蔵人供奉之、女中之沙汰、八人舁出手、行列別ニ有之、

為御祝儀黄金十両晒十疋二荷三種被進之、御使資冬朝臣、

〔有栖川宮日記〕○高松宮家蔵

寛永四年五月晦日、辛巳、終日雨、

一、梅小路宰相殿ゟ御見廻使并此度岡宮様御入寺来十三日ニ御治定、依之御祝義物御内意被仰入、且又御使参候者狩衣ニても直垂ニても着用仕、相詰可申之由申来、

六月十三日、甲午、天晴、

一、今日岡宮様御入寺ニ付、智恩院へ御使御音物有別記、

一、岡宮様今日御入寺之町筋、此御門前御通ニ付

自昨日掃除申付、御通之節侍衆両人御門前へ御出、水打進掃除等申付、□□□蹲居有之、上下御屋鋪境ニ中間一人宛出置、其間水手桶八此人足付置也、

〔有栖川宮家司日記〕○高松宮家蔵

寛永四年六月十三日、天晴、

一、今日四時岡宮様御入寺ニ付、可相詰之由兼而依申来、梅小路殿御内意卯刻為御使豊前守参、直詰申ニ付狩衣着用、後ニ聞之所、摂家方ゟ布直垂ニて参之由也、乗物三人中間二人草履取挟箱笠籠、用意灯燈、食物御進物御太刀、銀馬代、大樽一荷、昆布一箱、氷蒟蒻一箱、御盃臺大松竹鶴亀、智恩院方丈ニて納ル、藤谷殿梅小路殿御傳言、仙洞様へ生鯛一折ニ、新大納言殿へ鮑一折ニ、

右御使木工頭半上下京極様承合、
一、寺町御殿前今日町中今朝行燈此方不出、早朝掃除水打御
殿御格子南中間一人御門ゟ南水打手桶三御
門ゟ水手桶五各打人一人宛付置幕持北堺中間一人、御
門両脇侍衆弐人上下ニて有之、見物不出、御門
内脇ニ置之、御玄関明置不人置御領人足七人
来、今日為御見廻御出、清水谷大納言殿七丸殿外山
殿伏長老侍侍者沢大学殿、
一、今日行列松平紀伊守安藤駿河守御先ヘ参、
（〇行列次第略）

智恩院近辺堅 松平紀伊守ゟ、智恩院堺内立砂、
御門内与力足軽番所等有、三門近長老分出向
之由也、午刻方丈ニ御轅入、御童衣 夏袍未御塞
り也、奉行衣冠襲 万里小路頭弁、
御得度刻限申刻 申中刻過始 先大納言、中納言宰相着座、次
僧着座、下臈ノ僧ゟ着座也、次宮御着座、扶持藤
谷中納言、衣冠襲 着座後退出 御院家覚了院僧正相随着座、
鈍色、次戒師知恩院方丈、佛前次第済諸具持参
而理御髪有形而後御座後簾中ニ宮御入、此間
声明、此時扶持僧有、次改僧服 鈍色無裟裟、 御戒師御裟裟 御前御受

戒、佛前御拝後御着座、次戒師佛前向御経有、下
臈ゟ退出着座公卿退出、次宮御退出、院家相従
自唐戸際殿上人五人御先ニ秉紙燭、
（〇差図略ス、）
饗應
宮御同前、
扈従三人奉行弁式有三献丁寧、盃引銚子加、
次常湯漬一汁五菜盃臺陪膳布衣、
未刻五々三盃丁寧引銚子加菓子、次常三ニ向
盃臺、

前駈殿上人五人右同前足打膳銚子無加、
右御得度前也、御湯漬后饅巻麺三献殿上
人ハ足打、
御得度上献済后本坊ニ御成、行列僧布衣塗轅襖等
二汁七菜御料理、次御雑三番、老松芭蕉猩
々子刻御酒済各退出、
御着後御對面之儀、上段帖御茵、
扈従公卿前駈殿上人太刀今小路民部卿披露北
面侍、次御随身参太刀布衣引之、宮内卿披露、其
外御見廻堂上諸大夫医師、其外御出向長

老等迠御對面、
武家松平紀伊守、安藤駿河守、中根攝津守、山口安房守、荒木志摩守、山田伊豆守、中井源八
一、御使衆中、宿坊御馳走、御對面右式有
勅使白銀二百両、一荷二種、櫛笥中将衣冠、
仙洞使黄金十両、晒十疋、一荷二種、押小路中将狩衣、
女院使紗綾五巻、一荷二種、綾小路少将狩衣、
親王使（アキママ）柳原侍従同、

大准后使一荷二種、晒三疋、梅園侍従同、
准后使二荷三種、紗綾五巻、七條侍従同、

〔花頂宮〕尊超法親王入寺得度并御在府中覚書
○本書ニ、尊超親王得度ノ先例トシテ尊統親王得度次第ヲ掲記スルニ依リ、今左ニ採取ス、
寶永四年六月十三日、良邦親王知恩院室へ令入給、
法諱尊統、御得度次第同日申刻、
刻限作相入堂著座
先公卿
次役僧
次唄師

次教授師
次戒師
次親王
次扶持
次惣禮伽陀
次戒師登高座、金香、灑水、焼香、敬禮三寶、如来唄、表白、下座、
次教授師奉導親王至戒師所、親王設禮發語
請戒師、
次教授師奉導住頭處、親王梵名香禮四恩偈
辭親脱素、

次教授奉導復至戒師所
次戒師説法加持香水灌頂親王讃嘆説偈、
次教授奉導復至佛前、親王禮十方佛説帰依
偈、
次理髪諸役進近設道具教授師請戒師、戒師
除頂髪、教授奉導至屏處、除四邊奉著純（ママ）色
唄師唱出家唄、
次教授奉導再入道場至戒師所
次戒師奉授法名
次袈裟授受三度、已戒師自奉著之、説偈称揚

次戒師奉授三帰及三竟、略説教誡、
次教授奉導親王至佛前、親王自慶礼謝説歎
喜偈、復禮戒師、
次親王著御座、教授看座
次戒師登後座、祈願回向誦護念經、戒師下座、
次後唄
次退座、役僧唄師教授、戒師親王、扶持公卿、
以上
和上、　知恩院方丈　教授　金戒光明寺
理髪門中一臈　聖徳寺　剃手六役　如来寺

唄六役　勝巌院　介錯六役　天性寺
脇息、寺中真頭　良正院　水盤六役　長香寺
水瓶門中二臈　大泉寺　明衣　西方寺
後唄寺中一臈　福壽院　伽陀　崇泰院
承仕　眞月　紙燭
御入寺行列
（○行列次第略）
右例

【基長卿記】
寶永四年六月十二日、晴、今日良邦親王知恩院入
室給、予扈従之事内々蒙院宣、黎明着布衣紅單紫
藤丸奴袴薄色立烏帽子持檜扇、駕轅、布衣侍四人、
左右二人各雑色六人皆笠等召具、次出門、参洞中、自西門参
入番衆所口候公卿間、給祝酒三献、給之雲客騎馬之由、自守
護紀伊守調進云々（中略）須臾之後公卿圍大納言
布武衛等参上、奉行職事頭弁尚房朝臣、着衣冠紅單紫浮文
烏欅奴袴各向直盧、小時宮御轅舁出、白木下簾、有雲客磬析
欲不見、圍大納言予布武衛有侍不及礼節、先年大

覚寺宮入室之時有其沙汰、公卿無礼節由令記家公御記給、今度假立処非眼路、先例旁不及其沙汰也、次園大納言予右武衛等次第出御門、於門召具加、園大納言布衣単浅黄、藤丸奴袴、右兵衛督有胤卿園大納言同召具、在行列記略之、

先前駈足代實仲、益通朝臣、惟永朝臣、為久朝臣、各布衣紅単、紫玉絹奴袴、召具布衣二人青侍一人、番頭四人、陣中歩儀、出南惣門於閑白家、遣騎馬云々、次宮御輿、次庇從園大納言基勝、次予、養廉、次右兵衛督有胤卿世廉、各轅、雖陣中、出洞宮於御門下則乗、公卿毎度如此歟、京極南行、二條東行、従知恩院山門通入給、前乗武士中根町奉行攝津守、御後庇從公卿之跡也、荒木志摩守、山田伊豆守等供奉、守護紀伊守町奉行安藤駿河守等先達而参寺門奉出迎云々、路次自未明止往反、辻々警固、横小路以竹垣隔之、甚以堅固、令沙汰、依大樹養子之由風聞、諸職人自前日止職中掃除、不及筆端、左右見物群集甚、予生来不見及群集、雖然警固段々相示之間、於小路無往反見物群集如山、各嚴密見之、（中略）雲客於三門下々馬左方、僧徒七八十人斗立宮通洛時蹲踞、列宮入三門入方丈方丈給、猶御轅也、次園大納言予武衛等上三門、旁路於本堂邊下轅、相從参入、布衣二人召具、一人為取沓也、北門中如此、自余召具退散、院傳奏評定已下諸家濟々被出迎、公卿雲客等於便所休息、暑氣難堪之間、各密々撤表着納涼、此休所千畳敷云々、公卿休所上段也、雲客次也、以屏風構之、其小時宮御對面、園予武衛等如初着衣裳参入、各一所申御礼、坊官一人持参太刀目六称名、宮有御目三度、坊官持出了、次園已下各退入、於中段御對面也、宮與方園已下一列端方也、次雲客申御礼云々、次於便所有獻、式之獻也、陪膳布衣役之、初獻已下各三獻、別盃巡流也、次帰休所、此獻頭弁尚房朝臣加着、武衛下、

今日御使勅使隆成朝臣、院御使実岑朝臣、女院御使後宗、大准后御使久季、准后御使親王御使資堯、各狩衣也、於隆成朝臣着衣冠云々、

此後有饗應、五々三献、園大納言予武衛頭蘭等給之、此後又獻有之、此獻不知子細、申斜着衣冠単奴袴依得度也、先公卿園大納言直衣紅単、予衣冠紅単、右兵衛督衣冠紅単、入正面間着座、自前着座躰在圖、次宮御方御重髪御直衣、御奴袴亀甲紫二重織物浮線蝶如例、御着座、藤谷前中納言為茂為扶持御左方、衣冠奴袴紅単、御座定之後、為茂卿退入、次覚了院權僧正着座、法服、戒師方丈大和尚、教授金戒光明寺也、戒師傍一人凡僧有弟子歟之、凡僧各有簾外、桂井宮已

下参入之、諸家自簾外見之、武家両傳奏松平紀伊
守已下武士等自後方拝見、尤簾外也、
次宮向和尚前、令座給、教授引導、此後奉授流轉三
界中恩愛不能断、棄恩入無為、真実報恩者、文并其
外児丈、其躰甚殊勝、予平生拝尊顔之間、此躰不堪
感心落涙了、次有落餝事、此時衆僧置雑（具カ）次和尚起
座、有其作法、願由計也、次衆僧撤雑具、次宮令入席
所給、簾外以屛風構之、衆僧巻簾、次宮入給之間、教授奉引導、権
僧正同供奉、圍已下令夜宮御起居不及礼節也、良久宮自席所出給、
教授并権僧正并着座、令拝和尚給了、自正面間出

給、権僧正奉扶持、圍大納言已下自下臈退入、既戌
始也、極暑如蒸、且長座窮屈、此事也、於便所在献之
流　三献、如初、此後改着布衣参御本坊、于時亥刻斗
也、武家傳奏院傳奏議奏評定等各参入、此外大炊
御門中納言坊城中納言藤谷三位相尚朝臣、治房
等為御見廻参入輩、前駈輩等各来會、予両卿頭弁
等自跡参入了、須臾宮御方令入本坊給、予御由緒
有之間、早速於内殿御対面、院傳奏藤谷三位等也、
惟永朝臣相尚朝臣等又同、
於本坊有饗應、先是先傳奏已下諸家令対面給、次

紀伊守、次町奉行并山口安房守荒木志摩守山田
伊豆守等申御礼、此後宮入給、次饗應了、紀伊守已
下来縁座敷、有盃酌、有御雜子、老松芭蕉、程々等也、
竹村孫之進発声事終了、武士退出、次武家傳奏已
下御見舞了、堂上退出、次梨門還給、藤谷已下各打
續帰宅、于時丑斜也、近年之事也、窮屈無限、天気能
無夭、無事珎重々々、
（○道場図別紙）

道場圖

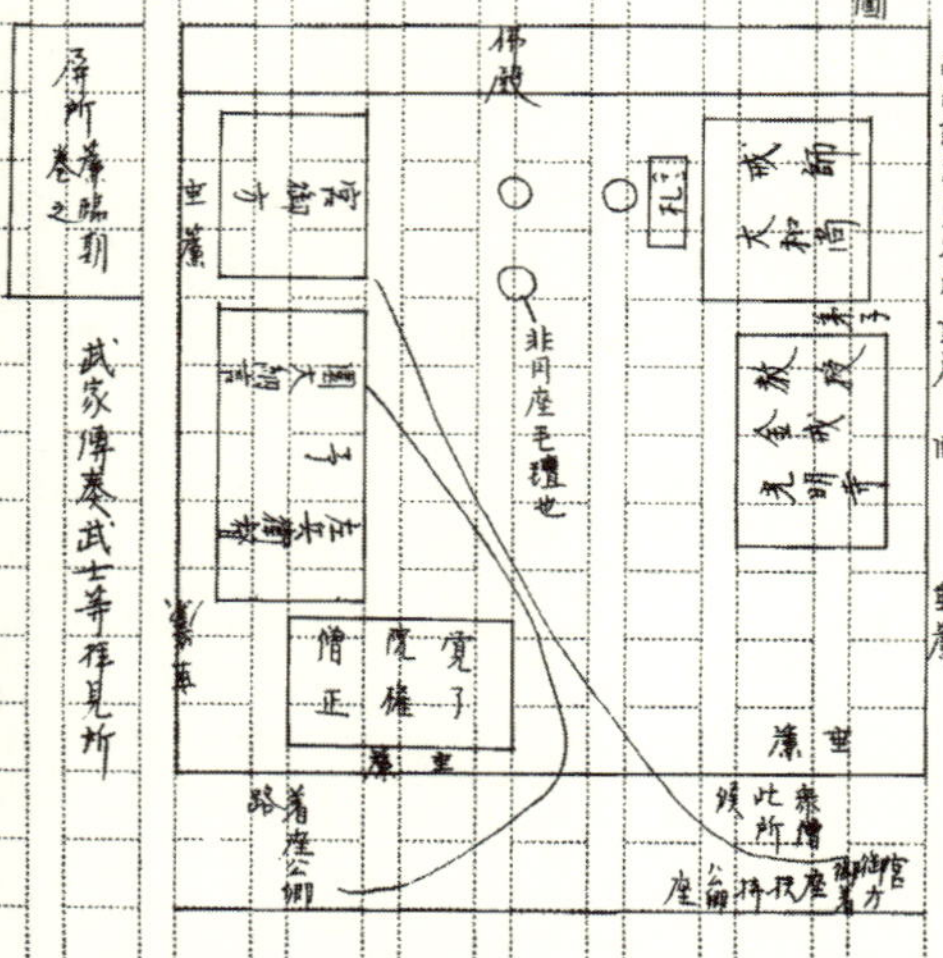

御落餝令退出道場之時、扶持覚了院勤之、依及夜自簾外実弁定代取脂燭、下臈為之、

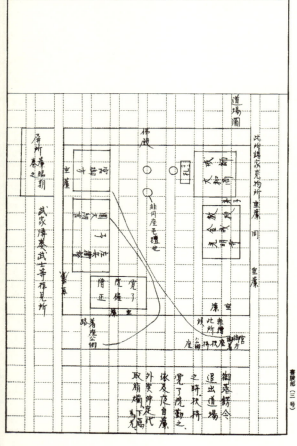

〔徳川實紀〕常憲院殿御實紀

寶永四年七月廿八日知恩院門跡尊統法親王使して入院得度を謝せられ同方丈圓理も使して戒師の許聞えあげ奉る、、、

〔有栖川宮系譜〕

靈元帝御養子　御准母新大納言局

尊統入道親王

（中略）

（寶永四年）同年六月十三日入寺、同日得度、法諱尊統、十二歳、

戒師知恩院大僧上圓理和尚、

書陵部（三号）

〔知恩院日記抜萃〕

寶永四年六月十五日御門主御拜堂、

書陵部（三号）

寶永四年六月十五日

山内諸堂ノ拜堂ヲ行フ、

編修課

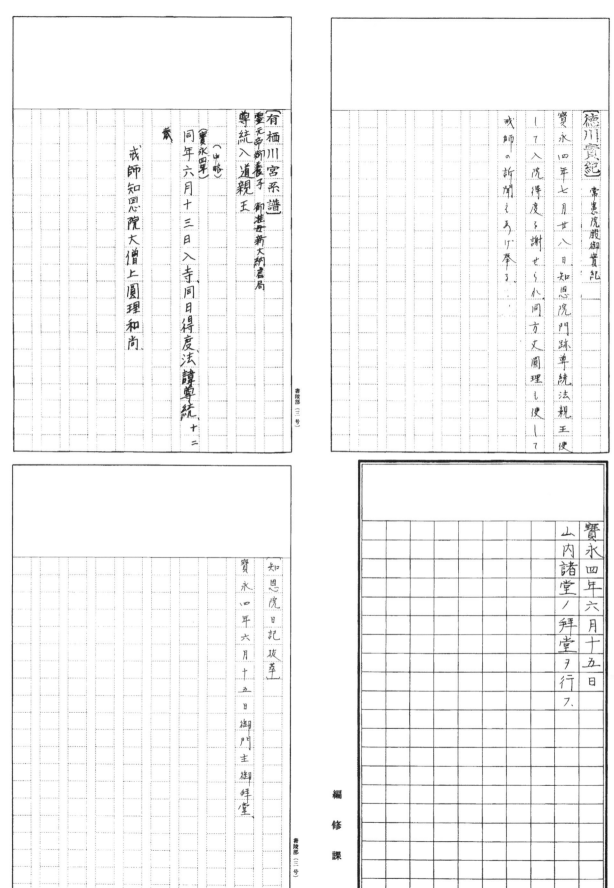

寶永四年六月十八日

入寺得度以後初メテ參内、東山、參院靈元シ、夫々御對面、御盃ヲ賜ハル、

〔禁裏番衆所日記〕

寶永四年六月十八日乙亥晴

一智恩院宮參入、從長橋車寄方被參入、入室得度以後始而參入也、於常御所被拜龍顏、申次高野前中納言御献奉女中沙汰也、

〔知恩院日記抜萃〕

寶永四年六月十八日御門主参内、

〔院中番衆所日記〕

寶永四年六月十八日時々雨灑、知恩院宮御入室得度已後始參入、於御内儀御對面、御盃已下女中之沙汰也、

〔基長卿記〕
寶永四年六月十八日、晴、巳剋着布衣、行向新大納言向里亭、今日知門御参内院也、藤谷・梅小路両卿相尚朝臣等来會、有一献、

寶永四年十一月十五日
上皇（霊元）ノ仰ニ依リ、改衣ヲ行フ、乃チ御禮ノ爲参内、（東山）参院ス、

〔御湯殿上日記〕
宝永四年十一月十五日、知おん院宮御衣の色、仙洞の御かたニての御きたニて御礼なる、

〔院中番衆所日記〕
宝永六年十一月十五日、智恩院宮参入、於御内儀御對面、

〔知恩院日記抜萃〕
一寶永四年十一月御衣色直、其以後御殿江所司
方丈・寺家・末寺、右御入室之節人數段々御振舞、
方丈江も御成、右同斷、
右御門主御入室、當座大略若斯、從是諸式、

〔有栖川宮家司日記〕○高松宮家蔵
寶永四年十一月十八日、
一、智門様へ御使豊前守、此間御法衣御色直御座
候由目出度思召候、御口上之御悦使小山圖書
御返事申出、

寶永六年二月十六日
去月十日、將軍徳川綱吉死去シ、尋イデ東叡山ニ
葬送アリ、仍リテ是ノ日、同所ニ使者ヲ遣シテ納
經シ、廟所ニ參詣セシム、

編修課

〔知恩院日記抜萃〕
寶永六年己丑
一常憲院殿正月十日薨去、十四日京都御觸達、依
之右之通諸式相止、如先年御悔、其上大納言様
為伺御機嫌儀ニ二条江相窺、江戸江崇泰院正
月十六日出立、廿三日到着、廿四日御役人十九
ヶ所以御状御口上申入、御三家方江茂参、其外
所々相務、
正月廿九日御用番井上河内守殿宅によゐて
御奉書御渡、御老中六人御連判、二月四日發足、

十三日京着、

一御葬送上野江御入、從當山拜礼代僧六役瓏雲院役養、寺中惣代役者先求院同道二月朔日立

十三日着、二月廿七日於増上寺千部御法事斗

御役人方江書状御奉書出ル、

一宮様御送經使蘭宮内卿二月十六日於上野拜礼有之、二月廿六日於増上寺拜礼有之、

一三月十一日御奉書渡、十三日方丈江御施物三百貫文、寺中江三十貫さ、右如先規、十五日發足

廿六日京着、

【徳川實紀】文昭院殿御實紀

寶永六年二月十六日はじめて前代の靈廟にまうでたまふ（中略）勅使今出川内大臣伊季公、院使醍醐大納言昭尹卿（中略）かくて主上、院をはじめかた／＼の御納經どもさゝげおはりて御塋域にも詣給ひかへらせ給ふ、

寶永六年六月十九日

二品宣下ヲ蒙ル、乃チ御禮ノ爲參内、東山ニ、御對面、

御盃ヲ賜ハリ、尋イデ參院靈元ス、

編修課

【御湯殿上日記】

宝永六年六月十八日よりす河宮せう院の宮（こ勝）ちおん院宮二品せん下の御しうきさよや十まき壹か三しゆ、くなた合まいる、

十九日ちおん院御門跡より二品せん下の御札になる御たいめん御さかつきまいる、御しうき御太刀馬代白かね十両壹か三しゆまいる、

〔禁裏番衆所日記〕
寳永六年六月十九日戊午晴
一無品尊統親王知恩院被叙二品、消息宣下也、上
卿日野中納言、奉行職事益光、為御祝儀紗綾十
巻二種一荷被遣之、御使廣仲、知恩院宮参入、召
御前、関白左大将右大将参入、

〔院中番衆所日記〕
宝永六年六月十九日、知恩院宮二品宣下、御禮不参入、
及御對面被申置退下、為御祝儀被遣御使上北面
延胤持参之、

〔輝光卿記〕
寳永六年六月十九日、早天大外記へ如例宣旨壹
籠下知了、
寳永六年六月十九日　宣旨
無品尊統法親王、
宜叙二品
蔵人右中辨兼東宮大進藤原益光奉

〔有栖川宮家司日記〕○高松宮家蔵
宝永六年六月十九日、天晴
一、智門様今日二品宣下、御祝義御太刀銀馬代昆
布一箱被進、御使右馬権頭、
此方へ被進御返礼御太刀銀馬代氷蒟蒻一箱
則持参御口上被申之由、

寶永六年十二月十日

徳川綱吉ノ一周忌〔翌七年正月十日正當〕ニ依リ、贈經使ヲ遣シ、廟所ニ參詣セシム、

知恩院日記抜萃

寶永六年乙丑

一常憲院様御一周忌来正月故、當十二月於上野万部、増上寺おゐて千部、當山代僧長香寺玉誉

十二月八日於増上寺納經拜礼、同十五日御目見、廿六日御暇如例、御門主より御贈經使岩波刑部卿、

〔徳川實紀〕文昭院殿御實紀

寶永六年十二月十日常憲院殿靈廟に御參あり（中略）水戸中納言綱條卿紀伊中納言吉宗卿并に溜詰等着座し、勅使院使はじめ公卿着座せられ經供養舞樂散花例のごとし、行は小被物あり役送きのふに同じかくて准后公弁法親王先導せられ御内陣并に御墓所に詣給ひて還御なる内両院はじめ御方々より贈經納經どもあり

十三日公卿引見あり（中略）贈經納經の御謝詞ありて歸洛のいとまをたまふ（中略）知恩院尊統法親王の使に銀十枚時服四、

寳永七年三月七日

将軍徳川家宣繼統祝賀ノ爲、近ク江戸ニ下向セントスルヲ以テ、是ノ日、參院靈元シテ御暇ヲ奏シ、翌八日、參内中御門シテ御暇ヲ奏ス、乃チ夫々御對面アリ、御盃ヲ賜ハル、

〔院中番衆所日記〕

寳永七年三月七日、藤谷前中納言關東下向被下御暇、於御書院御對面、賜御盃、（中略）知恩院宮參入、同依賜御暇也、先召御內儀、於御書院賜御盃、昆布鮑一献、有拜領物、

自讃哥　一筆一冊　　三部抄　三人筆

色紙　三十六人哥合一通　八景十一通　各寄合書　十躰一通

先是紗綾五巻　　昆布一筥　　被遣于彼寺、

〔御湯殿上日記〕

宝永七年三月八日、ちおん院の宮江戸御下向の御いとまこひに御まいり、御はいせんこか中納言、御手長うらまつ弁、やくそう新蔵人、御かくもん所にて御對面成、

寳永七年三月十二日

京ヲ發シ、初メテ江戸ニ下向ス、尋イデ二十三日江戸ニ著シ、天德寺ニ入ル、

〔知恩院日記抜萃〕

寳永七庚寅年

一御門主江戸江御發駕、三月十二日右同日也、今般御入寺後初而也、公家御門跡方惣而頃日大分参府、是ハ御代替候ニ付、三月廿四日御参着、道中江者造達而役者より末寺方不残罷出候様如先規觸状遣置之、

〔御日記〕

宝永七年三月廿三日知恩院御門跡到着之由、

〔徳川實紀〕文昭院殿御實紀

寶永七年三月廿三日勅使院使参向により本多伯耆守正永もて慰労せらる、高家品川豊前守伊氏これにそひたり、知恩院門跡尊統法親王も到着により、秋元但馬守喬知つかはされ、織田能登守信門そふ法親王の旅館は天徳寺なり、

寶永七年三月二十五日

江戸城ニ赴キ、将軍徳川家宣ニ對面シ、将軍襲職ノ賀詞ヲ述ブ、尋イデ四月二日亦登城シ、能ヲ觀覽シ、饗應ヲ受ク、

〔知恩院日記抜萃〕
宝永七庚寅年
一（上略）三月廿五日登城御對顔四月二日御能御
料理、

〔御日記〕
宝永七年三月廿五日参向公家衆登城ニ付、巳半
刻白書院出御勅使院使御對顔相濟、其外又攝家
門跡方名代使者地下等御目見有之、
廿六日巳刻大廣間江出御、公家衆登城、御馳走之
御能被仰付、如例之於席〻御饗應被下之、
（番組略）
四月二日知恩院門跡登城、御能有之候、

〔徳川實紀〕　文昭院殿御實紀
寶永七年三月廿五日、公卿引見あり、御直垂召、本
多伯耆守正永先導し、宮原刑部大輔氏義御太刀、
本目讃岐守正房御刀とり、白木書院に出給ふ、勅
使は庭田前大納言重條卿、高野前大納言保春卿、
仙洞使は藤谷前中納言為茂卿なり、御進物、（略○中）
次に智恩院門跡尊統法親王金馬代、紗綾十巻を
さゝげて拜謁せらる、院家、坊官、家司みな拜し奉
る事はてゝ、高家して、親王、公卿の旅館に、鶴卅に
酒をくらせらる、門跡には昆布、酒樽なり、けふ
御臺所に進らせ給ひしは、（略○中）知門紗綾五巻薫
物、昆布、西門縮珍十巻なり、
四月二日知恩院門跡尊統法親王直綴着しまう
のぼられ、御座所にて御對面あり、饗應、猿楽を見
せしめ給ふ、御みづからも野の宮、橋弁慶をあそ
ばさる、忠度、三輪は間部越前守詮房、白鬚、道成寺
は中條丹波守直景、大施太子は間部主膳詮貞な
り、院家、坊官のともがら皆拜覽することゆるさ
れ、饗膳をたまふ、法親王より中啓一匣、檜重一組
獻ぜられ、伽羅一木、書棚一を下さる、

寶永七年四月三日

将軍ノ慫慂ニ依リ、濱御殿ヲ見物ス、

〔知恩院日記抜萃〕

宝永七庚寅年

一（上略）四月三日依上意濱御殿江御成、

〔御日記〕

宝永七年四月四日知恩院宮濱御殿江御越之由、

〔徳川實紀〕文昭院殿御實紀

寶永七年四月四日知恩院門跡尊純法親王濱殿にわたらせ給ふにより、秋元但馬守喬知、本多伯耆守正永并に大久保長門守教寛はじめ、高家寺社奉行、書院番頭、大目付、目付、桐間番、小十人頭、中奥小姓など、まかることきのふのごとし、よて少老加藤越中守明英もて檜重、昆布をおくり給ふ、

寶永七年四月二十二日

江戸ヲ發シ、歸京ノ途ニ就リ、既ニシテ五月六日、京ニ著シ、直チニ参内、中門、御参院靈元、ス、

〔知恩院日記抜萃〕

寶永七庚寅年

一、（上略）御暇四月七日上使秋元但馬守高家品川豊前守覚了院殿坊官定丸家司拜領物如先規

宿坊天徳寺御馳走人伊達左京亮、

一、四月廿二日御立、五月六日御歸京直御参内、

〔御日記〕

寶永七年四月九日、一昨七日知恩院門跡へ上使秋元但馬守ヲ以御暇被遣、金五十枚綿弐百把被遣之、

〔院中番衆所日記〕

寶永七年五月六日、知恩院宮参入、今日自関東上京、窺御機嫌、

〉於御内儀御對面、

編修課

〔有栖川宮家司日記〕○高松宮家蔵
宝永七年五月六日、天曇、
一、智門様御上京巳中剋、卯下剋ゟ為御待請御使備前守参、藤谷殿御父子御出、御酒出、御挨拶申有之
御着、御對面支度被仰付、御返事承、帰中間二人駕、
大津御泊へ御所方ゟ御使参候由、併此方御発駕不被進故右之通也、
新大納言殿へ右御悦被仰入、

〔御湯殿上日記〕
宝永七年五月十二日、知おん院の宮より江戸御みやにきぬやさんふ一はこしん上、

〔徳川實紀〕文昭院殿御實紀
寶永七年四月七日知恩院門跡尊統法親王旅館に秋元但馬守喬知もて、金五十枚、綿二百把をくらせ給ふ、院家、坊官、家司等にも賜もの若干あり、この差添は高家織田能登守信門なり、
廿二日知恩院門跡尊統法親王發程して歸洛あり、けふ麻布善福寺門前より出火して、新堀端に及べり、

寶永七年閏八月一日
徳川綱重（將軍家宣ノ父、）徳川ノ三十三回忌法會ノ導師ヲ勤メンガ為、近ク江戸ニ下向セントスルヲ以テ、是ノ日、禁裏（中御門、）竝ニ仙洞御所（靈元、）ニ參入シ、御暇ヲ奏ス、乃チ夫々御對面アリテ御盃ヲ賜ハル、

〔御湯殿上日記〕
宝永七年閏八月一日ちおん院宮江戸へ御くたり＝付御いとまこい＝なる、御かくもん所＝て御たいめん、御くふあわ＝て御さかつき一こんまいる、御はいせんとく大寺大納言御てなかうら松午、

〔院中番衆所日記〕
寶永七年閏八月一日知恩院宮近日関東下向為御暇乞参入、先召御内儀、次出御于御書院、賜御盃、昆布一献、蛇御陪膳梅小路中納言、御手長實積朝臣、役送上北面重路宿禰、
三部抄一人書　一冊
自讃哥同　一冊
色紙卅六人哥合各寄合書　十躰　八景
右於御前拝領、其外為御餞別紗綾三巻昆布一箱今朝被遣本坊、

寶永七年閏八月七日
京ヲ發シ、江戸下向ノ途ニ就ク、十九日、江戸ニ著シ、天徳寺ニ入ル、

編修課

〔知恩院日記抜萃〕
寶永七庚寅年
一清揚院殿三十三回九月十四日於增上寺万部勅會法吏被仰付、依之當御門主為御導師下向相定、八月より當寺中職法會稽古、御供之寺家段〻御申渡、往来有之、并役者等左之通相定、
一閏八月七日御門主御立、覚了院僧正、坊官家司等、當山御供六役長香寺・玉蓉報恩寺・役蓉天性寺・團蓉光照院・感霊先求院・心涼寺中徳林院・感歴信重院・傳栄九勝院・海圓浩徳院・白仙巖栄源

光院以上五人同十九日江戸御着、宿坊天徳寺、

〔徳川實紀〕文昭院殿御實紀

寶永七年閏八月十九日知恩院門跡尊純法親王西久保天徳寺に到着せられしかば、井上河内守正岑もて慰労せらる、高家品川豊前守伊氏これに添たり、

〔有栖川宮家司日記〕○高松宮家蔵

寶永七年八月廿六日、天晴、

一、智門様来月四日関東御下向ニ御餞別御扇十本入縮緬二巻、昆布一箱被進、御使右近将監、

閏八月七日、天晴、

一、知恩院宮様今朝辰剋御發駕、依之為御見立御使備前守御酒被下、御立之節御對面夫々於三條出向有之、藤谷中納言殿御出有之、先江帰、

寶永七年閏八月二十五日

山内阿彌陀堂ヲ移築シ、是ノ日、入佛ヲ行フ、

〔知恩院日記抜萃〕
宝永七庚寅年
一阿弥陀堂引建直シ公儀向旧冬地願之時申済、又々同申上三月済上棟六月十五日、入佛閏八月廿五日

寶永七年閏八月二十六日
江戸城ニ赴キ、將軍徳川家宣ニ對面ス、

〔御日記〕
宝永七年閏八月廿六日、巳中剋白書院出御、智恩院御門跡登營御對顔有之候、

〔徳川實紀〕文昭院殿御實紀
寶永七年閏八月廿六日知恩院門跡尊統法親王まうのぼり御對面あり、さあや十巻太刀馬代をさゝげ給ふ、御臺所にはさあや、薫物なり、まかむで給ひし後高家織田讃岐守信明もて、旅館に昆布、酒樽をおくらせらる、

寶永七年九月十三日

去ル七日ヨリ増上寺ニ於テ徳川綱重ノ三十三回忌法事アリ、是ノ日、結願日ニ當リ、法事ノ導師ヲ勤ム、

編修課

〔御日記〕

宝永七年九月八日今日於増上寺御法事開白ニ付、御名代本多伯耆守参詣、

〔知恩院日記抜萃〕

寶永七庚寅年

一（上略）九月十三日十四日御法事御勤、但万部看

十二日迄ニ相濟

書陵部（三号）

〔徳川實紀〕文昭院殿御實紀

寶永七年九月七日けふ増上寺御法會はしめあり、

九日御法會は知恩院門跡尊統法親王燒香し給ふ、

十日増上寺御法會中日により、秋元但馬守喬知代参す、知門には少老越中守明英、大僧正門秀には使番大久保一郎右衛門忠義もて檜重をつかはさる、

十二日増上寺四箇の法要あり、高家京極大膳大

書陵部（三号）

夫高甫もて、知恩院門跡に柿一箱ををくらせらる。

十三日御法會結願により、知恩院門跡焼香したまひ、未刻惣回向、辰刻彌陀懺法、導師は法親王つかふまつらる。

十四日御束帯にて三縁山清揚院殿に詣給ふ、（中略）今日の檀嚫は大僧正門秀に銀千枚光明寺詮察に五十枚、（中略）又知恩院門跡には河内守正岑もて、銀千枚時服十、御臺所より時服十、其他院家はじめ、陪従の輩賜もの差あり。

寶永七年九月十八日

登城シ、能ヲ観覧ス、二十三日亦、城中中奥ニ於テ、将軍徳川家宣自ラ能ヲ舞ヒテ親王ヲ饗應ス、

〔御日記〕

宝永七年九月十八日巳上刻大廣間出御、御門跡方公家衆登城有之、御馳走御能有之、於席々御饗應有之候、

（番組略）

廿三日知恩院御門跡登營、奥御能有之候、

〔知恩院日記抜萃〕

寶永七庚寅年

一（上略）九月十八日登城御能有之、又廿三日御内證御能被為進物有之、御暇、

上使井上河内守、御着之時も同人、右役者五人寺中五人、同廿八日御目見献上十帖一本、寺中五本入上ル、其後之拝領ハ御施物斗、

〔徳川實紀〕文昭院殿御實紀

寛永七年九月十八日公卿、門跡饗應の猿楽あり、白木書院にて知恩院門跡尊純法親王に御對面あり、大廣間にて公卿に見えたまふ、猿楽は翁三番叟、嵐山、實盛、誓願寺、舎利、祝言弓八幡、狂言二番、三大夫、太刀うばひ、少老久世大和守重之能始の事を傳へ、奏者番松平備前守正久呉服渡の事を役す、

廿三日知恩院門跡尊純法親王輿にまうのぼられ、申楽の御遊あり、御みづから揚貴妃葵上をまはせ給ひ、法親王より唐織三巻、源氏八景の畫巻をさゝげられ、料紙硯の箱、金入十巻つかはさる、

寛永七年九月二十日

寛永寺及ビ増上寺ノ諸廟ニ参詣ス、

〔御日記〕

寛永七年九月廿日、知恩院御門跡上野増上寺参詣、

〔徳川實紀〕文昭院殿御實紀

寶永七年九月廿日知恩院門跡尊統法親王も兩山諸廟に詣で、東叡にては浄光院殿増上寺にては安國殿ならびに崇源院殿（秀忠夫人）桂昌院殿（綱吉生母）の靈牌所に參拜せられ、又我内府は東叡にて高巖院殿（家綱夫人）にも參拜せらる、

寶永七年九月二十七日

濱御殿ヲ見物ス、

〔徳川實紀〕文昭院殿御實紀

寶永七年九月廿七日知恩院門跡尊統法親王濱苑遊覽あるにより、少老大久保長門守教寛して檜重、昆布をくらせたまふ、

寶永七年九月二十九日

是ノ日ヨリ寛永寺ニ於テ徳川綱吉ノ三回忌（翌八年正月十日正當）ノ法事アリ、尋イデ十月七日ヨリ増上寺ニ於テ法事アリ、乃チ兩寺ニ參詣ス、

〔御日記〕
宝永七年九月廿九日、於東叡山常憲院殿三回御忌御法事開白、御経始ニ付、御名代大久保加賀守参詣
十月七日、於増上寺本堂千部御法事開白有之
十一日、御法事相済ニ付今日惣出仕有之、
十二日辰上刻大広間江出御、御門跡方公家衆登城、御馳走御能有之、於席々御饗応有之候
番組略
〔知恩院日記抜萃〕
寶永七庚寅年
一(上略)十月十九日御立、十一月二日京御着、千部法要故御延引、
一常憲院殿三回御法事於上野外増上寺にて千部御法事、御門主御焼香、依之御上京延引也、十月ニ御取越也、當山名代六役天性寺園誉在江戸ニ而務、十月九日納経拝礼、十五日御目見御暇、十九日御奉書拝領物如例、
寶永七年十月十九日、江戸ヲ發シ、歸京ノ途ニ就ク、既ニシテ十一月二日、京ニ歸著ス、乃チ翌三日、仙洞御所靈元ニ參入シテ御機嫌ヲ候ス、
〔知恩院日記抜萃〕
寶永七庚寅年
一(上略)十月十九日御立、十一月二日京御着、千部法要故御延引、

書陵部（三号）

編修課

〔院中番衆所日記〕

寶永七年十一月三日、知恩院宮参入、昨日自関東上京、被窺御機嫌、召御内儀、

〔徳川實紀〕文昭院殿御實紀

寶永七年十月十九日けふ知恩院門跡尊統法親王首途して歸洛せらる、

寶永七年十一月二十五日

山内御廟堂ヲ修復シ、是ノ日、供養ヲ行フ、

〔知恩院日記抜萃〕

宝永七庚寅年

一御廟堂修復其他地顧諸式新造公儀向段々相叶、釿初八月五日、拝堂上棟十月三日、成就ニ付供養十一月廿五日、右諸式普請方奉行手前扣等帳面勘定等在之、諸門下江觸年忌録有之、

寶永八年正月十三日

舊冬上皇靈元ニ情願シテ「華頂山」ノ宸筆額ヲ拜領セシガ、是ノ日、之レヲ山門ニ掲グ、

編修課

〔知恩院日記抜萃〕

寶永七庚寅年

一勅額仙洞御所山門ニ懸ル、御門主江七月寺中ゟ願上之、八月相叶、拜領之儀ニ、懸ケ候迄之始終額之記有之、

〔基長卿記〕

寶永八年正月十七日晴、此間知恩院勅額院御所被染宸翰給、其號華頂山云々、依宮御願、舊冬被遊給之、仍而此間令掛三門云々、來廿五日開山圓光大師五百年忌也、依之被願申云々、舊年於洞中令拜見了、

〔知恩院史〕

第二篇　皇室と知恩院

第四章　勅額

畏くも歴朝の御歸依篤く當山並に住持職が皇室より特別の優遇を得てゐることも度重ってゐる。（中略）元和五年に徳川秀忠が三門を建立する。靈元上皇は寶永七年十一月廿三日宸翰「華頂山」の勅額を賜ひ同八年正月十三日之を三門に掲げた。

寶永八年正月二十二日

勅會ヲ以テ、圓光大師法然ノ五百年忌法會ヲ本堂ニ修シ、導師ヲ勤ム、尚、遠忌ニ當リ、天皇、中御門、大師ニ東漸ノ徽號ヲ賜フ、

〔有栖川宮日記〕○高松宮家蔵

宝永八年正月廿二日、辛亥、半陰、半晴、

一、今日智恩院勅會御法事、圓光大師五百年忌也、兼而甘露寺頭弁殿ゟ諸大夫両人右之御用ニ御雇来ニ付被遣、今日卯剋ゟ参勤、藤木下野守同右近将監両人狩衣ニテ参ル、御門跡様今日御導師御勤被遊候故、御悦使則下野守相勤、諸大夫宿坊光源院ニ被仰付、今日諸大夫参勤之人数小林主税頭鷹司殿家四位・藤木下野守同右近将監五位・津幡二条殿家刑部権少輔五位・高橋大隅守鷹司殿家五位・難波左京亮一条殿家五位、以上六人也、此内主税頭下野守ハ衆僧前外四人堂童子也、巳剋東帯出仕、三門之上ニ幄ヲ儲ク、自是導師御出仕、行列衆僧前衆僧之行列(ママ)之先ニ進ム、衆僧之次ニ導師御出仕、衆僧前堂之階下之左右ニ立ツ、衆僧堂上シテ導師御成之節衆僧前平伏、畢而堂ノ内ニ入テ居ス、自是先ニ着座之公卿役送之殿上人堂童子出仕、下野守成宗帯剱、雖入堂内、依為休所、不撤太刀、御後官人勢多豊前守モ同次ニ居ス、帯剱也、路頭莚道ノ上ニ布ヲ敷、依之不附沓、召具不連、坊官岩波刑部卿指圖也、尤裾不下、四人之諸大夫䔫籠ヲ引、出衆帯剱僧撤時同前、法事畢而被物、導師ヘ三重最初西園寺大納言、次同日野中納言、次同六条宰相之ヲ引、着座之役送極﨟勤之、長老十三人ヘ被物、四位五位殿上人役之、御導師被物坊官撤之、方丈覚了院僧正ヘ被物二重宛、着座ノ納言引之、役送極﨟、方丈僧正之被物凡僧撤之、畢而衆僧導師退出、行列(ママ)如前、申剋ニ事畢ヌ、

編修課

〔知恩院日鑑〕○知恩院所蔵　寶永八年〻正徳元年書翰

来ル十八日徽号勅使御参向、同廿二日勅會御法事従公儀被仰出、御門主御勤被遊候、且又三門勅額仙洞御所被為染震翰、近々掛之候様被仰出候間、為右御悦御殿并方丈へ御出可遊候、以上、

（寶永八年）正月九日

聖徳寺　西方寺

惣御門中　惣御門中

〔基長卿記〕

寶永八年正月十八日、傳聞、円光大師加号之事、今度有御沙汰、大師五百年忌来廿五日也、勅使少納言時春朝臣今日向知恩院傳其旨云々、一宗美目、定而及末寺、可仰天恩事也、併是武門檀越之故也、加兩字賜円光東漸大師云々、美目之加号也、

〔章弘宿禰記〕

寶永八年正月十八日、晴、浄土宗門之祖師圓光大師、法然上人源空之御事也、今年五百年忌云々、依之門徒之輩依申行、今日少納言時春朝臣東山智園院江持参勅書、右史生宗岡信行、召使宗岡行佐、使部藤井重康等従之、徽號ヲ贈給云々、猶追可尋記、且前日従仙洞勅額ヲ被下、智園院三門ニ掛之云々、御額之文字花頂山云々、

後日徽號相尋候處、圓光東漸大師云々、

廿二日、晴曇時々飛雪、今日於東山智園院圓光東漸大師五百年忌御法事、唯勅會被行、御導師智園院宮云々、（○中略）着座公卿西園寺大納言致季卿、日野中納言輝光卿、源宰相中将有藤卿、散花殿上人右兵衛佐資時、侍従在廉、左兵衛佐定代、右京大夫國廣、侍従季敦、執綱民部権大夫兼充、修理権大夫忠量、執蓋藏人中務丞源仲學、法事奉行頭左中辨尚長朝臣、樂行事左中将基雄朝臣、右少将俊宗朝臣、布施役送諸大夫二三人、出納御藏小舎人主殿寮圖書寮等参之、舞樂有之、法會彌陀懺法云々、

（禁裏番衆所日記）
寛永八年正月十一日庚子、知恩院宮参、勅会御禮被申之、
廿三日壬子、知恩院宮参入、勅会并楽器束帯之具等拝借之御禮被申之、

（知恩院史）
第二篇　皇室と知恩院
第五章　御忌と勅会
〔三〕勅会
圓光東漸大師五百年御忌法事次第
前日撿校堂内荘厳衆僧座席并楽器等
當日寅刻於楽屋發亂聲二節奏神分、
一番作相　外座僧衆集會堂内左右席着座
二番作相　公卿殿上人并地下役人参堂、
職衆集會三門内之幄座前

導師乗輿供奉行列
次衆僧前右部者玄蕃寮着出居座
奉行頭辨着出居座
次公卿着座
次導師入於幄内
次於楽座發亂聲
次衆僧前左者右寮左右相分率於衆僧
次衆僧進歩行列
衆僧前左右　引頭左右各一人
讃衆左右各五人　梵音衆左右各六人

散華衆左右各五人　灑水一人
唄師左右各一人　長老衆左右各五人
次衆僧前到階下左右止立　衆僧入堂各守標
住立而後着座
次迎導師　舞人楽人出楽屋外左右列立鳥蝶
同列凡五十四人
次吹調子平調
次楽行事左右　率舞人楽人参向幄之前
行列　左　楽行事　舞人美妻為先　迦陵
頻、楽人

座敷草座　前机安居莒　脇机安香爐莒共
如意　設畢着外座
次総礼伽陀発声　吹音取　作楽廻盃楽
導師三礼登高座　衆僧同唱　十弟子着座
楽止
次堂童子四人　着座図書寮為先
次図書官人鳴金鼓二下　作楽十天楽
傳供　正面階級左右列童子八人　階上左
右列弟子十人　左右童子各執供具授十弟
子　十弟子次第傳授備堂内之机上

右　楽行事　舞人壹鼓為先　胡蝶
楽人
次作楽鳥向楽　一曲奏畢賜禄左右
次導師出怪　執綱二人　執蓋一人　持幡童
左右　従僧左右各二人　前行　十弟子従
後　上童並坊官　御後官人検非違使　供
奉衆僧前尚在階下　左右　止立
次導師上堂　執香爐着礼席　楽止　衆僧前退
去　執綱執蓋退入　楽行事率舞人楽人入
於楽座　従僧先進辨備道具礼席展坐具高

座之脇机上
次殿上人二人　布施取之上臈　捧佛布施備高
次振桙三節
次供舞左迦陵頻　右胡蝶　舞畢入於楽座
次鳴金鼓一下　作楽胡飲酒
唄師左右　二人座起着左右之座　坐畢発
聲　賦華莒　堂童子四人左右相分図書寮
為先執華莒机下図書執華莒授堂童授殿上
人三人　次第賦導師並僧正両人前　次図
書又執華莒授堂童　堂童分賦左右四十三

人　衆僧但除引頭賦畢復座
次衆僧内外座之大衆起立　作楽賀殿急　散
華師二人発声　衆僧同唱　散華畢楽
止
衆僧着座　唄師復座
次鳴金鼓一下　作楽抜頭
讃衆起立唱讃　讃頭二人執鉞餘着執華莒　職衆起立助
音　讃畢鳴抜　楽止　着座
次鳴金鼓一下　作楽五常楽
梵音衆起立　作梵音頭二人執香爐余着執華莒　職衆起

立唱和　梵畢着座　樂止
次鳴金鼓一下　供舞　左萬歳樂　右延喜樂
撤華筥　導師並僧正兩人之華筥極薦撤之
衆僧之華筥堂童子撤之
圖書寮執華筥机下各授圖書　圖書收之

次導師唱導
神分　表白　諷誦　發願　四弘
祈願　佛名　讃嘆　隨意　廻向
次後伽陀發聲　鳴金鼓二下　作樂　長慶子
導師下高座執香爐着禮席禮拜而退着座

樂止
次被物
導師　唐織一重大納言　厚板一重中納言
縫厚一重宰相
大僧正　白綾一重大納言　同一重中納言
僧正　白綾一重中納言　同一重宰相
長老左右十三人　各平絹一重殿上人五人
導師並僧正兩人之被物　御藏　出納　極
薦公卿　次伴僧執
長老十三人之被物　御藏　出納　殿上人

次伴僧執
次鳴金鼓一下　入調舞　左右逸奏舞
左　甘州　太平樂　陵王
右　登天樂　古鳥蘇　納蘇利
次撤被物　導師之被物坊官二人撤之
僧正兩人之被物各侍者二人撤之
長老十三人各自掛之
次衆僧退出　先下薦　次上薦左右二行次第

退去

次從僧十弟子降階下　執蓋進來　執綱如入

堂之儀　衆僧前左右先行
次導師退出　如入儀　還列還城樂　到幢前來
輿
次公卿退出

寛永八年卯年正月二十二日
辰半刻一番作相　巳上刻二番作相　未下
刻　法事畢　以日未暮主殿寮無立庭燎之
儀

着座公卿　西園寺大納言致季　日野大納言
輝光　六條宰相中將有藤

奉行　甘露寺頭辨尚長
楽行事　持明院中将基雄　綾小路中将俊宗
布施取殿上人　唐橋侍従在廉　豊岡左兵衛佐資時　梅小路左兵衛佐定代　岡崎左衛門佐國廣　高丘侍従季敦
執綱　藤井民部権大夫兼充　澤修理権大夫忠量
執蓋　蔵人慈光寺極﨟仲學
衆僧前　地下役人小林主税頭　藤木下野守

堂童子　津幡刑部権少輔　高橋大隅守　難波左京亮　藤木右近衛将監
出納　右近衛将監
御蔵　真継刑部少輔
主殿寮　小野治部丞　小野兵部丞
楽人　五十八人
導師　二品尊統法親王
衆僧　大僧正應譽　僧正空譽　會奉行一人　長老十三人唄師共　散華衆十人　伽陀一人　梵音衆十二人　讃衆十人　十弟子十人　従僧四人
一心院衆十人

正徳元年五月十八日
數日前ヨリ痢病ニ悩ミシガ、是ノ日薨ズ、年十六、朝廷〔中御門〕ニ於テハ、是ノ日ヨリ三箇日間廢朝ヲ仰出サレ、仙洞〔霊元〕ニ於テハ、物音ヲ停メラル、

知恩院日記抜萃

正徳元辛卯年

一御門主尊統親王五月十一日頃より痢病、同十八日酉刻薨去、

〔知恩院日鑑〕○知恩院所蔵　宝永八年之正徳元年書翰

（正徳元年五月）

一去十四日以書状申入候、相達可申候、

宮様御病気段々御勝不被成、気毒奉存候、十三日晩方ゟ向井元端御薬被指上、人参弐分ツヽ、入申候、次第ニ御草臥出、宜御不食、日々ニ人参も増、昨今五匁之独参湯十匁之参附湯被指上候へ共、少も御元気無之、次第ニ御脈不宜候、度□二三日此方者昼夜ニ百度余、医者衆も昨今者御療治も無之ヶ様之急成御痢病見不申候由被申候、大僧正昨夜五つ過御見舞候処、御対

面之上御十念御受、随分御覚悟被遊候、御正気造ニ御違不被成候、扨々御痛間敷儀、何茂難儀候、故御推量可被成候、乍此上御手若ニも御座候間、何とぞ今一度取直候へくと奉存候、然万死一生之御様躰最早手も尽申候、右之故為御知如此候、恐惶謹言、

五月十八日

光照院

保徳院

以町飛脚致啓達候、然者宮様御儀御養生不相

叶、昨十八日酉刻被遊薨去、残念至極奉存候、大僧正初而御愁歎之御事御座候、諸事事多、両人難儀御推察可被下候、昨日委細以書状申入候、相達可申候、右為御知如此御座候、恐惶謹言、

五月十九日

光照院

保徳院

一筆致啓達候、然者当山御門主従去十二日被為成御不例之処、御養生不相叶、昨十八日酉刻被遊薨去候、為御知如此御座候、恐惶謹言、

五月十九日　九天院

増上寺　先末院

御役者中

當山御門主従去十二日被為成御不例之処、御養生不相叶昨十八日酉刻被遊薨去候、右為可申入如此御座候、以上、

九月十九日　役者

大津惣御門中

伏見南組御門中

伏見北組御門中

大坂三ヶ所御役者中

〔有栖川宮日記〕〇高松宮家蔵

正徳元年五月十四日壬寅晴、

一知門様御違例為御見舞御使広田織部

十六日甲辰晴

一知恩院御門跡様夜前ゟ御違例御大切之由藤谷中納言殿ゟ為御知、

一未下刻知門様へ御成申下刻還御、

十七日乙巳陰

一知門様御違例殊外御大切之由ニ付重而御使藤木下野守相詰子刻以外ニ被為成之由申越候、嶋備前守被遣、

十八日丙午晴天、

一今暁寅刻知門様へ為御見舞御成、

（中略。）

卯刻過還御、

一知門様へ申上刻備前守参伊予守罷帰御容躰以外御大切之御沙汰也、

一酉刻知恩院御門跡様薨去、候嶋備前守罷帰、

〔御湯殿上日記〕
正德元年五月十八日、夕かた知おん院宮こうせ
ゝ小、けふゟ三日はいてう也、

〔禁裏番衆所日記〕
正德元年五月十八日丙午晴、知恩院宮今日薨去
之由、庭田前大納言・高野前大納言言上、自今夜
到廿日三ヶ日廢朝、

〔院中番衆所日記〕
正德元年五月十八日、智恩院宮薨去、依之洞中被
止物音、

〔基長卿記〕
正德元年五月十六日晴、卯刻退出、辰刻斗有召更
參院、滋野井中納言被傳仰云、知恩院宮御病腦不
可然間、爲御看病予・藤谷三位等候、被御寺、御容體
委細可令言上由也、則兩人申領状、此御門主自去
十二日御痢病、昨晝夜以外御度數增、晝夜爲七八十度云々、
依之益壽院御藥辭申、雖然猶可令調進由也、則退
出、改衣裳爲信卿同道參御寺、藤谷前黄門來會、醫
師益壽院・田丸養貞・岡田松悦・同松伯・御園意齋等
相詰、御容體雖御不快人參加增至今晝小御快也、

小時參宮御前、兩人被仰付候故令上畏思召之由
被仰、尤御大病也、雖然御元氣宜候間、先〻入休所
御容體書認送評定衆了、暑氣甚難義此事也、每刻
書付進洞中、亥刻許藤黄門被歸、予三品等令宿、晚
方御脈以外不勝由醫師等申候間、驚騒申遣藤谷
前黄門了、先可進參附湯之由醫師相談、早速調合
候、猶無心元之間夜中不就眠、
十七日晴、從昨日知恩院黎明藤谷前中納言被參、
先是御容體書進評定衆了、自巳刻過御容體聊令
取直給候間爲言上參院、參御前委細言上了、暫時

歸宅令休浴、則向知恩院、于時未刻斗也、又〻御容
體不可然由也、以外詮參附進上之外無他、藤前黄
門不歸宅被相詰、予藤三品等同前、凡昨夜等曾不
就眠、
十八日晴、在知恩院、入江民部爲院御使被來、外山
左權佐爲勅使被來、各令向顏、乍今朝猶更御不快
於于今者一向不叶御療養也、雖然聊御元氣相殘
間、先令加增參附湯進上了、松平紀伊守來於客殿
令向顏、法眼中山延柳同三輪了哲等、昨今窺御容
體之處、各無存寄之由申、依之原芸安召寄令窺御

容體之處、御難治之由申之、且御灸治之事令申、先
達元端各相談、御灸之事令沙汰、雖然無其驗之間
頗以無益之事也、乍去亦奉灸治了、弥以無其驗、御脈
絶、於于今者相待御絶氣斗也、愁涙千行濕袖、到晚
頭御元氣猶〻脫、薄暮御臨終正念御遷化、悲歎不
懸筆舌、此御門主御生質御器用、御年十六歲其御才智賢
於他官、大法會等去年當春令修給、遍所知世也、可惜
可惜、予近年御好有之、每〻參入、殊預懇篤之御詞
今度亦蒙仰奉副、不能御扶氣終御絶氣、有餘悲着
也、暮時分伴藤谷父子竹内彈正大弼宮退散、予藤

谷等直參院、謁梅小路前中納言冷泉前宰相四條
三品等申入御絶氣由退出、愁鬱暑熱難堪之間早
速就眠了、

〔章弘宿禰記〕
正徳元年五月十九日昨日東山智恩院宮十六才
御薨去云々、従昨夜廢朝三ケ月云々、此宮ハ仙洞
御猶子、實ハ有栖川殿幸仁親王御子也、

〔知恩院日記抜萃〕
正徳元辛卯年
一五月廿一日夜一心院江内御葬送、

正徳元年五月二十一日
入棺ノ儀ヲ行ヒ、山内一心院ノ廟所ニ密葬ス、

〔有栖川宮日記〕○高松宮家蔵
正徳元年五月廿一日　己酉　晴
一知恩院宮様今晩酉刻御入棺、内々ニ御廟へ奉
納之由也、

正徳元年五月二十九日

知恩院ニ於テ葬送ノ儀アリ、追號シテ壽經光院宮源蓮社高譽等阿愍生ト曰フ、

編修課

〔有栖川宮日記〕○高松宮家蔵

正徳元年五月廿九日丁巳晴、

一今日知恩院御門跡様御葬送ニ付、為御見送御使矢嶋備前守、長上下、

七月六日癸巳陰

一、今日知門様七々日ニ付、終日御精進、知恩院へ御代参中川大学

書陵部（三号）

知恩院日記抜萃

正徳元辛卯年

一御門主尊統親王五月廿九日表向御葬送、御年十六、江戸近國門中（江申遣、）御所方當山より悔鳴物法度、十九日ゟ廿一日迄、大方丈ニ御位牌前荘厳、同晦日より御法事六月六日迄、法事中寺中勤番門中ハ各務ニ三時法要相務、七日より七月七日迄四十九日之内寺中相詰ル、其内別時念佛一心院ゟ務、四十九日百ヶ日寺中法事出ル、八月廿八日百ヶ日迄、門前遠慮六月六日迄、

書陵部（三号）

〔有栖川宮家司日記〕○高松宮家蔵

正徳元年五月廿九日、天晴、

一、知恩院宮壽経光院様御葬送巳剋、

書陵部（三号）

〔有栖川宮家司日記〕○高松宮家蔵

正徳元年八月廿八日、天曇、

一、智門様御百ヶ日御精進有、寿経光院様御廟へ

御代参、花、御使織部、

〔諸寺院上申〕

知恩院宮御代々履歴書

寿經光院宮贈一品尊統入道親王

霊元院御養子、母新大納言局、

大樹綱吉公猶子、

有栖川一品幸仁親王息、母家女房、

（中略）

正徳元年五月十八日十六歳寂、

号寿經光院宮源蓮社高譽尊阿愍生、

〔有栖川宮系譜〕

霊元帝御養子　御准母新大納言局

尊統入道親王

（中略）

正徳元年五月十八日薨十六歳、同月廿九日葬

于一心院、号寿経光院宮源蓮社高譽尊阿愍生

尊統大和尚、

〔陵墓要覧〕昭和四十九年版

三　後西天皇

皇孫　尊統親王墓（有）

京都府京都市東山区林下町

知恩院一心院墓地内知恩院宮墓地

宝篋印塔　尊光親王墓以下五墓同域　幸仁親王

正徳一・五・一八（一七一一・七・三）薨

文化八年五月十六日

百回忌正當十八日ニ當リ、一品ヲ追贈セラル、

編修課

〔禁裏執次所日記〕

文化八年五月十六日　癸巳

一今日知恩院故入道二品尊統親王贈一品宣下

陣儀、

上卿大炊御門大納言　少納言石井少納言

奉行職事鷲尾頭中将

〔知恩院日鑑〕○知恩院所蔵

文化八年五月朔日　雨

一御殿當番中ゟ来書ニ付、山役保徳院参殿之處、

當番中面會、先達而関東表　江御願立被遊候壽

經光院様贈一品之儀、御願之通今日御聞濟ニ

付、近〻御所表　江御願被遊候之間、此段御達申

置候旨也、

九日　雨

一御殿江只今壹人参候様申来ニ付、信重院参殿

候處、樫田法印面會、昨日六條□（ムシ）壽經光院

宣贈一品之儀被仰出候趣被仰渡候、此段御達

申候様來ル十六日勅使有之候旨、諸事先格之通

ニ取計有之候旨也、

但勅使之節参向之公卿名前書被相渡、左之

通、

故入道二品尊統親王贈一品宣下

上卿

大炊御門大納言

西洞院少納言信順朝臣

北小路中務輔師光朝臣

栄原大内記為顕朝臣
鷲尾職事奉行頭中将隆純朝臣
十六日
一勅使今日御参向、未刻御宿坊良正院江御入、暫
御休息、五菜位御支度被召候様下宿ハ遍照院
也、夫ゟ御殿江御案内有之、御門主御供揃御廟
前江被為成、早〻勅使江為御知有之、無程御廟
前江御参向、二拝有之、宣命御開、准院家江御渡、
夫ゟ勅使并御門主一心院江御入、御對顔有之、
尤山科殿一心院ニ而御取持有之、両役四人共
帰山後御門主還御、其後勅纔暫御休息、七ツ時
御立、尤良正院并御殿江も御立寄無之、直ニ御
帰、勿論御殿ニ而御饗應可有之処、下行ニ相成候
趣也、且御廟所御席合図之通、
（指図略）

〔有栖川宮日記〕○高松宮家蔵
文化八年五月三日庚辰雨
一参上　　　　　　　　櫻田筑後守
壽經光院宮閑院宮御事、當月十八日百回御忌
御相當ニ付、一品御贈位之儀今日傳奏衆江
御願書被差出候旨被仰上、
附記、右者式部卿韶仁親王御二男、尊統法
親王、霊元院帝御養子、
九日丙戌大雨
一知恩院宮ゟ　　　　御使三好若狭守
壽經光院宮百回御忌一品御贈位之儀、御願
之通昨日六條殿ゟ被仰出候、仍御吹聴被仰
進、
十六日癸巳曇
一知恩院宮江　　御使狩衣近江守
壽經光院宮一品御贈位御賀被仰入、
附記、右者今日陣宣下、宣命使石井少納言
行弘朝臣参向之旨也、

〔伊光記〕

文化八年五月三日

一知恩院尊統親王贈一品之事、（五月十八日法會百日忌）官被申之書付同役殿下へ持参、令預置給、七日被返、同役被附甘露寺由也、八日願之通被仰出、被申渡候、

〔以寧宿禰記〕

文化八年五月十六日　巳

一今日知恩院宮故二品尊統親王贈一品宣下陣儀、并桂宮（二歳、皇帝第（アキ）皇子、御年二歳、母新掌侍局東坊城故益良卿女也、）着親王宣下陣儀等也、依所刻限卯半刻着朝衣令参陣、候床子座、大外史同参仕、諸司等各参集、頃之上卿大炊御門大納言經久卿参内、不被經床子直昇殿、

一巳刻斗被始仗儀之由自奉行職事有告、其儀上卿着仗座、奥奉行職事来仰々詞、之趣贈一品、次上卿移着外座、召陣官人令敷軾、次上卿以官人召内記、大内記参軾、上卿仰宣命草位記等可持参之由、次内記持参宣命位記等、入筥、次上卿披見、上卿召陣官人招職事先内覧、次奏聞、々々了返給、仰々詞、次上卿以官人仰可持参今一筥由於内記、次少内記置空筥於上卿前、入宣命草於筥返給、仰可令清書由、次上卿以官人召外記、少外記参軾、問将監参否、少外記申候由、上卿仰可召由、次将監候小庭、（先是少納言被着床子座）次上卿仰請印事、将監称唯退去、傳少納言、（此時将監来床子向少納言告請印事、少納言起）座、次掃部寮立案於東軒廊第二間、次少納言主鈴将監等經日花門列立案下、次上卿以陣官人召外記、問中務輔参否、少外記申候由、上卿可召由仰之、外記退去、次中務輔着軾、次上卿賜位記筥、輔取之置案上、（則留案下披之）次少納言捺印了、中務輔返上位記筥於上卿、次上卿披見畢、輔退去、此間少納言已下納印退去、掃部寮撤案、次内記持参宣命清書、上卿披見畢加入宣命清書於位記筥、賜空筥於内記、々々取之退去、次上卿以陣官人召内記、々々参軾、上卿給宣命位記筥、内記取

之立小庭、次上卿起座、参弓場代、内記持筥相従、以奉行職事奏聞、先内覧、奏聞畢返納、上卿帰着陣、内記置筥退去、次上卿以陣官人召少納言、々々々参軾、次上卿賜宣命位記等、不入筥賜之、仰々詞、少納言退去、次上卿以陣官人召内記、少内記参軾、次上卿返給空筥、少内記退去、次上卿以陣官人撤軾、次起座、上卿退出、被経床子、予大外記候之礼節如例、巳半刻斗伏儀畢、

一自奉行給散状左記、

贈一品宣下

上卿　権大納言

少納言　行弘朝臣

（次第略）

一陣已後位記宣命等少納言行弘朝臣持参本坊、副使宗岡行義従之、

〔平田職寅日記〕

文化八年五月十六日癸巳天陰或甚雨

一就知恩院宮故入道二品尊統親王贈一品宣下、卯半刻詰合、康阜着束帯出仕、小舎人紀正之、所衆重弼等参仕也、家尊及予依所労不出仕、信光着麻上下出還候也、敷設之品等取出之儀、為奉仕之也、殿上鋪設如例、従奉行散状給之、

上卿　大炊御門権大納言経久卿

奉行　鷲尾頭中将隆純朝臣

少納言　石井行弘朝臣

七月九日乙酉天晴

一図書寮長野図書少允於知恩院宮御房故宮贈一品宣下宣命料紙禄物白銀壹枚頂戴之由、為届入来、

有栖川宮実録《ありすがわのみやじつろく》　第二巻　幸仁親王実録《ゆきひとしんのうじつろく》

28　四親王家実録《ししんのうけじつろく》

二〇一八年一月十六日　印刷
二〇一八年一月二十五日　発行

監　修　吉岡眞之《よしおかまさゆき》　藤井讓治《ふじいじょうじ》　岩壁義光《いわかべよしみつ》
発行者　荒井秀夫
発行所　株式会社ゆまに書房
〒一〇一―〇〇四七　東京都千代田区内神田二―七―六
電話　〇三(五二九六)〇四九一(代表)
印　刷　株式会社平河工業社
製　本　東和製本株式会社
組　版　有限会社ぷりんてぃあ第二

第二十八巻定価　本体二五、〇〇〇円＋税

ISBN978-4-8433-5326-4　C3321